KB077471

이기동 교수의

유학
오천 년

이기동 교수의

유학
오천 년

한국의 유학(하)

이기동 지음

성균관대학교
출판부

유학 오천 년

나는 『유학 오천 년』(전5권)을 집필하면서 유학의 거대한 사상체계를 포괄적으로 이해함이 얼마나 중요한지 더욱 절감하게 되었다.

『유학 오천 년』 집필을 통해 많은 것을 알게 되었다. 높은 산에서 출발하여 여러 갈래로 뻗어 있는 길고 긴 산맥에는 수많은 산이 있고, 그 산들에는 온갖 종류의 나무들이 있다. 각각의 산에 있는 나무들을 단편적으로 조사하기만 하면, 무한히 복잡하여 가닥을 잡을 수 없다. 같은 나무라 하더라도 산맥에 따라 다르고 산에 따라 다르므로, 산맥 전체에 흐르는 산의 윤곽을 모르면 각각의 산에 있는 나무들을 체계적으로 이해한다는 것은 불가능하다.

동아시아 대륙에서 출발한 유학은 중국·한국·일본·베트남이라는 산맥으로 뻗으면서 오천 년을 이어왔다. 유학자의 유학사상은 수많은 산에 서식하고 있는 나무들과 같아서, 단편적인 연구를 통해서는 제 모습을 알기 어렵다. 먼저 각각의 유학사상이 소속되어 있는 유학의 산맥을 조망한 뒤에라야 유학의 산이 보이고, 그 산에 들어 있는 유학의 나무들이 제대로 보인다.

『유학 오천 년』이란 제목에서 알 수 있듯이, 유학은 공자에서 비롯된 것이 아니다. 먼 옛날 오천 년 전, 동아시아 대륙에서 시작된 사상이 이천오백 년 후 공자에게서 정리된 뒤에 중국·한국·일본·베트남으로 퍼져나갔다. 그러니 유학의 거대한 사상체계를 이해하기 위해서는 발원했을 당시의 원형을 이해하는 것이 중요하다. 놀랍게도 유학의 발원지는 중국이 아니라 고대 동이족이 살던 지역이었다. 따라서 발원지의 사상적 특징을 이해하고, 공자에 의해 정리된 유학의 체계를 이해하면, 그 뒤에 여러 갈래로 뻗어나간 유학의 흐름을 일목요연하게 간파할 수 있다.

그러나 지금까지의 유학 연구에서는 유학의 발원지를 찾아내지 못했고, 발원지에서부터 이어지는 흐름을 제대로 정리하지 못했다. 그러다 보니 후대로 이어지는 유학사상들이 뒤엉켜 난해하게 되었다. 유학사상의 원형에서 강조하는 것은 하나인 본질과 그 본질이 내포하고 있는 세 요소인, 마음과 기운과 몸이다. 유학사상의 원형은 공자와 맹자에게는 이어졌지만, 후대의 중국에서는 세 요소가 리(理)와 기(氣)의 두 요소로 정리됨으로써 많은 혼선이 생겼고, 태극(太極)과 음양(陰陽)을 둘러싼 이기논쟁은 아직도 논란거리가 되고 있다.

한국의 유학은 한국 고유의 사상과 중국에서 수입된 유학이

절묘하게 융합하여 하나의 체계로 흐름을 형성하여 흘러왔는데
도, 후대의 학자들이 중국 유학을 기준으로 하여 무리하게 정리
함으로써 많은 혼란이 일어났다. 화담 서경덕의 철학이 기(氣) 철
학으로 호도되었고, 퇴계와 율곡의 이기설이 평면적인 분석을 통
해 곡해되었다. 뿐만 아니라 오늘날의 학자들 다수가 조선 후기의
성리학을 주리(主理)·주기(主氣)로 나누어 정리함으로써 한국 유학
을 난해하게 만들어버렸다. 일본 유학의 연구도 많이 왜곡되었다.
일본 유학의 흐름이 주자학, 양명학, 고학으로 이어지는 것은 요
지부동의 정설이 되어 있지만, 이 또한 잘못된 학설이다. 베트남
의 유학 역시 베트남에 흐르는 유학의 산맥을 바탕으로 살펴보지
않으면 제대로 이해할 수 없다. 오직 '유학 오천 년'의 흐름 속에서
유학의 산맥과 산을 통해 조망해야 비로소 이러한 난관을 해소할
수 있다.

'유학 오천 년'은 한 편의 거대한 대하드라마라고 생각한다. 그
것은 사상가들이 뿜어내는 개개의 사상들을 소재로 엮어낸 하나
의 길고 긴 이야기로 구성되어 있다. 사상가들의 사상 하나하나
는 결코 개별적으로 존재하지 않는다. 사상가들의 사상 하나하나

는 유학이라는 산맥과 산을 이어가는 요소들이므로, 유학의 흐름 속에서 바라볼 때 드디어 그 역동적인 모습을 드러낸다.

이 드라마는 오늘에 이르러 끝나는 것이 아니다. 미래의 역사는 과거의 역사를 이어 흐른다. 역사라는 드라마는 그 역사 속에 살아가는 사람들이 엮어낸다. 미래의 역사 흐름은 과거의 흐름을 이어서 흐르는 것이지만, 흐름의 방향이 결정되어 있지는 않다. 미래의 역사 흐름은 오늘날을 사는 사람들의 노력에 따라 결정된다. 역사의 흐름을 제대로 이해하기 위해서는 역사 흐름의 밑바닥에 흐르는 철학사를 이해해야 한다. 철학의 흐름이 역사의 흐름을 견인하기 때문이다. 이것이 『유학 오천 년』이 철학의 흐름을 이해하는 데 주력한 이유다.

지금의 역사 흐름은 서구 중심으로 바뀌었다. 작은 시냇물의 흐름이 합류를 거듭하면서 거대한 강물의 흐름을 이루듯이, 과거 지구상의 작은 지역들에 흐르던 흐름이 합류를 거듭하다가 서구의 흐름에 합류하여 하나의 거대한 흐름이 되었다.

철학의 흐름에 문제가 생기면 역사의 흐름이 정체되고, 역사의 흐름이 정체되면, 사람들의 마음이 피폐해지고 세상은 혼란해진

다. 세상의 혼란함은 새로운 철학이 합류하여 정체된 역사에 새
로운 길을 열 때 해결된다. 로마 초기의 혼란이 기독교의 유입으
로 해결되었고, 중국 위진남북조의 혼란이 불교의 유입으로 해결
된 것이 그 예이다. 지금 한 줄기가 되어 흐르는 세계의 역사는 침
체하기 시작했고, 사람들은 방향을 잃고 우왕좌왕하고 있다. 사
람들의 마음이 계속 피폐해지고, 지구가 몸살을 앓고 있다. 이제
새로운 철학이 합류하지 않으면 정체된 세계의 역사가 돌파구를
찾을 수 없을 것이다. 이제 오천 년 전에 발원했던 유학이 원형을
회복하여 서구문화에 유입된다면, 지금 침체의 늪에 빠져들고 있
는 서구 중심의 역사에 새로운 전기가 마련될 수 있을 것이다. 이
를 위해서는 유학이 원형을 회복하여 오늘날의 실정에 맞는 새로
운 철학으로 거듭나야 할 것이다. 이것이 유학이 짊어진 선결과제
이다. 유학이 맞이한 선결과제를 해결하기 위해서 이 책이 조그만
역할이라도 할 수 있기를 기대한다.

　『유학 오천 년』 집필에 도움을 주신 분들이 많다. 학생 시절부
터 많이 이끌어주신 은사 성락훈 선생님, 류승국 선생님과 안병
주 선생님, 일본의 타카하시 스스무 선생님께 감사드리고, 오랜

기간 아낌없이 뒷바라지해주신 재일교포 형님, 이완기·모문자 내외분께도 고마움을 표한다. 자료를 보내주신 조남욱 선배님, 친구 천인석 님, 허광호 님, 후배 최영성 님, 이상익 님, 정혜선 님, 호밀밭출판과 류영진 님, 소명출판과 김성범 님, 제자 엄석인 박사, 이은영 박사, 유현주 박사, 심순옥 박사, 이공찬 박사에게도 고마움을 표한다. 결혼한 뒤 대학의 교수직을 그만두고 오직 남편 뒷바라지에만 전념해온 아내 이정숙 님에게는 늘 미안한 마음이 앞선다. 이 지면을 통해 다시 한 번 감사드린다.

이 저술은 하서학술재단과 동아꿈나무재단의 지원으로 이뤄졌으며, 특히 하서학술재단의 김재억 감사님은 기획 단계부터 탈고에 이르기까지 세심하게 협의해주셨다. 재단의 여러분과 김 감사님께 감사드린다.

2022년 여름, 오류동 우거에서
이기동 씀

목차

서언 유학 오천 년 · 4

제1부
16세기 성리학의 계승

제1장 퇴계의 후학과 흐름 · 17
　제1절 학봉 김성일의 수양과 실천 · 17
　제2절 서애 류성룡의 사상과 정치 · 26
　제3절 조목의 수양철학 · 37
　제4절 장흥효의 거경철학 · 38
　제5절 이현일 · 44
　제6절 정시한 · 47
　제7절 이재 · 49
　제8절 이상정 · 51

제2장 남명의 후학과 흐름 · 54
　제1절 수우당 최영경의 초탈원융철학 · 54
　제2절 김우옹의 학문과 정치 · 56
　제3절 초탈원융철학 중심의 흐름 · 58

제3장 하서의 후학과 유풍 · 59

　제1절 하서의 후학 · 59
　제2절 하서의 유풍 · 68

제4장 율곡의 후학과 유풍 · 71
　제1절 조헌의 학문과 의병운동 · 71
　제2절 율곡학파의 흐름 · 80

제2부
사림의 권력 장악과 학문적 분열

제1장 사림의 변질과 예학의 발달 · 82
　제1절 사림의 변질과 분열 · 82
　제2절 예학의 발달 · 84

제2장 우암 송시열의 권력 장악 · 101
　제1절 붕당의 격화와 예송 · 101
　제2절 송시열의 권력과 학문 · 104

제3장 우암 후학의 학문적 분열 · 118
　제1절 권상하의 우암 계승 · 120

제2절 호락논쟁의 전개 • 129

제3부
반주자학의 등장

제1장 주자 정신의 반주자학 • 147

제2장 반주자학의 계열 • 149
　제1절 허목의 반주자학적 경전 해석 • 149
　제2절 윤휴의 경학적 반주자학 • 153
　제3절 박세당의 철학정신과 반주자학 • 156

제3장 양명학의 등장과 주자학 비판 • 161
　제1절 양명학 수용의 과정 • 164
　제2절 정제두의 한국 양명학 집성 • 166
　제3절 양득중의 양명학과 실학 • 175

제4장 한국적 실학파의 등장 • 176
　제1절 김육의 애민정신 • 179
　제2절 유형원이 그린 이상세계 • 181

제3절 이익의 수기안인철학 • 188
제4절 안정복의 역사의식 • 192
제5절 홍대용의 과학과 철학 • 194
제6절 박지원의 이용후생 • 200
제7절 이덕무의 주자학적 고증학 • 204
제8절 유득공의 역사의식 • 206
제9절 박제가의 북학 강조 • 207
제10절 정약용의 실학 집대성 • 210
제11절 김정희의 금석학 • 259

제4부
주자학의 재연

제1장 실학의 한계 • 264

제2장 주자학의 재연 • 266
　제1절 임성주의 주자학 • 268
　제2절 류치명의 주자학 • 275
　제3절 이항로의 주자학 • 278
　제4절 기정진의 주자학 • 281

제5절 이진상의 주자학 · 289

제6절 전우의 주자학 · 295

제12절 김창숙의 애국과 유학 교육의 부활
· 348

제5부
순수 사림의 계열

제1장 순수 사림으로의 회귀 · 300

제2장 초탈적 수양철학의 계보 · 302
제1절 조임도의 수양과 삶 · 303
제2절 하홍도의 수양과 삶 · 304
제3절 이만부의 수양과 삶 · 306
제4절 권구의 수양과 삶 · 309
제5절 이광정의 수양과 삶 · 312
제6절 정종로의 수양과 삶 · 314
제7절 황덕일의 수양과 삶 · 316
제8절 최익현의 학문과 절의 · 319
제9절 유인석의 의병운동 · 326
제10절 이상룡의 위국헌신 · 330
제11절 윤봉길의 사생취의 · 339

제6부
조선의 멸망과 유학의 쇠퇴

제1장 조선의 멸망 · 360
제1절 조선 멸망의 외부적 요인 · 360
제2절 조선 멸망의 내부적 요인 · 365

제2장 한국의 현재 · 368
제1절 남한의 자유주의와 기독교 · 368
제2절 북한의 공산주의 · 373

제3장 유학의 쇠퇴 · 375
제1절 망국의 원인으로 인식된 유교 · 375
제2절 서구적 교육의 영향 · 376

제4장 한국 유학의 역할 · 378
제1절 한국 발전의 원동력 · 378

제2절 남북대화의 바탕 · 379

제3절 한국에 맞는 제도를 유학에서 찾다

· 379

제5장 한국 유학의 미래 전망 · 382

제1절 세계의 판이 바뀌다 · 382

제2절 한국 유학의 미래 · 386

결어 유학의 미래 · 388

참고문헌 · 392

1. 이 책은 다섯 권으로 구성된『유학 오천 년』가운데 제4권으로 제3권과 함께 '한국의 유학'을 다룬다. '유학의 발원과 완성'은 제1권에서, '중국 유학의 전개'는 제2권에서, '일본과 베트남의 유학'은 제5권에서 각각 다룬다.
2. 인용문 가운데 중략한 사항은 (…)로 표기했다.

제 1 부

16세기 성리학의 계승

◎

명종 선조 연간인 16세기는 위대한 철학의 시대였다. 퇴계, 남명, 하서, 율곡 등의 한국을 대표하는 위대한 철학자가 동시대에 대거 등장했기 때문이다. 16세기를 지나 17세기는 그들의 후광을 입은 후학들이 그들의 뜻을 계승하여 정치의 장에 적극적으로 나섰다. 그런 과정을 거치면서 사림들은 권력 독점을 위해 투쟁하는 당쟁 시대로 접어들었다.

제1장

■

퇴계의 후학과 흐름

제1절
학봉 김성일의 수양과 실천

김성일(金誠一: 1538~1593)의 자는 사순(士純), 호는 학봉(鶴峰), 시호가 문충(文忠)이다. 1538년 경상북도 안동에서 태어나 1556년 19세의 나이로 퇴계의 문하에서 수학했고, 1564년 진사시에 합격하여 성균관에 가서 수학했다. 그 뒤 다시 도산으로 가서 퇴계에게 수학하여, 일가를 이루었다.

1568년 문과에 급제하고 관직에 나아가 여러 관직을 두루 거쳤다. 1584년에 나주 목사로 부임하여 선정을 베풀고 민심을 얻었다. 금성산(錦城山) 기슭에 대곡서원(大谷書院)을 세워 한훤당·일두·정암·회재·퇴계 등을 제향하고, 선비들에게 학문에 전념하도록 했다.

1590년 통신부사(通信副使)로 일본에 파견되었다가 이듬해 돌아와 선조에게 왜적은 두려워할 것이 못 된다고 보고한 적이 있었다. 『선조실록』 60권, 선조 28년 2월 6일조에 다음과 같은 기록이 있다.

김응남이 아뢰기를, "김성일(金誠一)은 당초에 의분하여 적을 막았는데, 그 공이 매우 큽니다. 유극량(劉克良)은 파주(坡州)의 접전에서 처음에는 불가한 일로 생각하고 모두 믿고 따르지 않았는데 마침내는 힘껏 싸우다 죽었으니, 또한 가상합니다" 하고, 홍진은 아뢰기를, "김성일은 당초에 웅천(熊川)을 지켰는데, 적의 예봉이 몰려와 그 위세가 매우 성대했습니다. 무장과 군졸은 어떻게 해볼 수 없다고 생각하여 감히 발사하지 못했는데, 김성일이 말에서 내려 호상(胡床)에 꼼짝하지 않고 앉아서 군관으로 하여금 활을 쏘게 하여 한 왜졸을 죽이니, 적이 조금 물러나 감히 전진하지 못했다고 합니다. 김성일이 있었더라면 진주(晉州)도 보전할 수 있었을 것입니다"라고 했다. 정경세가 아뢰기를, "김성일이 있었다고 하더라도 진주가 보전될 수 있었을지의 여부는 알 수 없으나 창의 독전(倡義督戰)하기로는 김성일 만한 자가 없습니다. 그의 초모격서(招募檄書)를 보면, 충의가 분발하여 사람을 감동하게 합니다" 하니, 상이 이르기를, "김성일이 수길(秀吉)에게 속임을 받은 것은 많다. 수길이 전립(氈笠)을 쓴 데다 애를 안고 맨발까지 한 자세로 접견하자, 김성일은 장담하기를 '수길은 대수롭지 않으니 일본은 염려할 것이 못 된다. 부견(苻堅)의 백만 군사에 대해서도 사안(謝安)은 듣고 움직이지 않았는데, 어찌 이 적을 두려워하랴?' 했으니, 이것이 수길에게 속임을 받은 것이 아닌가" 하자, 좌우에서 모두 아뢰기를, "김성일은 적정(賊情)을 분명히 보지 못해서 그런 것입니다" 했다. 상이 이르기를, "황윤길(黃允吉)은 매우 걱정하기를 '평의지(平義智)는 간웅(奸雄)이고 평행장(平行長)은 박실(朴實)한데 싸울 때마다 꼭 이기니, 가장 염려된다(…)' 했으니, 이는 반드시 본 바가 있어서이다. 성일은 속임을 받은 것이 분명하다"하니, 이항복이 아뢰기를, "신은 성일과 서로 잘 알지 못하는 처지인데 그때 함께 정원에 있으면서 물어보았더니, 성일도 깊이 걱정했습니다. 다만 '남쪽 지방 인심이 먼저 요동하니, 내가 비록 장담해서 진정시켜도 오히려 의심을 풀지 않을 것이다' 했습니다. 그의 말은 이를 염려한 것이니, 어전(御前)에서 아뢴 것은 반드시 잘못 계달(啓達)한 것일 것입니다."

사신은 논한다. 김성일은 자가 사순(土純)이고 안동(安東) 사람인데, 위인이 강직하고 강개하여 큰 절개가 있었다. 조정에서 벼슬할 때는 과감한 말로 직간을 했고, 기축년에 통신 부사(通信副使)로 일본에 갔을 때는 정직하게 자신을 가져 조금도 의구함이 없었다. 왜인의 서계(書契)에 패만(悖慢)한 말이 많이 있자 엄격한 말로 꾸짖어 물리치고 받지 않으니, 왜적의 괴수도 모두 두려워했고 따라서 서계의 내용을 고쳤다. 그가 귀국해서 홍문관 부교리가 되어 자주 소차(疏箚)를 올려서 당시의 병폐를 절실하게 지적했다. 간신 정철이 기축 역옥(己丑逆獄)으로 인하여 처사(處土) 최영경(崔永慶)을 터무니없는 죄로 얽어 죽이니, 사람들은 모두 최영경의 원통함을 알고 있었으나 감히 말하는 자가 없었는데 김성일이 어전에서 항언으로 변명하여 설원과 복관이 되게 했으니, 청론(淸論)의 한 맥이 이를 힘입어 이어졌다. 임진년 봄에 그는 영남의 병마절도사로 임명을 받아 남쪽 변방으로 달려갔다. 왜적이 이미 이르니 열군(列郡)은 와해되어 풍문을 듣고 온통 분산했으나 김성일만은 조금도 동요하지 않고 보수(保守)할 계획을 했다. 적이 웅천에 들어왔을 때 그는 말에 내려 호상에 버티고 앉아 비장을 독촉해서 싸우게 하여 왜적의 선봉장을 베니, 흉적이 이 때문에 조금 물러서게 되었다. 그 당시 조정에서는 김성일이 '왜구는 두려워할 것이 못 된다'라고 과감하게 말하여 방비를 해이하게 만들었다고 해서 잡아다 국문하도록 명이 내려져 있었는데, 특별히 이를 용서하고 이내 초유사(招諭使)로 임명하자, 그는 도로 영남 지방으로 들어가서 동지를 불러 모으고 의병을 규합하니, 원근에서 모두 향응했으므로 함락되었다가 도로 우리의 소유가 된 것이 16~17읍이나 되었다. 그의 초유 격문은 충의가 분발하고 사의가 격렬했으므로 비록 어리석은 남녀들에게 듣게 했더라도 반드시 모두가 마음이 동해서 눈물을 떨어뜨렸을 것이다. 우도 순찰사로 올려 제수되었다. 계사년 여름에 병으로 군막(軍幕)에서 죽으니, 이 소식을 들은 자 중에는 애통해하지 않은 이가 없었다. 아, 김성일은 옛날의 유직(遺直)이라 할 만하다.

위의 글을 읽어보면 학봉의 심정을 잘 이해할 수 있다. 학봉은 풍신수길(豊臣秀吉), 즉 도요토미 히데요시의 졸렬한 모습만 보았다. 위엄이라고는 하나도 찾아볼 수 없는 히데요시에게서 두려움이라고는 조금도 느낄 수 없었다. 학봉이 임금에게 보고할 때 왜에 대해 두려워할 것이 없다고 한 것은 자신의 솔직한 심정이었음을 알 수 있다. 학봉뿐만 아니라 한국 사람들 중에는 일본에 대해 두려워하는 사람이 많지 않다. 옛날 사람들뿐만 아니라 지금의 사람들조차도 예외가 아니다. 36년간을 혹독하게 당했음에도 대부분 한국인은 여전히 일본에 대해 두려워할 줄 모른다. 그것은 오랜 역사를 통해서 한국이 문화적으로 우위에 있었던 것이 한 원인이기도 할 것이다. 최근 한국에서 활약하고 있는 호사카 유지 교수는 이런 한국인들을 안타까워하여 『일본에게 절대 당하지 마라』라는 책을 썼을 정도이다. 일본에 전면적으로 당한 적이 한 번도 없는 상태에서 일본을 시찰했고, 또 졸렬하기 짝이 없는 히데요시의 태도를 보고 내린 학봉의 판단은 충분히 납득할 수 있다. 학봉에게도 혹시 일본이 침략해오면 큰일이라는 일말의 우려가 없지는 않았지만, 그것보다는 일본을 두려워하지 않는 마음이 더 우세했던 것으로 이해할 수 있다.

임진왜란 때 포로로 잡혀갔다 돌아온 강항 선생이 귀국할 때 일본의 승려들이 찾아와 일본은 다시 조선을 괴롭힐 것이므로 귀국한 뒤에 대비해야 할 내용들을 알려주었다. 그 내용들은 강항의 『간양록(看羊錄)』이란 책에 기록되어 있다. 그러나 정약용 선생조차도 「일본론」이란 글을 써서 일본이 다시 조선을 침략할 일은 없을 것이라고 결론 맺었다. 이러한 한국인의 안이한 태도로 인해 36년간의 끔찍한 일을 당했다.

그러나 『수정선조실록』에서는 전혀 다른 기록을 하고 있다. 『수정선조실록』에서는 학봉을 당파싸움꾼으로 몰아가고 있다. 『수정선조실록』 25권 선조 24년 3월 1일조에 다음과 같은 기록이 있다.

부산으로 돌아와 정박하자 윤길은 그간의 실정과 형세를 치계(馳啓)하면서 '필시 병화(兵禍)가 있을 것이다'라고 했다. 복명(復

命)한 뒤에 상이 인견(引見)하고 하문하니, 윤길은, 전일의 치계 내용과 같은 의견을 아뢰었고, 성일은 아뢰기를, "그러한 정상 은 발견하지 못했는데 윤길이 장황하게 아뢰어 인심이 동요되 게 하니 사의에 매우 어긋납니다" 했다. 상이 하문하기를, "수길 이 어떻게 생겼던가?" 하니, 윤길은 아뢰기를, "눈빛이 반짝반 짝하여 담과 지략이 있는 사람인 듯했습니다" 하고, 성일은 아 뢰기를, "그의 눈은 쥐와 같으니 족히 두려워할 위인이 못됩니 다"라고 했다. 이는 성일이, 일본에 갔을 때 윤길등이 겁에 질려 체모를 잃은 것에 분개하여 말마다 이렇게 서로 다르게 한 것 이었다. 당시 조헌(趙憲)이 화의(和議)를 극력 공격하면서 왜적이 기필코 나올 것이라고 주장했기 때문에 대체로 윤길의 말을 주 장하는 이들에 대해서 모두가 '서인(西人)들이 세력을 잃었기 때 문에 인심을 요란시키는 것이다'라고 하면서 구별하여 배척했 으므로 조정에서 감히 말을 하지 못했다. 유성룡이 성일에게 말하기를, "그대가 황의 말과 고의로 다르게 말하는데, 만일 병 화가 있게 되면 어떻게 하려고 그러시오?" 하니, 성일이 말하기 를, "나도 어찌 왜적이 나오지 않을 것이라고 단정하겠습니까? 다만 온 나라가 놀라고 의혹될까 두려워 그것을 풀어주려 그런 것입니다" 했다.

『수정선조실록』은 인조 때에 시작하여 효종 때에 완성된 것으 로 당파싸움이 한창이던 때에 서인 중심으로 쓰인 것이어서 학 봉에 대한 기록에도 진실성이 부족한 것으로 보인다. 『수정선조 실록』에서 기록한 것처럼, 학봉이 일본의 침략을 알면서도 민심이 동요할 것을 염려하여 거짓된 보고를 했다는 것은 어떤 이유로도 이해하기 어렵다. 목전에서 일어날 민심의 동요보다 일본이 쳐들어오는 것은 천만 배나 더 두려운 일이다. 그 큰 두려움을 두고 작은 두려움 때문에 사실을 왜곡한다는 것은 있을 수 없다. 『징비록』 권1에는 학봉이 민심의 동요를 걱정하여 사실을 왜곡한 듯한 것으로 착각할 수 있는 내용이 있다.

> 내가 성일에게 묻기를, "그대의 말이 황윤길의 말과 다르니, 만일 병란이 있으면 어쩌려고 그래요?" 하니, 성일은 "나 또한 왜가 움직이지 않으리라고 어찌 기필할 수 있겠는가! 다만 황윤길의 말이 너무 지나쳐서 안팎이 놀라고 헷갈리므로 그것을 풀어주기 위함이었네"라고 했다.[1]

『징비록』의 내용에서 보면 학봉도 일본이 병란을 일으키지 않으리라고 확신하지는 않았음을 알 수 있다. 학봉의 생각으로는 일본이 병란을 일으키더라도 삼포왜란 정도일 것으로 생각한 것이지, 조선의 국토 전체를 짓밟는 대대적인 침략을 감행한다는 것은 예측하지 못했던 것 같다. 유사 이래로 일본은 끊임없이 국경을 침략했지만, 한 번도 국토 전체를 공격한 적이 없었다. 거기다가 일본이 중국 명나라를 정벌하겠다는 황당한 말을 하는 것을 보면 학봉에게 일본인들의 말은 헛소리로밖에는 들리지 않았을 것

---

1. 余問誠一曰 君言與黃使不同 萬一有兵 將奈何 曰 吾亦豈能必倭終不動 但黃言太重 中外驚惑 故解之耳(『懲毖錄』 권1).

이다. 임진왜란 이후의 한국인들은 일본의 전면적인 조선 침략을 확실한 사실로 알고 있지만, 임진왜란 이전의 한국인 중에는 일본이 전면전을 일으킨다는 것을 예측할 수 있는 사람은 많지 않았을 것이다. 국지적인 침략은 해올 수 있지만, 전 국토를 짓밟을 정도의 전면전은 일으키지 못할 것인데, 큰 전쟁이 일어난다고 하는 황윤길의 과장된 보고는 사실과 맞지 않을 뿐만 아니라 민심을 흉흉하게 만드는 것일 뿐이라는 것이 학봉의 판단이었던 것으로 읽어낼 수 있다.

학봉은 당파싸움에 휘말릴 선비도 아니고, 당파의 이익 때문에 나라를 저버릴 선비는 더욱 아니다. 『수정선조실록』 27권 선조 26년 4월 1일 조에 그의 임종 때의 모습을 다음과 같이 기록하고 있다.

> 그는 임종 시에도 개인적인 일은 언급하지 않았다. 그 아들 김혁(金㵧)이 옆 방에 있으면서 같은 역병에 걸려 위독했으나 한 번도 그에 관해 묻지 않고 오직 국사를 가지고 종사자들에게 권면했으므로 사람들이 그의 의열(義烈)에 감동했다.

당파싸움은 욕심에 눈먼 사람들이 벌이는 추한 일이다. 학봉의 인품으로 본다면 어떤 이유로도 당파싸움에 휘말려 국가의 안위를 저버릴 사람으로 볼 수 없다.

어쨌든 일본에 대해 두려워할 것이 못 된다고 한 학봉의 판단은 잘못이었고, 그에 대한 책임 또한 적지 않다. 그렇더라도 최종적인 책임은 정책 결정권자인 국왕에게 있다. 긍정적인 의견과 부정적인 의견 중에서 선택해야 한다면 정책을 결정해야 할 책임자는 긍정적인 견해에 대해서는 주의할 필요가 없다. 다만 부정적인 견해에 대해서 살피고 따져서 대처하는 것이 중요하다. 일본이 침략해 올 것이라는 의견과 해오지 않을 것이라는 의견이 대립할 때는 침략해 올 것이라는 의견에 대해 신중히 살펴야 한다. 이는 정책 결정자의 기본이다. 일본의 침략에 대해 대비하지 못한 궁극적 책임자는 국왕이지만, 학봉에게도 잘못이 없을 수는 없다. 1592년 형조참의를 거쳐 경상우도 병마절도사로 재직하던 중 임진왜란이 일어났다. 학봉은 파직되어 서울로 소환되던 중, 허물을 씻고 공을 세울 기회를 줄 것을 간청하는 유성룡(柳成龍)등의 변호로 직산(稷山)에서 경상우도 초유사로 임명되어 다시 경상도에 갔다.

학봉은 의병과 관군을 지휘하여 혁혁한 공을 세웠으나 안타깝게도 당시에 유행하던 역병에 걸려 생을 마감했다. 학봉의 모든 처신이 의로움에서 나온 것임에도 모든 것을 당파싸움의 시각에서 바라보는 사람들에게 학봉이 남인으로 분류되는 것은 안타까운 일이다.

학봉은 스승 퇴계로부터 배운 진리의 내용을 실천한 실천가였다. 학봉의 한평생은 진리의 실천으로 시작하고 마감했다. 세속과 타협하지 않았고 생사에 초연했다. 그의 학통은 장흥효(張興孝)-이현일(李玄逸)-이재(李栽)-이상정(李象靖)으로 이어졌다. 저서로『상례고증(喪禮考證)』과 『해사록(海傞錄)』이 있으며, 시문과 서간문 등을 모은『학봉집(鶴峰集)』이 간행되어 전해지고 있다. 안동의 호계서원(虎溪書院)·사빈서원(泗濱書院), 영양의 영산서원(英山書院), 의성의 빙계서원(氷溪書院), 하동의 영계서원(永溪書院), 청송의 송학서원(松

鶴書院), 나주의 경현서원(景賢書院)등에서 제향되었다. 이조판서에 추증되었으며, 시호는 문충(文忠)이다.

제2절
서애 류성룡의 사상과 정치

제1항 서애의 생애

류성룡(柳成龍: 1542~1607)의 자는 이현(而見), 호는 서애(西厓), 시호는 문충(文忠)이다. 외가가 있던 경상북도 의성에서 태어났다. 서애는 어린 시절 조부와 부친으로부터 가학(家學)을 전수받아 4세 때 글을 깨우쳤다. 서애는 21세 때인 1562년 가을에 퇴계의 문하에 들어갔는데, 퇴계는 서애를 보고 "이 사람은 하늘이 낸 사람이니 반드시 큰선비가 될 것이다"라고 칭찬했고,[2] 서애는 퇴계의 학문과 인격을 흠모하여 퇴계처럼 되는 것을 목표로 삼았다. 서애가 퇴계에게 배울 때 가장 관심을 가졌던 서적은 『근사록』이었다. 서애는 25세 때에 문과에 급제하여 승문원권지부정자가 되어 벼슬을 시작했고 여러 관직을 거쳐 39세 때인 1580년에 부제학이 되었으며, 50세 때인 1591년에 좌의정이 되었다. 그러나 당시에 이미 관료들이 동인과 서인으로 분열하여 다툼이 일어났으므로 서애는 벼슬에 미련을 버리고 여러 차례 사직상소를 올렸으나 허락받지

---

2. 先生一見異之曰 此子天所生也 必成大儒(『陶山門賢錄』 권3, 〈柳成龍〉).

못했다. 서애는 동인과 서인의 화합을 시도했으나 성공하지 못했다. 서애의 나이 51세가 되던 1592년에 임진왜란이 발발했다. 서애는 왕의 특명으로 병조판서를 겸임하면서 영의정이 되었으나, 패전에 대한 책임으로 파직되었다가 이듬해 다시 호서, 호남, 영남을 관장하는 삼도 도체찰사가 되어 군사 업무를 맡았다. 훈련도감을 설치하여 군대를 편성하고, 전국 각처에 격문을 보내 의병을 모집하게 했다. 서애는 다시 영의정이 되어 1598년까지 전시의 정국을 이끌었다. 그러나 이해에 일본과의 화친을 주도했다는 누명을 쓰고 파직되어 귀향했다. 안동의 하회에 은거하는 동안 누명이 벗겨지고 관직이 회복되어 왕이 여러 번 불렀으나 사양하고 가지 않았다. 1601년 청백리에 녹선(錄選)되었고, 1604년에는 『징비록(懲毖錄)』의 저술을 마쳤다. 같은 해에 학가산 기슭에 있는 서미동에 초가삼간을 지어 거처했다. 꾸밈이 없는 단순한 구조이고 누추했으나, 선생은 거기에 거처한 것을 기쁘게 생각하여 집의 이름을 '농환(弄丸)'으로 지었다. 한 번은 자제에게 이르기를, "사람이 이욕에 빠져서 염치를 잃어버린 것은 다 자족한 줄을 알지 못한 데에서 나온다. 이 집이 비록 꾸밈이 없고 누추하지만, 비바람을 가리고 한서(寒暑)를 지낼 수 있으니, 이 이상 더 무엇을 구하겠느냐? 무릇 사람이 자기가 처한 바에 안정해서 걱정이 없다면 어느 곳인들 살지 못하겠느냐?"라고 했다.[3]

---

3. 三十四年丙午 先生六十五歲三月 作草堂于西美洞 堂僅三間 制甚樸陋 先生處之怡然 以弄丸名其齋 嘗謂子弟曰 人之所以沒利慾喪廉恥者 皆出於不知足也 此屋雖陋 亦足以蔽風雨度寒暑 過此何求 夫人安於所遇 而無戚戚之懷 則何處不可居乎(『西厓先生年譜』 권2).

懲毖錄 二

共六

十七日早朝邊報始至乃左水使朴泓狀啓也大
臣備邊司會賓廳請對不許卽啓請以李鎰爲
巡邊使中路成應吉爲左防禦使下左道趙儆爲
右防禦使下西路劉克良爲助防將于竹嶺義爲
助防將時慶尙右兵使金誠一馳起復
前江界府使卞以禮赴慶尙府尹仁泓儒臣勵趣以
去俄而使臣繼至乃曰釜山僉使以此知城陷李珏
率京中精兵三百名爲取兵曾避氏宗禮之皆聞間
市井白徒竟肯更儒生居半臨時醫關儒生具冠服行

試滎天戴平頂巾自愿求免者九滿於庭無可遣者
鎰戌命三日不數已令鎰先行使別將爲
隨後領去余啓兵曹判書洪汝諄不能治壯且軍
士多怨可遣於是金應南代爲列曹判書諸將齊以
臺諫啓請宏使大臣爲體察使檢督諸將故起以
余應命余請以金應南爲副以前義州牧使金汝
岉有武略時汝岉等得近頜下余請應南以申碰武
士可堁堁裨將者得八十餘人既而悬報絡繹聞賊釜
已過密陽將大丘將近頜下余謂應南以申碰曰晃渡
事已急矢村若之阿碰以孤軍往州而無後繼

「연보」에는 1607년 3월에 다음과 같은 기록이 있다.

하루는 아들 진(袗)에게 다음과 같이 말했다. "죽고 사는 것은 당연한 이치인데 내가 어찌 죽음을 서러워하여 마음이 동요되는 사람이냐. 오직 나라를 향한 일념만이 죽을 때까지 잊기 어려울 뿐이다. 지난번 조카 의(椅)로 인해 조정에서 거조(擧措)가 걱정될 만하다고 들었는데, 지금 벌써 3일이 지났으나 마음이 아직 풀리지 않는구나."

형(兄)의 아들 의(椅)에게 명하여 유계(遺戒)를 썼다. 그 대략은 다음과 같다.

"너희들이 착한 일을 힘써 생각하고 힘써 행한다면 가세(家世)를 거의 보전할 수 있다. 나는 세상에 공덕이 없었으니 죽으면 마땅히 검소하게 장사 지내라. 남에게 청해서 비명을 짓지 말고 만장도 스스로 만들어서 보내 준 것만 쓰도록 하라. 또한 가업을 지키는 데는 스스로 체통이 있으니 문란하게 하지 마라. 성효(誠孝)와 화목은 곧 가업을 지켜나가는 도리이다. 상제(喪祭)는 오직 정성과 공경에 있으니 풍성하게 장만하는 것을 힘쓰지 말라."

4월 조에는 다음과 같이 기록하고 있다.

명하여 빈객을 사절했다. 전에는 병이 비록 위독해져도 오히려 때때로 찾아온 손님을 맞이했으나, 이에 이르러서는 사절하기를 명하여 말하기를, "편안하고 조용하게 조화(造化)로 돌아가련다"라고 했다.

5월 조에는 다음과 같이 기록하고 있다.

6일(戊辰) 진시(辰時)에 정침(正寢)에서 고종(考終)했다. 그 전날 밤에는 남의 부축을 기다리지 않고 스스로 일어나 앉아서 말하기를, "오늘은 정신이 환하여 병이 없던 때와 같다"라고 하면서 홍범(洪範)을 끝까지 외웠다. 이날 진시 초에 사람을 시켜 내의를 맞아 오게 했다. 내의는 약을 달이느라 곧바로 들어가지 못했는데, 여러 번 명하여 빨리 들어오라고 재촉하고, 들어온 뒤에 손을 잡고 "멀리 와서 병을 간호해주니 천은이 망극합니다. 그대의 수고도 많았는데, 며칠이면 서울에 도착할 수 있겠는가?"라고 말하여 영결했다. 그리고 명하여 당(堂) 중간에다 자리[席]를 마련하고 거기로 옮겨 나가려 하자 모시는 사람은 힘들게 움직이다가 괴로움이 더할까 염려해서 굳이 간했으나, 끝내 듣지 않았다. 이에 빨리 붙들어서 그곳으로 옮기자, 북쪽으로 향하여 정좌하고 편안하게 서거했다. 선생이 일찍이 말했다. "내가 평생에 세 가지 한이 있다. 군친(君親)의 은혜를 보답하지 못한 것이 한 가지 한이고, 작위가 너무 외람된데도 일찍 물러나오지 못한 것이 두 가지 한이며, 도(道)를 배울 뜻을 가졌으면서도 이루지 못한 것이 세 가지 한이다."

그의 죽음이 전해지자 임금 선조는 3일 동안 조회를 멈추었고 승지를 보내 조문했다. 숭례문의 상인들이 철시를 하며 애도했고, 백성들은 "류 정승이 아니었다면 지금쯤 1명도 살아남지 못했을 것이다."라며 슬퍼했다. 청렴했던 탓에 집안에 재산이 없어서 백성들이 제수를 차려 장례를 지냈다. 묘소는 경상북도 안동시 풍산

읍 수2리에 있다. 『선조실록』 211권, 1607년 선조 40년 5월 13일 서애의 졸기에 다음과 같이 기록했다.

전 의정부 영의정 풍원 부원군(豊原府院君) 유성룡(柳成龍)이 졸했다.
사신은 논한다. 유성룡은 경상도 안동 풍산현(豊山縣) 사람이다. 타고난 자질이 총명하고 기상이 단아했다. 어린 나이에 퇴계(退溪) 선생의 문하에 종유(從遊)하여 예로써 자신을 단속하니 보는 사람들이 그릇으로 여겼다. 어린 나이에 과거에 급제하여 명예가 날로 드러났으나 아침저녁 여가에 또 학문에 힘써 종일토록 단정히 앉아서 조금도 기대거나 다리를 뻗는 일이 없었다. 사람을 응접(應接)하는 즈음에는 고요하고 단아하여 말이 적었고 붓을 잡고 글을 쓸 때는 일필휘지(一筆揮之)하여 뜻을 두지 않는 듯했으나 문장이 정숙(精熟)하여 맛이 있었다. 여러 책을 박람(博覽)하여 외지 않은 것이 없었는데 한 번 눈을 스치면 환히 알아 한 글자도 잊어버리는 일이 없었으며 의리(義理)를 논설하는 데는 뭇 서적에 밝아 수미(首尾)가 정밀하니 듣는 이들이 탄복했다. 사명(使命)을 받들고 경사(京師)에 갔을 때 중국의 선비들이 모여들었으나 힐난(詰難)하지 못하고 서애 선생(西厓先生)이라 칭했다. 이로 말미암아 명예와 지위가 함께 드러나고 총애가 융숭했다. 재상의 자리에 올라서는 국가의 안위(安危)가 그에 의지했는데, 정인홍(鄭仁弘)과 의논이 맞지 않아서, 인홍이 매양 공손홍(公孫弘)이라 배척했고, 성룡 역시 인홍의 속이 좁고 편벽됨을 미워하니, 사론(士論)이 두 갈래로 나뉘어져 서로 공격하는 것이 물과 불같았다. 성룡은 조목(趙穆)·김성일(金誠一)과 함께 퇴계(退溪)의 문하에서 배웠다. (…) 유성룡은 조정에 선 지 30여 년 동안 재상으로 있은 것이 10여 년이었는데, 상의 권우(眷遇)가 조금도 쇠하지 않아 귀를 기울여 그의 말을 들었다. 경악에서 선한 말을 올리고 임금의 잘못을 막을 적엔 겸손하고 뜻이 극진하니 이 때문에 상이 더욱 중히 여겨 일찍이 말하기를 '내가 류모(柳某)의 학식과 기상을 보면 모르는 사이에 심복(心服)할 때가 많다'라고 했다. 그러나 규모(規模)가 조금 좁고 마음이 굳세지 못하여 이해가 눈앞에 닥치면 흔들림을 면치 못했다. 그러므로 임금의 신임을 얻은 것이 오래였었지만 직간했다는 말을 들을 수 없었고 정사를 비록 전단(專斷)했으나 나빠진 풍습을 구하지 못했다. (…) 무술년 겨울에 변무(辨誣)하는 일을 어렵게 여겨 사피함으로써 파직되어 전리(田里)로 돌아갔다. 그 후에 직첩(職牒)을 돌려주었고, 상이 그의 병이 위독하다는 말을 듣고는 의관을 보내 치료하게 했지만 회복되지 않고 졸했다.

졸기를 보면 서애는 매사에 온유하게 대처했던 것으로 보인다. 현재 병산서원·남계서원·도남서원·삼강서원·빙계서원 등에 배향되어 있다.

제2항 서애의 학문과 사상

서애는 퇴계의 학문사상을 충실히 계승하여 수양철학을 강조했다. 퇴계 수양철학의 핵심이 기발의 마음 상태를 이발의 마음 상태로 바꾸는 데 있었으므로, 서애는 퇴계의 이발설(理發說)을 더욱 강화하여 주제설(主帝說)을 제창했다.

주재라는 두 글자는 몸을 다스리고 본성을 기르는 묘한 방법이다. 자고로 학문을 논한 것이 많으나 착수처를 바로 제시한 것은 이 한마디 말에 지나지 않는다. 사람의 몸은 하나의 피와 고깃덩어리이다. 그러나 눈이 밝게 보고 귀가 밝게 들으며 입이 맛을 분별하고 사지가 민첩하게 움직이는 것에 주체가 있으니 마음이다. 『중용』에서 "중과 화를 이루면 천지가 제자리에 있게 되고 만물이 제대로 길러진다"라고 했다. 중이란 주체이고, 화란 주재하는 작용이다. 『대학』에서는 "마음이 없으면 봐도 보이지 않고, 들어도 들리지 않으며 먹어도 맛을 알지 못한다"라고 했다. 이는 주체와 주재하는 작용이 없는 데서 오는 병폐이다. 고요하면서 주체가 된다는 것은 '고요한 상태에서 동요하지 않는다는 것'이고, 움직이면서 주재한다는 것은 '느껴서 대응하는 것'이다. 이목구비라고 하는 온몸의 작용이 모두 다 이 주재를 따라 조금도 왜곡됨이 없으면 총명예지가 모두 이로 말미암아 나온다. 성인의 도는 이뿐이다.[4]

사람의 삶을 주재하는 근본은 하늘마음과 그 마음의 작용이다. 서애는 하늘마음을 삶을 주도하는 주체라는 의미에서 주(主)라 하고, 하늘마음이 주재하는 작용을 주재한다는 의미에서 재(宰)라 했다. 이를 퇴계의 용어로 바꾸면 주(主)는 리(理)의 체(體)이고, 재(宰)는 리(理)의 용(用)이다. 주(主)를 천심(天心)으로 이해하면,

재(宰)는 천명(天命)으로 이해할 수도 있겠다. 사람의 몸에서 보고 듣고 맛보고 냄새 맡는 작용을 할 수 있는 까닭은 주재하는 마음이 있기 때문이다.

사람 몸에서 주재하고 있는 마음은 사람 몸에만 들어 있는 것이 아니라, 우주에 빈틈없이 가득하다.

마음이란 것이 비록 몸 안에 있지만, 실은 천하의 리에 연결되어 있다. 무릇 우주 안에 있는 상하사방이 모두 마음이 있는 장소이다. 안에 있다고 해서 들어온 것이라 할 수 없고, 밖에 있다고 해서 나간 것이라 할 수 없다. 『중용』에서 말하는, '보려 해도 보이지 않고, 들으려 해도 들리지 않지만, 모든 물체에 주체가 되어서 어느 하나도 빠트리지 않는다. 이를 비록 귀신이라 말하지만, 실은 주체인 마음을 표현한 것이다. 이미 모든 물체의 주체임을 알았다면, 물체 하나하나가 나의 바깥에 있는 것이 아님을 알 수 있다. 그러니 오직 이 점에 성찰하는 공부를 집중해야 할 뿐이다.[5]

---

4. 主宰二字 乃治身養性之妙法 自古論學雖多 求其直指下手處 不過此一語而已 蓋人身只是一箇血肉 然目之於視也明 耳之於聽也聰 口之於味也辨 四肢之於動也捷 於此有主宰焉 心而已 中庸曰致中和 天地位焉 萬物育焉 中者主也 和者宰也 大學曰心不在焉 視而不見 聽而不聞 食而不知其味 此無主宰之病也 靜而爲主 則寂然不動 動而爲宰 則感而遂通 耳目口鼻四肢之用 率皆聽命於此 而無所間斷 聰明叡智 皆由是出 聖人之道 如斯而已(『西厓集』 권15, 〈主宰說〉).

5. 夫心之爲物 雖在於一身之中 而實有以管攝天下之理 凡宇宙內上下四方 皆心之境界 不可以在內者爲入 以在外者爲出也 中庸言視之而不見 聽之而不聞 體物而不可遺 此雖說鬼神而實所以狀心之體也 既知體物則可知逐物非外 特於是加省察之功耳(『西厓集』 권15, 〈心無出入〉).

사람이 보고 듣고 먹고 냄새 맡고 하는 삶의 내용을 주재하는 근원은 본래의 마음이다. 본래의 마음은 하늘마음이기도 하고 한마음이기도 하다. 하늘마음이 천하의 리이다. 따라서 하늘마음은 내 마음 깊은 속에 있는 본래의 마음이기도 하지만, 우주 공간에 가득한 마음이기도 하다. 내 마음속에 있는 마음과 우주의 마음이 하나이기 때문에, 몸 안과 밖의 구별이 없다. 몸 안에 있다고 해서 들어온 것이 아니고 몸 밖에 있다고 해서 나간 것이 아니다. 그냥 하나의 마음일 뿐이다. 하나의 마음은 내 몸을 주재함과 동시에 모든 물체를 주재하는 것이므로, 이 마음에서 보면 나와 다른 것의 구별이 없다. 이 점이 사람들이 가장 집중하여 살펴야 하는 곳이다. 서애의 공부 또한 여기에 집중된다.

사람은 하늘마음을 가지고 태어났으므로 하늘과 떨어져 있지 않았다. 하늘과 하나인 사람은 하늘마음이 주재하는 대로 살아간다. 그렇게 사는 사람의 마음은 퇴계가 말한, 이발이기수지(理發而氣隨之)하는 마음이다. 그러나 사람이 자라면서 자기 것만 챙기려는 욕심이 생겨 기발이이승지(氣發而理乘之)하는 마음으로 변질함으로써 온갖 고통과 어려움을 떠안게 되었다. 이런 문제를 해결하기 위해서는 본래의 마음을 왜곡시키지 않음으로써 이발이기수지의 마음을 회복해야 하고, 이를 위해서 이발에 관심을 집중해야 한다. 서애가 주재설을 제창한 것은 관심을 이발에 집중하기 위해서였다. 이런 의미에서 본다면 서애의 주재설은 퇴계의 수양철학을 계승하는 과정에서 나온 이발설 강화의 이론임을 알 수 있다.

하늘마음이 주재하는 대로 사는 것이 참된 삶이고, 행복한 삶이며, 지혜로운 삶이다. 서애가 총명예지의 삶이 이에서 비롯된다고 한 것이 바로 이를 두고 한 말이다.

서애는 퇴계의 충실한 계승자이다. 서애가 양명학을 비판한 것도 양명학이 치밀해야 하는 수양의 과정을 왜곡시킬 우려 때문이다.

제3항 서애의 정치

정치실현에 나아간 서애는 개인적인 정치권력에 대한 욕심을 버리고 오직 바람직한 국가를 건설하기 위해 개혁적인 정책들을 수립했고, 많은 업적을 이루었다. 농업 생산성을 증대하기 위한 새로운 시책을 추진했고, 염업과 수산물의 품질을 향상할 방안을 추진했으며, 유통 및 물자의 수급을 원활하게 하기 위해서도 큰 노력을 기울였다. 임진왜란이 일어나기 전에 이순신 장군을 정읍 현감에서 전라좌수사로 발탁한 것도 그였고, 권율 장군을 형조정랑에서 국경지대의 요충지인 의주 목사로 보낸 것도 그였다.

임진왜란 중에는 영의정과 도체찰사를 겸하여 내무행정과 군정을 총괄했다. 훈련도감을 설치한 것도 서애였고, 명나라의 군대를 원만하게 처리해낸 것도 서애였다. 화포를 제조하고 성곽을 수축했으며 군비 확충을 위해서도 큰 역할을 했다. 이 외에도 서애는 여러 가지 좋은 정책을 시행하여 혼란한 정국을 원만하게 해결했다.

후대의 학자들은 서애를 남인의 영수로 분류하지만, 이는 잘못인 듯하다. 서인과 동인의 분열을 당파싸움의 출발로 잡아, 서인에서 소론과 노론, 동인에서 남인과 북인의 사색으로 정리하는 것은 당연한 일이지만, 당파싸움의 계열을 정리하는 데 왜곡된 점들 또한 적지 않다. 퇴계와 율곡을 동인과 서인의 정신적 발원지로 삼는 것은 다카하시 도루의 연구에 의해 왜곡된 것이다.

사림 중에는 수양에 치중하는 순수한 사림이 있고, 사림을 가장하여 정치적 욕심을 채우는 위선적 사림이 있다. 당파싸움에 휘말리는 사람은 주로 정치적 욕심을 채우기 위한 위선적 사림이다. 학봉이나 서애는 당파싸움에 휘말린 선비가 아니므로, 남인으로 분류하는 것은 옳지 않다. 더구나 서애를 남인의 영수로 자리매김하는 것은 더욱 잘못된 것으로 보인다. 욕심을 채우기 위해 충돌하는 것은 싸움이지만, 옳은 사람이 그른 사람과 대립하는 것은 싸우는 것이 아니라 응징하는 것이다. 서애는 정치권력을 차지하기 위해 싸운 적이 없다. 서인의 당수로 지목된 정철과도 친밀한 관계를 유지했고, 서인들도 서애와는 거의 불화가 없었다. 서애가 대립한 것은 싸운 것이 아니라, 잘못된 자에게 응징한 것이었다.

제3절
조목의 수양철학

조목(趙穆: 1524~1606)은 자가 사경(士敬), 호가 월천(月川)이다. 퇴계의 철학은 수양에 치중하는 수양 중심의 철학이었으므로, 퇴계의 학풍을 이어받은 후학 중에는 정치에 나아가기보다는 은거하면서 수양에 치중하는 전통이 이어졌는데, 월천이 그 대표다. 월천은 경상북도 예안에서 출생하여 퇴계의 문인이 되었다. 1552년에 생원시에 합격했으나 대과(大科)를 포기하고 학문과 수양에만 전념했다. 1566년 공릉참봉에 임명되었으나 사양하고, 오직 퇴계의 문하에서 경전 연구에 주력했다. 나중에 성균관수천(成均館首薦)·집경전참봉(集慶殿參奉)·동몽교관·종부시주부·조지서사지(造紙署司紙)·공조좌랑 등에 제수되었으나 모두 부임하지 않았다.

1576(선조 9)년 봉화현감에 제수되자 사직소를 냈으나 허락되지 않아 봉직하면서 향교를 중수했다. 1580년 이후 전라도도사·경상도도사·충청도도사·형조좌랑·신녕현감·영덕현령·전생서주부·공조정랑·상서원판관·금산군수·단양군수·합천군수·장원서장원 등에 제수되었으나 모두 부임하지 않았다.

1594년 군자감주부로 잠시 있으면서 일본과의 강화를 강력하게 반대했다. 이후 장악원정·사재감정·예빈시정·공조참의·공조참판 등에 제수되었으나 모두 재력과 노병을 이유로 사직소를 내고 사퇴했다. 월천은 명명덕을 중시하고 철저한 수양철학에 전념했다. 월천의 수양철학은 경당 장흥효 등으로 이어지면서 조선 후기의 흐름을 형성했다.

제4절
장흥효의 거경철학

장흥효(張興孝,1564~1633)의 자는 행원(行原)이고, 호는 경당(敬堂)이며, 안동부 금계리(金鷄里)에서 태어났다.

경당은 12세부터 17년간 학봉의 문하에서 수학했고, 36세 때 서애의 문하에서 수학했으며, 1607년 안동부사로 부임한 한강(寒

岡) 정구(鄭逑: 1543~1620)의 문하에서 수학했다.

경당은 학봉으로부터 경(敬)을 통한 실천적 수양철학을 주로 터득했고, 서애의 문하에서는 리(理)를 터득하기 위한 철학적 사색에 몰입했으며, 한강의 문하에 들어가 한강과 나눈 논변을 보면 학문적 동반자에 가까웠다. 경당 철학의 핵심은 역시 경을 중심으로 한 수양이었다. 경당은 평생을 벼슬에 나아가지 아니하고, 시골의 한 처사로 지내며 평생을 오직 마음공부로 일관했다.

경당의 학문적 목표는 거경·궁리를 통해 본심을 회복하고 본심을 실천하는 것이었으며, 학문의 내용은 성리학과 역학이었다. 경당은 평생 일기를 썼는데, 『경당일기』로 전해지고 있다. 그의 일기를 보면 그의 삶을 짐작할 수 있다.

나를 가볍게 하는 실수가 있은 연후에 남이 나를 가볍게 여긴다. 내가 누구를 꾸짖겠는가! 나를 꾸짖을 뿐이다.[6]

수양은 자기반성에서 시작한다. 남을 탓하는 사람은 아직 수양하는 사람이 아니다. 모든 것을 자기 탓으로 돌리는 것에서 자기완성이 시작된다. 자기를 완성하는 중요한 수단은 마음에 잡념이 일어나지 않도록 마음을 경건하게 붙잡는 것이다. 경당의 삶은 경으로 일관하는 수도자의 모습이었다.

마음을 깨끗하게 가다듬고 고요할 때 경건하게 마음을 붙잡는

---

6. 我有可輕之失然後人輕之 吾誰責 責己而已.

것은 조심하고 두려워하며 마음을 보존하고 본성을 기르는 일이고, 예가 아니면 움직이지 않고, 움직일 때 경건하게 마음을 붙잡는 것은 혼자 있을 때 신중하며 돌아보고 살피는 일이다.[7]

단정하다는 두 글자는 일각에도 잊으면 안 된다.[8]

두렵고 두렵다. 늘 귀신과 부모와 스승이 위에서 내려다보고 있는 것 같다. 늘 깊은 못과 얇은 얼음이 아래에 있는 것 같다.[9]

입으로 글을 읽고 있어도 마음이 천리 밖으로 달리는 것은 하나에 주력하는 공부가 없다는 증거이다.[10]

이상의 일기 내용을 보면 그가 일각도 마음을 경건하게 붙잡는 공부를 게을리 하지 않았음을 알 수 있다. 마음을 경건하게 붙잡기 어려운 이유는 마음에 욕심이 들어 있기 때문이다. 욕심이 생기지 않도록 마음을 붙잡는 한편, 이미 마음에 들어 있는 욕심은 막고 없애야 한다. 그 또한 매우 어렵다.

사람의 욕심은 막기 어렵고, 천리는 잃어버리기 쉽다. 진리를 따

---

7. 齊明盛服 靜而敬 戒懼存養之事 非禮勿動 動而敬 愼獨省察之事.
8. 端正二字 不可一刻忘也.
9. 惕然悚然 常若鬼神父師之臨其上 常若深淵薄氷之處其下 靜時能敬則無思慮紛紜之患 動時能敬則無擧措煩擾之患.
10. 口惟讀書 心騖千里 無主一工夫之驗也.

르는 것은 매우 어렵고, 욕심을 따르는 것은 매우 쉽다.[11]

사사로운 자기를 극복하고 천리를 회복하는 것은 용맹정진하지 않으면 안 된다. 사사로운 자기를 이기고 천리로 돌아가는 것, 어렵지 아니한가.[12]

경당은 욕심을 막고 본마음을 회복하기 위해 용맹정진했다. 용맹정진하는 방법의 하나가 정좌 수도이다. 경당은 정좌 수도에 몰입했을 것으로 보인다. 욕심이 없어지고 본마음이 돌아오면 사람이 하늘처럼 된다.

하늘처럼 된 뒤에라야 비로소 하늘과 마주한다고 할 수 있다.[13]

하늘처럼 된 사람은 '나'라는 것이 없어진다. '나'라는 것이 없어지면 '내 것' 챙기는 마음이 없어진다. 남과 내가 하나가 되고, 하늘과 내가 하나가 된다. 하늘처럼 되면 원망할 일이 없어진다. 공자가 위나라에 갔을 때 자공은 공자가 벼슬하러 온 것으로 생각하고 공자에게 여쭈었다. "백이 숙제는 어떤 사람입니까?" "옛 현인이지." "원망했습니까?" "인을 구하여 인을 얻었으니 무슨 원망할 것이 있겠는가?" 자공은 공자의 답변을 듣고 공자가 벼슬하지 않을 것이라 했다. 백이와 숙제는 정치에 관여하지 못해 소외되었

11. 人欲難遏 天理易失 循理甚難 徇欲甚易.
12. 克去己私 復還天理 非勇猛不得 勝私復理 不亦難乎.
13. 無與天不相似 始可謂對越在天.

다. 자공은 백이와 숙제가 정치에 참여하지 못해 원망하며 살았을 것으로 생각했다. 진리를 얻어 하늘처럼 된 사람은 세속 일에 초연하다. 구차하게 정치에 참여할 것이 없다. 경당의 일기를 보면 경당은 백이 숙제 같은 사람이다. 세속에 초연하여 유유자적하면서 사는 사람이 되었다.

> 내가 많이 갖기를 바라고 남이 적게 갖기를 바라는 것은 '나'라는 것이 있기 때문이다. '나'라는 것이 없으면 누가 많이 가지기를 바라고 누가 적게 가지기를 바라겠는가. 내가 이기기를 바라고 남이 지기를 바라는 것 역시 '나'라는 것이 있기 때문이다. '나'라는 것이 없으면 누가 이기기를 바라고 누가 지기를 바라겠는가. 자기가 반드시 많이 가져야 하는 것도 아니고, 남이 반드시 적게 가져야 하는 것도 아니니, 자랑하고 내세울 것이 어디에 있겠는가. 내가 남이고 남이 나다. 내가 하늘이고 하늘이 나이다. 원망하고 허물할 것이 어디에 있겠는가.[14]

'나'라는 것이 없어지면 보이는 것은 남뿐이다. 하늘처럼 된 사람의 삶은 남을 위한 삶으로 바뀐다.

> 자기 몸의 배를 불리는 것보다 천하의 배를 불리는 것이 낫고, 자기 혼자만을 착하게 하는 것보다 천하를 착하게 하는 것이 낫다.[15]

---

14. 欲己多而欲人少者 有己故也 無己則欲誰多而欲誰少 欲己勝而欲人不勝者 亦有己故也 無己則欲誰勝而欲誰不勝 己不必多 人不必少 則何矜伐之有 己亦人 人亦己 己亦天 天亦己 何怨尤之有.

세상 사람의 배를 불리고 세상 사람을 행복하게 하는 것은 하늘처럼 된 사람이 바라는 바이다. 그런데 경당이 정치에 나아가지 않은 이유는 무엇일까? 그것은 바로 공자가 위나라에서 정치에 관여하지 않았던 것과도 일맥상통한다. 정치에 나아가 뜻을 이룰 수 있었다면 정치에 관여했을 것이다. 그러나 그렇지 못하다면 혼자서 자기를 완성하고 제자를 길러 후일을 도모하는 것이 낫다.

경당에게 늘 따라붙는 유명한 이야기는 딸 장계향과의 일화다. 경당은 자기가 읽은 책을 아들과 마찬가지로 딸에게도 읽히고, 뜻을 묻기도 했다. 장계향은 훌륭한 학자로 성장했고, 이현일을 위시한 열 자녀를 뛰어난 학자로 길러 퇴계학의 정통을 잇게 했다. 장계향은 모친의 요리 솜씨를 물려받아 한국 최초의 『음식디미방(飲食知味方)』이란 책을 출간했다.

경당은 문하에 이휘일(李徽逸)을 비롯한 수많은 제자가 있고, 『경당집』을 남겼다.

경당은 벼슬에 나아가지 않고 수양공부에 주력하여 퇴계의 학통을 이어받았고, 제자를 길러 후대로 이어주었다. 자녀를 길러 제가를 잘했고, 덕을 쌓아 고을 사람들을 감화시켰다. 퇴계의 가르침을 몸으로 실천한 사람이라 하겠다.

---

15. 獨飽其身 不如兼飽天下 獨善其身 不如兼善天下(이상 『敬堂集』 권2, 〈日記要語〉).

제5절
이현일

이현일(李玄逸: 1627~1704)의 자는 익승(翼昇)이고, 호는 갈암(葛庵)이다. 1646(인조 24)년과 1648년에 초시에 모두 합격했으나 벼슬에 뜻이 없어 복시를 단념했다. 1674년에 학행으로 명성이 높아져 계속 벼슬이 주어졌으나 나가지 않았다.

1678년 공조정랑·지평에 임명되었으며, 외척의 용사와 당쟁의 폐단 등을 논했다. 1689년에는 사업(司業)에 임명되고, 이어 사헌부장령·공조참의에 임명되었다. 이때 인현왕후(仁顯王后) 폐비문제의 부당함을 지적하고 사직 상소를 올렸으나 허락받지 못했다. 6월에는 좨주(祭酒)에 임명되어 경연(經筵)에 참석했다. 그 뒤 여러 관직을 거쳤으나, 1694년 4월 인현왕후가 복위된 뒤 갑술환국 때 조사기(趙嗣基)를 구하려다가 함경도 홍원현으로 유배되었고, 다시 서인 안세징(安世徵)의 탄핵을 받아 종성에 위리안치(圍籬安置)되었다. 갈암은 유배지에서 글을 가르치며 『수주관규록(愁州管窺錄)』을 완성했다. 유배지가 호남의 광양현, 갈은리(葛隱里) 등지로 바뀌었다가, 1699년에 유배가 풀렸다 1700년에 안동 금양(錦陽)에서 집을 짓고 강학했으며, 1704년에 세상을 떠났다. 시호는 문경(文敬)이다. 저서로 『갈암집』이 있다.

갈암은 율곡 학설의 비판에 상당한 기력을 소모했다. 율곡이 퇴계의 이발설을 병폐라고 누차 지적했으므로, 가만히 있을 수 없었다.

나는 사단과 칠정은 각각 독자적으로 설명해야 하므로, 그것을 억지로 끌어 붙여서 하나로 설명하면 안 된다고 생각한 지 오래다. 주자가 이미 '사단은 리가 발한 것이요, 칠정은 기가 발한 것이다'라고 했기에 칠정을 사단에 분배하는 설을 진작부터 수긍하지 않았다. (…) 사단과 칠정은 각각의 뿌리가 있어, 설명할 때의 관점이 다르므로, 같은 것으로 혼동해서 하나로 합치면 안 된다. 이씨가 마음을 낮추어 겸손하게 의미를 찾아내어 같고 다른 점을 찾아내지 않고, 성급하게 일도(一途)라는 것으로 뭉뚱그렸다. 그러므로 그의 설명은 파초와 감람나무를 끌어 붙여 핵심에서 벗어나는 병통이 생겼으니 애석한 노릇이다.[16]

퇴계 학문의 정수는 철저한 수양을 통해 천인무간의 인간성을 회복하는 데 있다. 퇴계의 이발설은 인간성을 이해하기 위한 보조 수단으로 나온 학설일 뿐이다. 율곡이 퇴계처럼 철저하게 수양에 몰입했었다면 퇴계의 이발설을 비판하지 않았을 것이다. 자공이 사람들에 대해 비평하자, 공자는 "자공은 훌륭하구나. 나는 내 공부에 바빠서 그럴 시간이 없는데"라고 한 적이 있다.[17] 공자의 이 말은 만고의 진리로 보인다. 진리를 추구하는 사람은 진리 추구에 집중하느라 남을 비평할 여유가 없다. 진리를 얻고 난 뒤에는 진

---

16. 愚謂四端七情 各自爲一說 其不可牽合爲說也久矣 朱子旣曰 四端是理之發 七情是氣之發云 而於七情分配四端之說 未嘗頷可(…)蓋其所從來 各有根柢 所以爲說 各有地頭 不可混而同之 比而合之 李氏於此 未嘗低心下意 參互紬 繹 以求其同異 遽欲以一途槩之 故其所謂說 每有芭欖牽合支離遷就之病 殊 可惜也(『葛庵集』권18, 〈栗谷李氏論四端七情書辨〉).
17. 子貢方人 子曰 賜也賢乎哉 夫我則不暇(『論語』憲問篇).

리의 차원에서 다른 사람의 잘잘못에 대해 판결을 내리기만 하면 된다. 그 판결은 사람들에게 감동을 준다.

부모가 자녀를 꾸짖어도 자녀가 반발하지 못하는 까닭은 무한한 사랑의 힘으로 꾸짖기 때문이다. 형이 사랑이 없이 동생을 꾸짖거나 동생이 형에게 반발하면 싸움이 일어난다. 형과 동생은 싸우기 전에 먼저 사랑하는 마음을 회복해야 한다. 사랑을 회복한 뒤의 꾸짖음은 사랑의 표현이다. 남을 비판하는 것은 신중해야 한다.

율곡이 퇴계를 비판한 뒤로 싸움이 일어났다. 퇴계의 후학이 율곡의 비판에 대한 방어전에 돌입했고, 갈암이 그 선봉에 섰다. 갈암의 방어전에 대해 율곡의 후학들은 공격 수단을 강화하여 단합했다. 그 이후로 수양의 이론으로 잠깐 언급한 이기설이 싸움을 위한 무기로 둔갑하여, 지루한 소모전이 이어졌으니, 불행한 일이다.

리는 무위(無位)라고 하면서 발(發)한다고 하는 것은 형식논리로만 보면 모순인 것처럼 보인다. 이 점을 둘러싸고 기나긴 싸움이 이어진 것은 유감이다. 『삼일신고』의 설명을 참고하면 쉽게 풀리는 것을 알면 더욱 안타깝다. 『삼일신고』에서는 하늘을 성(性), 명(命), 정(精)의 세 요소로 보았다. 하늘은 마음과 말씀과 몸의 세 요소를 가지고 있다. 하늘의 마음은 움직임이 없지만, 마음에서 쉬지 않고 말씀이 나온다. 마음은 무위이지만, 계속 말씀을 하므로 발(發)이다. 고향에 계시는 부모는 가만히 계시기만 하지만, 전화로 외지에 있는 자녀들을 움직인다. 역시 무위이면서 발한다. 한국인 중에는 한 이론을 습득하면 그 이론에 갇히는 사람들이 더러 있다. 주자학을 하는 사람 중에도 예외가 아니다. 이 또한 주의해야 할 점이다.

제6절
정시한

정시한(丁時翰: 1625~1707)은 자가 군익(君翊)이고, 호가 우담(愚潭)이다. 우담은 강원도 원주 법천(法泉)으로 낙향하여 평생 벼슬길을 멀리했으며, 주로 이현일(李玄逸)·이유장(李惟樟) 등과 교유하면서 학문에 힘쓰고 후진 양성에 전념했다. 유일(遺逸)로 천거되어 사헌부집의·성균관사업의 벼슬이 내려졌으나, 모두 사양하고 나아가지 않았다.

1690(숙종 16)년에 「만언소(萬言疏)」를 올려, '왕의 마음을 바로잡을 것', '집안 다스리기를 엄격히 할 것', '나라의 근본을 배양할 것', '조정을 바르게 할 것', '인재를 쓰고 버림에 신중히 할 것', '언로를 열 것' 등의 6조를 건의했다. 이 상소의 구절에 왕이 분노하여 관직을 삭탈하도록 명했다. 그 뒤 세자시강원진선으로 나아갔다.

1691년 인현왕후를 폐위시킨 일은 잘못이라고 소를 올렸다가 관직을 삭탈 당했다. 이 해에 다시 기용되었으나 사퇴하고 벼슬길에서 물러났다.

당시의 영의정 권대운(權大運)은 임금에게 우담의 인품에 대해 다음과 같이 말하면서 그를 용서하라고 권유했다.

정시한은 삼가고 조심성이 있었으며, 어버이를 섬기는 일에 두터웠고, 어버이가 죽은 뒤에는 세상에 관한 생각을 버렸습니다. 그 뜻이 이처럼 숭상할 만한데, 어찌 노쇠한 지경에서 뒷날을 위한 생각을 하겠습니까? 세월이 많이 지났으니, 너그럽게 용서하시는 방도가 있어야 하겠습니다.[18]

우담의 인품을 짐작할 수 있는 대목이다. 우담의 문하에서는 이식·황수일(黃壽一)·이만부(李萬敷)·권두경(權斗經) 등 많은 학자가 배출되었다. 저서로는 문집인 『우담집(愚潭集)』이 있고, 중요한 글로, 「임오록(壬午錄)」, 「만록(漫錄)」, 「산중일기(山中日記)」, 「관규록(管窺錄)」, 「사칠이기변(四七理氣辨)」, 「변무록(辨誣錄)」 등이 있다

우담은 이(理)와 기(氣)의 관계를 주인과 보좌의 역할로 보는 이주기보설(理主氣輔說)을 제창하고, 이와 기의 관계에서는 혼륜(混淪)과 분개(分開)의 두 형식을 동시에 인정함으로써 일원론이나 이원론으로 극단화하기를 거부했으며, 현상적으로는 이·기의 혼융무간(混融無間)함을 인정하지만, 수양을 위해서는 리(理)가 기(氣)를 조종하는 것이 필수적임을 강조했다.

우담은 「사칠변증(四七辨證)」을 통해 율곡의 이기설을 41조에 걸쳐 조목조목 비판하여 기발일도설의 문제점을 바로 잡으려 했다.

우담은 율곡의 이기무선후설에 대해 다음과 같이 비판했다.

---

18. 時翰 以謹飭之士 篤於事親 親沒之後 永斷世念 其志之可尙如此 豈於衰老之境 爲後日計乎 時月屢過 宜有寬恕之道(『肅宗實錄』 권23, 肅宗 17年조).

천지의 변화가 비록 기화리승이지만, 또한 모두 리를 먼저 말하고 기를 뒤에 말했다. 주렴계가 "태극이 동하여 양이 되고 정하여 음이 된다"라고 했으며, 주자는 "리에 동정이 있는 까닭에 기에 동정이 있다. 만약 리에 동정이 없다면 기가 무엇으로부터 동정하겠는가"라고 했다. 이를 본다면 천지의 변화는 리가 동하여 기가 동하며 리가 정하여 기가 정하는 것이다. 과연 리발기수(理發氣隨)의 설과 차이가 있겠는가! 역시 분명히 선후가 있다고 이를 수 있지 않겠는가![19]

리와 기는 떨어져 있지만, 움직임이 리에서 시작되는 점으로 인해 리가 기보다 선행한다고 설명한다.

제7절
이재

이재(李栽: 1657~1730)의 자는 유재(幼材)이고, 호는 밀암(密菴)이다. 갈암 이현일(李玄逸)의 아들이다. 어려서부터 작은아버지 이휘일(李徽逸)과 이숭일(李嵩逸)에게 배웠다.

아버지가 함경도 종성으로 유배되었을 때 따라가서 모셨고,

---

19. 天地之化 雖是氣化理乘 而亦皆先言理 後言氣 朱子曰 太極動而生陽 靜而生陰 朱子曰 理有動靜 故氣有動靜 若理無動靜 氣何自而動靜乎 以此觀之 天地之化 理動而氣動 理靜而氣靜者 果有異於理發氣隨之說 而亦可謂之分明有先後乎(『愚潭集』 권7, 四七辨證).

1700(숙종 26)년 유배에서 풀려나자 안동군 금수(錦水)에서 살았다. 벼슬은 주부에 이르렀으나 사직하고 오직 학문에만 몰두하여 성리학의 대가가 되었고, 후진 양성에 힘써, 문하에 이상정(李象靖)·이광정(李光靖)을 위시한 많은 인물이 배출했다.

『성유록(聖喩錄)』, 『금수기문(錦水記聞)』, 『주서강록간보(朱書講錄刊補)』, 『안증전서(顔曾全書)』, 『주어요략(朱語要略)』 등을 저술했고, 『밀암문집(密菴文集)』이 있다.

밀암은 리와 기가 떨어져 있지도 않고 섞여서 하나로 합쳐져 있지도 않지만, "리와 기를 함께 말해서 혼란을 초래하기보다는 차라리 리만 말하고 기를 말하지 않음으로써, 맹자가 말한 성선의 뜻에 합치되는 것이 낫다"라고 하여 이기설에서 생기는 혼선을 해결하려 했다. 밀암의 설명은 동전 양면에 대한 설명과 완전히 일치된다. 동전의 양면은 하나가 아니면서 떨어져 있지 않으므로 양면의 관계에 관해 설명하자면, 혼선이 생길 수 있다. 차라리 겉면 하나만을 일컬어 동전이라고 하면 오히려 혼선이 생기지 않기 때문에 오히려 더 좋을 수도 있다.

밀암은 1704년 정시한(丁時翰)의 은거지 법천우사(法泉寓舍)로 가서 이기사칠지변(理氣四七之辨)·건순오상지덕(健順五常之德)·인물품수지동이(人物稟受之同異) 등을 강론했다. 그 뒤 아버지가 쓰다가 완성하지 못하고 절필한 『홍범연의(洪範衍義)』를 완성했다.

제8절
이상정

이상정(李象靖: 1710~1781)은 자가 경문(景文)이고, 호가 대산(大山)이다. 사마시와 대과에 급제했으나 관직에 나가지 않고 학문에 전념했다. 1739년 연원찰방(連原察訪)에 임명되었으나, 이듬해 9월 관직을 버리고 고향으로 돌아와 대산서당(大山書堂)을 짓고 학문연구와 제자교육에 전념했다. 1753년에 연일현감이 되어 민폐를 제거하고 교육을 진흥한 지 2년 2개월 만에 사직을 청했으나, 허락되지 않자, 벼슬을 버리고 돌아왔다. 정조가 즉위하여 불렀으나 나아가지 않았다.

대산은 외조부 밀암에게 배움으로써 퇴계→학봉→경당→갈암→밀암으로 이어지는 퇴계 학맥의 적통을 이었다. 문하에 허유(許愈)·김종덕(金宗德)·정종로(鄭宗魯)·남한조(南漢朝)·유도원(柳道源) 등의 제자들이 배출되었다.

저서 및 편저로는 『사례상변통고(四禮常變通攷)』, 『약중편(約中編)』, 『퇴도서절요(退陶書節要)』, 『심동정도(心動靜圖)』, 『이기휘편(理氣彙編)』, 『경재잠집설(敬齋箴集說)』, 『심무출입설(心無出入說)』, 『주자어절요(朱子語節要)』, 『밀암선생연보(密庵先生年譜)』, 『심경강록간보(心經講錄刊補)』, 『연평답문속록(延平答問續錄)』 등이 있다.

대산은 이기설에 대해 정리할 필요가 있었다. 대산은 리와 기 중에서 어느 한쪽에 치우치지 말고 둘의 의미를 제대로 이해하는 것을 중시했다.

주자가 일찍이 "리에 동정이 있으므로 기에 동정이 있다. 만약 리에 동정이 없다면 기가 무엇으로부터 동정하겠는가"라고 했다. 이것은 리를 위주로 하여 동정을 말한 것이다. 또 "태극이 동정을 포함한다고 하거나 태극에 동정이 있다고 하면 옳으나, 태극을 곧 동정이라고 하면 형이상·하를 분별할 수 없어, 역에 태극이 있다는 말도 역시 쓸 데가 없게 된다"라고 한 것은 기를 위주로 하여 동정을 말한 것이다. 모름지기 이처럼 양변을 다 보아야만 바야흐로 두루 갖추어지는 것이다.[20]

리에도 동정이 있고 기에도 동정이 있다. 리와 기의 상호영향 관계는 『맹자』에 잘 설명되어 있다.

"뜻은 기를 거느리는 장수이고, 기는 몸에 가득한 것이다. 뜻이 제일 중요하고, 기가 그다음이다. 그러므로 '뜻을 잘 간직하면서도 기를 해침이 없어야 한다'라고 한다." "이미 '뜻이 제일 중요하고, 기가 그다음이다'라고 하고, 또 '뜻을 간직하면서도 기를 해침이 없어야 한다'라고 한 것은 무엇 때문입니까?" "뜻이 집중하면 기를 움직이고, 기가 집중되면 도리어 마음을 움직인다."[21]

---

20. 朱子嘗曰 理有動靜 故氣有動靜 若理無動靜 氣何自而動靜乎 此主理而言動靜也 又曰 謂太極含動靜則可 有動靜則可 若謂太極便是動靜 則是形而上下不可分 而易有太極之言亦贅矣 此又主氣而言動靜也 須如是兩下看破 方是該遍(『大山集』 권7, 答李仲久守恒別紙).
21. 夫志氣之帥也 氣體之充也 夫志至焉 氣次焉 故曰持其志 無暴其氣 旣曰志至焉 氣次焉 又曰持其志 無暴其氣者 何也 曰志壹則動氣 氣壹則動志也 今夫蹶者趨者是氣也而反動其心.

사람에게는 마음과 기와 몸의 세 요소가 있다. 마음의 핵심은 본마음이고, 본마음이 삶의 방향으로 지향하는 것이 '뜻'이다. 본마음이 성이고 성이 리이므로, '뜻'은 삶의 방향으로 움직이는 리의 작용이다. 뜻과 기는 각각의 움직임이 있지만, 서로 영향을 주기도 한다. 뜻이 집중하면 기를 움직이고, 기가 집중되면 뜻을 움직인다. 뜻과 기는 장수와 사병의 관계와 같다. 장수의 명령으로 사병을 움직이지만, 사병의 상황에 따라 장수가 영향을 받는다.

리의 동정은 본마음이 지향하는 뜻이다. 본마음의 뜻은 장수의 명령과 같다. 장수가 명령으로 사병을 움직이듯이, 리가 동정하여 기를 움직이지만, 기의 동정에 따라 영향을 받기도 한다.

대산은 일단 리와 기의 관계를 정리하면서도 이기설의 본뜻을 이해하여, 이기설에 치중하기보다는 수양을 통해 본성을 회복하는 수양과 본성에 따르는 실천을 중시하여, 유학 본래의 목적으로 회귀해야 함을 강조한다. 이기설을 밝히느라 기력을 소진하여 학문 본래의 목적에 소홀하면 본말이 전도된다.

제2장

■

남명의 후학과 흐름

제1절
수우당 최영경의 초탈원융철학

최영경(崔永慶: 1529~1590)의 자는 효원(孝元), 호는 수우당(守愚堂)이며, 서울에서 태어났다. 남명의 문인으로 어려서부터 학문에 재질을 보여 세상에 드문 인물로 지목되었다. 여러 번 초시에 합격했으나 복시(覆試)에 실패했다. 수우당이 복시에 실패한 원인 중의 하나는 남명의 초탈원융적 학풍과 관련이 있을 것이다.

1572년에 경주참봉에 제수되었으나 나가지 않았고, 이듬해 주부에 제수되었으나 역시 나가지 않았다. 연이어 수령·도사·장원(掌苑) 등의 관직에 제수되었으나 모두 나가지 않았다. 당시에 안민학(安敏學)이 찾아와 정철(鄭澈)을 만나도록 권했지만, 거절했다. 1575년에 진주의 도동(道洞)에 은거했다. 정구(鄭逑)·김우옹(金宇顒)·오건(吳健)·하항(河沆)·박제인(朴齊仁)·조종도(趙宗道) 등과 교유했다. 1576년 덕천서원(德川書院)을 창건하여 스승 조식을 배향했다. 1581년 사헌부지평에 임명되었으나 나가지 않았다. 1585년에 『소학』·사서(四書)의 언해를 위한 교정청낭청(校正廳郎廳)에 임명되었으나 나가지 않았다. 1590년 정여립 역옥사건(鄭汝立逆獄事件)에 엮이어 옥사(獄死)했다. 1591년 신원(伸寃)되어 대사헌에 추증되었고, 1611년에 덕천서원에 배향되었다.

율곡은 『경연일기』에서 그의 인품에 대해 다음과 같이 기록하고 있다.

최영경은 남명의 제자인데, 맑은 절개가 세상에 으뜸이라 의롭지 않은 것은 터럭 하나라도 취하지 않았고, 지극한 효도로 부모를 섬겼다. 부모가 돌아가시자 장례를 치르느라 가산을 탕진해 그로 인해 가난해졌다. 집이 한양성 안에 있었으나 교유를 하지 않은 까닭에 그를 아는 사람이 없었다. 마을 사람들은 모두 '고집스러운 선비'라고 일컫기만 할 뿐이었다. 안민학이 그를 방문하여 그의 말을 듣고 그가 이인(異人)임을 깨달아 성혼에게 말하기를, "우리 마을에 이인이 있어도 알지 못하다가 지금에야 알았으니 어찌 가보지 않겠는가"라고 했다. 성혼이 한양에왔다가 방문하여 문을 두드리니, 한참 있다가 맨발의 어린 계집종이 나와 맞이했다. 들어가 보니 향기로운 풀이 뜰에 가득했다. 얼마 있지 않아 영경이 베옷에 떨어진 신발로 나오니, 한미한 기색이 처량해보였으나 그 용모가 근엄하고 중후하여 범접할 수 없는 것이 있었다. 앉아서 말을 하는데, 한 점 속된 모습이 없었다. 성혼은 매우 기뻐서 돌아와 백인걸에게 말하기를, "제가 최 아무개를 보고 돌아올 때 문득 맑은 바람이 소매 안에 가득함을 느꼈습니다"라고 하니, 인걸이 매우 놀라서 그를 기이하게 여겼다. 이로부터 이름이 사람 사이에 퍼졌다.[22]

미수 허목은 『미수기언』에서 수우당에 대해 다음과 같은 기록을 남겼다.

수우당이 역모에 연루된 것으로 모함을 받아 취조를 받을 때 취조관이었던 정철·이항복·김명원 등도 그의 인품에 감복했고, 그가 옥사했을 때, 당파를 달리하던 사람들까지도 애석하게 여겼던 것을 보면, 그의 인품을 짐작할 수 있다.

제2절
김우옹의 학문과 정치

김우옹(金宇顒: 1540~1603)의 자는 숙부(肅夫), 호는 동강(東岡), 시호는 문정(文貞)이다. 경상북도 성주에서 태어나서 자랐다. 24세 때 남명의 문하에 들어가 수학했다. 27세 때는 퇴계를 찾아뵙고 가르침을 받았으며, 30세 때도 퇴계에게 편지로 가르침을 받았다. 31세 때의 겨울에 퇴계 선생의 부음을 듣고 여러 학생들과 함께 천곡서원에 모여 곡을 했다. 32세 때 남명선생의 병간호를 하느라 수개월을 머물렀다. 33세 때 남명선생이 작고하여 장례를 치렀다. 겨울에 홍문관정자에 제수되었으나 나가지 않았다. 34세가 되던 8월에 부름을 받고 조정에 가서 사직 상소를 올렸으나 허락받지 못했다. 9월에 아침 강좌에 참여하여 진강한 이래 수시로 경연에

---

22. 『栗谷全書』 권29, 經筵日記(二).

서 진강했다.

1576년 37세 때 부교리가 되고, 이어서 이조좌랑·사인 등을 지 냈으며, 40세인 1579년 부응교가 되었을 때 차자를 올려 동서로 갈라진 붕당의 폐단을 논했다. 동강처럼 붕당의 폐해를 걱정하는 관료들이 권력을 장악할 수 있었다면 붕당이 당파싸움으로 이어 지지 않았을 것이지만, 붕당에 휘말리지 않는 선비들은 권력욕이 없으므로, 권력을 장악하기 어렵다. 참으로 안타까운 일이다.

이 해에 사가독서의 기회가 주어졌으나 소를 올려 사양했다. 1582년 43세 때 홍문관직제학이 되었고, 이어 대사성·대사간이 되었다. 1584년 45세 때 부제학이 되었다가 전라도관찰사·안동부 사를 역임했다.

1589년 50세 때 기축옥사가 일어나자 정여립(鄭汝立)과 함께 남 명의 문하에서 수학했다는 이유로 회령에 유배되었다가, 1592년 임 진왜란이 일어났을 때 사면되었다. 사면된 뒤 동강은 의주에 있던 행재소(行在所)로 가서 승문원 제조가 되었고, 이어서 병조참판이 제수되어 사양했으나 허락되지 않았다. 이때 동강정사와 고반정사 가 병화를 입어 서적 수천 권과 동강의 저술이 모두 불타버렸다.

1594년 55세 때 대사성이 되었고, 이어서 대사헌·이조참판을 거쳤다.

1597년 58세 때 다시 대사성이 되었고, 이어서 예조참판을 역 임했다. 60세가 되었을 때의 정월에 병으로 사직하고 인천에 이주 하여 소요정(逍遙亭)을 짓고 은거했다가 62세 때 청주 정좌산으로 거처를 옮겼다. 63세 때 성균관 대사성에 제수되었으나 나가지 않 았다. 64세 때인 1603년 11월에 병으로 생을 마쳤다.

동강은 경연에서 많은 진강을 했고, 『성학육잠(聖學六箴)』을 올리기도 했으며, 「시무칠조」, 「시무사조」, 「시무팔조」, 「시무십육조」, 「중흥요무팔조(中興要務八條)」 등, 다수의 시무책을 올렸다. 동강은 남명의 제자였지만, 정암·퇴계·율곡을 특히 존경했고, 많은 인재를 천거했다. 동강 역시 당파에 휘말린 선비가 아니었다. 후대의 학자가 그를 동인으로 분류하는 것은 옳지 않은 것으로 보인다.

저서로 『동강집(東岡集)』, 『속자치통감강목(續資治通鑑綱目)』, 『경연강의(經筵講義)』가 있고, 청주의 봉계서원(鳳溪書院), 성주의 회연서원(檜淵書院)·청천서원(晴川書院), 회령의 향사(鄕祠)에 제향되었다.

제3절
초탈원융철학 중심의 흐름

남명의 학문을 이어받은 제자 중에는 남명의 후광을 업고 적극적으로 정치에 참여한 내암(來庵) 정인홍(鄭仁弘: 1535~1623) 같은 인물도 있지만, 정치에 관여하지 않고 남명의 초탈원융철학을 이어받은 수우당 최영경 같은 인물도 있고, 정치에 참여는 했지만, 당파에 휘말리지 않고 초연하게 대처한 동강 김우옹 같은 인물도 있었다. 남명의 학풍은 후대로 이어지면서 평시에는 세상에 나가지 않고 초연하게 절개를 지키고 있다가도 나라가 위급할 때는 나라를 지키기 위해 목숨을 바치는 인물이 많이 나왔다.

특히 퇴계의 수양철학과 남명의 초탈원융철학을 겸하는 선비들도 다수 배출되었다.

■

제3장

하서의 후학과 유풍

제1절
하서의 후학

하서의 제자 중에는 하서의 후광에 힘입어 적극적으로 정치에 나선 송강(松江) 정철(鄭澈: 1536~1593) 같은 인물도 있었지만, 대개는 하서의 영향을 받아 은거하면서 수양과 실천에 힘쓰는 선비들이 많았다.

큰 좌절을 겪고 난 하서는 세상사에 초연하게 사는 것으로 마음을 추슬렀다. 하서의 시구에는 이런 내용이 더러 나온다. 하서는 '설후행(雪後行)'이라는 시에서 '세상만사는 구구할 따름'이라고 읊었고, '독귀거래사(讀歸去來辭)'라는 시에서는 '하고 한 세상일은 모두가 저 뜬구름'이라고 읊었다.

사람이 큰 좌절을 겪고 나면 인생이 허망해지기 마련이다. 사람의 일생이란 하룻밤의 꿈처럼 순식간에 지나고 만다. 일생을 마치고 나면 살면서 애지중지했던 것들도 별 의미가 없다. 세상사의 모든 것들은 뜬구름 같은 것이다. 세상사가 뜬구름 같다는 것을 알면 세상사에 집착할 것이 없다. 모든 것이 부질없다. 좌절에서 오는 고통도 당연히 사라진다. 하서 철학의 바탕에는 이러한 철학이 깔려 있다.

그러나 세상사를 초월하는 것만으로 삶의 문제가 다 해결되는 것은 아니다. 모든 것이 부질없다고 생각하는 것에는 사람의 삶의 내용이 죽고 나면 다 끝난다는 판단이 전제되어 있다. 만약 사람이 죽어도 삶의 내용이 끝나는 것이 아니라면 문제가 달라진다. 세상사가 뜬구름 같다는 판단은 죽으면 모든 것이 끝난다는 전제에서 내려진 것이므로, 만약 죽어도 끝나는 것이 아니라는 것을 가정하면 그 판단은 옳은 것이 아니다. 사람의 삶이 죽음으로서 끝난다는 판단은 몸에 '나'라는 것이 들어 있기 때문에 내릴 수 있는 판단이다. 몸은 물질이 뭉쳐져서 형체를 이룬 것일 뿐, 원래 거기에 '나'란 것이 없었다. 이를 깨닫는 것이 수양의 목적이다. 하서는 수양을 통해서 이를 알았다. 몸에 '나'란 것이 없으면 몸은 자연물이다. 태어나는 것도 자연이고 늙는 것도 자연이며, 죽는 것도 자연이다. 자연이라는 것에는 아무런 차이도 없다. 하서는 이런 내용을 '자연가'라는 제목으로 노래 불렀다.

청산도 절로 절로	靑山自然自然
녹수도 절로 절로	綠水自然自然
산도 절로 물도 절로	山自然水自然
산수 간에 나도 절로	山水間我亦自然
절로 생긴 인생이라	已矣哉自然生來人生
절로 절로 늙으리라	將自然自然老[23]

'나'라는 것이 없으면 '나'라는 것고 없고 만물도 없다. 모두 분별되지 않는 하나의 자연일 뿐이다. 이를 『장자』에서는 혼돈(渾沌)이라 한다. 혼돈은 분별심에 의해 분별되기 전의 본래의 모습이다. '나'라는 것에서 벗어나면 자연이기도 하고 혼돈이기도 하다. 하서는 혼돈주가(混沌酒歌)를 부르기도 했다.

노끈으로 긴긴 해를 묶을 수 없어	長繩難係白日長
큰 돌로 청천 위에 막아볼거나	大石擬補靑天上
헛된 꿈을 꾸다가 난처한 신세되어	枉圖謬算坐濩落
반평생이 훌쩍 지나 늙은이 되었구려	半世倏忽成老翁
어찌 아니 좋겠는가 혼돈주 마셔	豈如飮我混沌酒
요순과 마주 앉아 담소나 하자꾸나	坐對唐虞談笑中
혼돈술 있음을 사람들이 알 리 없지	混沌有酒人不識
이법은 옛 적에 부구공이 전해준 것	此法遠自浮邱公
백이 유하혜 구분 없는 온전한 모습	不夷不惠全其天
현인도 아니 닮고 성인도 아니 닮아	非賢非聖將無同
누룩군이라 불리면서 독 안에 갇혀서	相呼麴君囚瓮底
밤낮으로 기를 뿜어 부글거리다가	日夜噫氣聲蓬蓬
봄의 물이 비맞은 듯 뿌옇게 되지	俄傾春流帶雨渾
빚어내니 고색창연 맑고도 진해	醞釀古色淸而濃
함지잔에 부어서 부구에게 읍을 하고	酌以巨瓢揖浮邱
만고에 응어리진 이 가슴을 씻어낸다	洗下萬古崔嵬胷

23. 『河西先生全集續編』七言古詩.

한잔을 들이키니 신령과 통해져서	一飮通神靈
우주가 열리려고 몽롱해지네	宇宙欲闢猶朦朧
두잔을 들이키니 자연과 하나 되어	再飮合自然
혼돈으로 돌아가서 우주를 내려보며	陶鑄混沌超鴻濛
혼돈의 세상에서 손들어 춤을 추고	手舞混沌世
혼돈의 바람소리 귀로 듣는다	耳聽混沌風
광막한 취한 고을에 내가 왔구나	醉鄕廣大我乃至
이 벼슬은 하늘 벼슬 최고의 벼슬	此爵天爵非人封
머리 위 시시한 두건 무엇에 쓸까	何用區區頭上巾
도연명도 지리멸렬 세속인일 뿐	淵明亦是支離人

하서는 꿈을 꾸었다. 인종을 도와 세상을 천국으로 만드는 꿈
이었다. 그러나 그 꿈은 노끈으로 태양을 묶는 것처럼 어렵고, 큰
돌로 하늘의 태양을 막는 것처럼 어려운 것이었다. 이루지 못한
꿈으로 낙담하여 처량한 신세가 되어 술로 세월을 보내느라 늙어
버렸다. 하서가 꾼 꿈은 하서의 몸에 '나'라는 것이 들어 있었기
때문에 꾸게 된 것이었다. 꿈에게 깨어나기 위해서는 '나'라는 것
을 버려야 했다. '나'를 버리면 혼돈이 된다. 혼돈은 나와 남의 구
별이 없고, 나와 만물의 구별이 없는 본래의 모습을 말한다. 하서
는 술에 빗대어 혼돈의 모습을 회복하는 심경을 읊었다. 혼돈의
모습을 회복하는 것은 진리를 얻는 것이고, 본질을 회복하는 것
이며, 참된 삶을 얻는 것이고, 무한한 행복을 얻는 것이다. 하서는
혼돈의 상태를 술이 취해 일체의 분간이 없어지는 상태에 비유하
여 설명했다. 혼돈주를 마신다는 것은 혼돈의 모습을 회복한 것

을 비유해서 말한 것이다. 혼돈주를 마시면 일체의 구별이 없는 경지가 되고, 시간과 공간을 초월하는 경지가 된다. 요 임금이나 순 임금도 혼돈의 경지에 머물렀던 사람들이다. 혼돈주를 마시면 요순과 마주 앉아 환담하는 즐거움을 만끽할 수 있다. 지금 사람들은 혼돈의 경지에 대해 잘 모르는 것 같다. 혼돈의 경지는 『장자』라는 책에 나오지만 장자가 처음 설명한 경지가 아니고 먼 옛적에 부구라는 신선이 노닐었던 경지이다. 혼돈의 경지에 노닐면 백이와 유하혜의 구별이 없다. 현인과 성인의 구분도 없다. 일체가 구분되지 않는 태초의 모습 그 자체이다. 하서는 혼돈의 경지에 들어가는 방법을 술에 빗대어 설명한다. 술을 마시면 마음속에 응어리져 있던 일체의 고통이 씻어내린다. 술을 마셔 몽롱해지면 신령과도 통하고 우주와도 하나가 된다. 모든 분별은 의식이 만들어낸 가상이다. 의식은 원래 없었기 때문에 의식의 굴레에서 벗어나지 못하고 사는 것은 참된 삶을 사는 것이 아니다. 인간의 의식이 '나'라는 것을 만들어내면 '나'는 남과 분리되고 만물과 분리되며, 자연과도 분리되고, 우주와도 분리되어 작고 초라한 모습이 된다. 본래의 모습인 혼돈으로 돌아가면 우주도 내 안에 있다. 혼돈의 모습을 회복하여 일체의 구별이 없는 광막한 들판에서 거니는 것보다 더 행복한 것이 없다. 그런 행복은 하늘이 선물한 벼슬이다. 속세에서는 선비 노릇 하느라 머리에 두건을 쓰고 있어도 초라하다. 도연명이 속세를 초월하려고 애쓰는 것도 여전히 세속적이다.

하늘과 하나 되고, 우주와 하나 되는 행복감을 맛보게 되면 그 행복을 만끽하면 된다. 증점이 봄날에 동자들과 어울려 기수에 목욕하고 무우에서 바람 쐬며 풍류를 즐기려고 했던 것을 하서는 실천했다. 하서는 틈틈이 제자들과 어울려 산천을 유람하여 풍류를 즐기기도 했다. 그러면서 제자들은 하서를 닮아갔다. 사람은 존경하는 사람을 닮고 싶어 한다. 훌륭한 스승이란 닮고 싶어지는 스승이다. 하서의 제자들은 세속에 초연한 채 철저하게 수양하여 참된 삶을 구가했다.

1694년에는 지방의 유림들이 하서의 학문과 덕행을 기리기 위해 옥과면 죽림리에 영귀서원(詠歸書院)을 창건했다. 영귀(詠歸)란 증점이 한 말인, 영이귀(詠而歸), 즉 풍류를 즐긴 뒤에 "노래를 읊으면서 돌아오겠다"라고 한 말에서 따온 것이다. 하서의 삶과 학풍을 이은 제자들은 하서처럼 세상에 초연하면서 풍류를 즐기는 삶을 구가했다. 간혹 벼슬길에 나간 제자들조차도 뜻대로 안 되면 벼슬에 집착하지 않고 바로 사직하고 고향으로 돌아오는 경우가 많았다.

제1항 양자징의 학문과 삶

양자징(梁子澂: 1523~1594)의 자는 중명(仲明), 호는 고암(鼓巖)이다. 하서의 사위이며 소쇄원을 지은 양산보(梁山甫)의 아들이다. 고암은 어려서 모친상을 당했는데 장례에 임하는 모습이 어른 같았다. 하서(河西)의 제자이면서 사위가 되었다. 고암은 하서의 가르침을 받아 오묘한 경지에 도달했다. 다른 사람과 말을 할 때도 늘 겸손하여 부족한 듯했으므로, 사람들이 그를 더욱 공경했다. 부친상을 당했을 때는 시묘살이를 하며 정성을 다했다. 그의 효성이 조정에 알려져 사관(祠官)에 임명되었다가 거창 현감(居昌縣監)으로 승진되었다. 임금이 만나 보고서 다스리는 방법을 물었을 때, "학교를 일으켜 교화(敎化)를 힘쓰도록 바랍니다"라고 대답했다. 부임지에서 배우는 자들에게 『소학(小學)』을 익히게 하고, 삼강(三綱)의 윤리를 깨우쳤으며, 노인을 공경하고 향사례(鄕射禮)를 거행하여 새로운 바람을 일으키니, 백성들의 칭송이 자자했다. 뒤에 석성 현감(石城縣監)에 임명되었다가 파직되어 돌아왔다.

고암은 향년(享年) 72세로 창평(昌平)의 집에서 생을 마감했다.[24]

제2항 변성온의 학문과 삶

변성온(卞成溫: 1540~1614)의 자는 여윤(汝潤), 호는 호암(壺巖)이다. 호암은 어려서는 가학(家學)을 했고, 성장하여 하서의 문하에서 수학했다. 하서에게 『소학(小學)』을 배운 뒤로 말과 행동거지가 『소학』을 벗어나지 않았다. 그의 성품은 따뜻하고 두터웠으며, 학문을 하되 입신출세가 목적이 아니었으며, 문필을 가지고 자신을 드러내려 하지 않았다. 당시 동문인 금강(錦江) 기효간(奇孝諫)·고암(鼓巖) 양자징(梁子徵)·월계(月溪) 조희문(趙希文)·영응(永膺) 이지남(李至男)·양보(良輔) 윤기(尹祈)·고반(考槃) 남언기(南彦紀) 등과 교유했다.

호암은 퇴계를 찾아가 만난 적이 있고, 우계(牛溪) 성혼(成渾)과도 서신 왕래가 있었는데, 우계의 답신 중에 "사업이 원대하고 공

---

24. 『國朝人物考』권49, 〈牛栗從游親炙人〉 참조.

부가 독실하여 세속의 일들을 뜬구름 보듯 하고 군자의 절조를 지키며 산림에 안거했다"라고 쓴 글이 있다. 우계의 답서를 통해 추측해보면 호암은 하서의 삶을 그대로 따른 것으로 보인다. 1614년 정월 20일에 생을 마감했다.[25]

제3항 기효간의 학문과 삶

기효간(奇孝諫: 1530~1593)의 자는 백고(伯顧), 호는 금강(錦江)·인재(忍齋)이다. 하서의 문인이면서, 일재 이항(李恒)과 기대승의 문하에도 출입했다. 평생 벼슬길에 나아가지 않고 학문에만 전념했으며 후진양성에 주력하여 호남의 은덕군자(隱德君子)로 불리었다.

　동문인 김천일(金千鎰)·정철(鄭澈)·변이중(邊以中) 등과 교유했으며, 그의 문하에서 오희길(吳希吉) 등의 학자가 배출되었다. 하서 사후에 서태수(徐台壽)·변이중·변성온(卞成溫)·변성진(卞成振) 등과 사우를 짓는 일에 참여하여 제자의 직분을 다했다. 죽은 뒤 호조참의에 추증되었고, 장성의 추산서원(秋山書院)에 제향되었다.[26]

---

25. 유풍연, 『고창의 유학』(고창군, 1996);『전라문화의 맥과 전북인물』(전북대 전라문화연구소, 1990) 참조.
26. 『한국민족문화대백과』(한국학중앙연구원) 참조.

제4항 조희문의 학문과 삶

조희문(趙希文: 1527~1578)의 자는 경범(景范), 호는 월계(月溪)이고. 남원 출신이다. 하서의 문인이자 사위이다. 1553년에 별시 문과에 병과로 급제했고, 1556년 승문원정자를 시작으로 주서·성균관 전적·사예·사성을 거쳐 사헌부장령·사간원 헌납·이조 좌랑·홍문관 수찬·교리 등을 역임했다. 장흥 부사로 있을 때 명륜당에 제생(諸生)들을 모아 『심경(心經)』, 『근사록(近思錄)』, 『성리대전』 등을 강의하고 향음주례(鄕飮酒禮)를 시행하는 등 문교진흥으로 풍속을 교화시켰다. 경연에서 임금에게 정치의 요점을 설명한 적이 있고, 성리학에 조예가 깊었으며, 하서의 학설을 계승, 발전시켰다. 월계는 성(誠)과 경(敬)의 실천을 학문의 목표로 삼았고, 문장이 뛰어났다. 당시 기대승(奇大升)·정철(鄭澈)·백광훈(白光勳)·변성온(卞成溫) 등과 교유했다. 『월계유집(月溪遺集)』 5권 2책이 전한다.[27]

제5항 오건의 삶

오건(吳健: 1521~1574)의 자는 자강(子强), 호는 덕계(德溪)이다. 11세에 부친상을 당했으나 효성으로 소문이 났으며, 모친상 때에는 더욱 예의에 힘써 1549(명종 4)년에 예조의 포상과 함께 왕으로부터 복호(復戶: 조세나 역을 면제함)를 받았다. 14세 때부터 경전과 제자 및 역사

----

27. 위의 책 참조.

서를 연구하고, 혼자서 『중용』을 수백 번 반복 연마해 통달하고 『대학』, 『논어』, 『맹자』 등도 연구했다. 남명이 덕산동(德山洞)에서 강론할 때 문인으로 수학했으며, 하서·퇴계의 문인이기도 하다.

1552년 진사시에 합격하고, 1558년 식년 문과에 병과로 급제했다. 1567년 승정원주서(承政院注書)가 된 뒤, 이듬해 정언(正言)·헌납(獻納)·지평(持平)·교리(校理)·직강(直講)·사성(司成) 및 호조·예조·병조·공조의 좌랑, 검상(檢詳)·사인(舍人) 등을 역임했다.

1571년에 이조 좌랑으로 있으면서 춘추관 기사관을 겸해 『명종실록』의 편찬에 참여했다.

조정의 분위기가 직언을 싫어하고 사류(士類)들을 외면하는 경향이 강하자, 1572년 이조정랑으로 있다가 관직을 버리고 경상도 산음 덕계리(德溪里)로 낙향했다. 여러 차례 조정에서 불렀으나 모두 거절하고 서사(書史)를 섭렵하면서 시작(詩作)과 강론으로 여생을 마쳤다.

문인들이 '덕계선생(德溪先生)'이라 불렀으며, 산천의 서계서원(西溪書院)에 제향되었다. 저서로는 『덕계문집』, 『정묘일기(丁卯日記)』 등이 있다.[28]

제2절
하서의 유풍

하서의 유풍은 후학들에게 이어져 갔다. 1694년에 지방유림의 공

---

28. 위의 책 참조.

의로 하서의 학문과 덕행을 추모하기 위해 옥과면 죽림리에 영귀서원(詠歸書院)을 창건하여 하서의 위패를 모셨다. 1729년 유팽로(柳彭老)와 신이강(辛二剛)을 추가 배향하고, 1797년에 허계(許繼), 1846년에 허소(許紹)를 추가 배향했다.

영귀서원에 배향된 인물들은 한결같이 벼슬에 나아가지 않고 초연하게 살다가 나라가 위급할 때 나서서 목숨을 바쳤다. 초연하게 살던 사람은 생사조차 초연하므로, 위급할 때 목숨 버리고 나설 수가 있다. 퇴계와 남명의 후학 중에 의병이 많이 배출된 것도 이러한 이치이다.

하서의 유풍을 이어받아 학문과 실천에 전념하여 꿋꿋하게 살다 간 선비들이 많다. 그들이 지방의 정신적 지주가 되어 오백년을 지탱하는 저력이 되었다.

제1항 류팽로의 삶

류팽로(柳彭老: 1554~1592)의 자는 형숙(亨叔) · 군수(君壽)이고, 호는 월파(月坡)이다.

1579년에 진사시에 합격하고, 1588년 식년문과에 을과로 급제했으나 벼슬에 뜻을 두지 않고 옥과현에서 살았다. 1592년 임진왜란이 일어나자 양대박(梁大樸) · 안영(安瑛) 등과 함께 궐기했으며, 피난민 500여 명과 집안의 젊은이 100여 명을 이끌고 담양에서 고경명(高敬命)의 군사와 합세했다. 고경명이 의병대장이 되고, 월파는 고경명 휘하의 종사(從事)가 되었다.

당시에 기호 지방에 돌린 격문을 지었는데, 그 격문이 『정기록
(正氣錄)』에 실려 있다. 호남의 의병들은 처음에 왕을 지키기 위해
북상하려 했으나, 일본군이 전주를 침입하려 하자 금산에서 적을
맞아 싸웠는데, 적진에 있는 고경명을 구출하고 전사했다. 이러한
사실이 조정에 알려져 대사간에 추증되었으며, 뒤에 광주(光州) 포
충사(褒忠祠)와 금산 종용당(從容堂)에 제향되었다.[29]

제2항 신이강의 삶

신이강((辛二剛: 1601~미상)의 자는 유숙(柔叔), 호는 청파(青坡)이다.
어려서부터 효우(孝友)가 남달라 사마시(司馬試)에 올랐으나 그 뒤
로 과거시험에 응시하지 않았다. 『중용』과 『대학』을 중시하고, 성
리학에 관련된 공부를 깊이 하여 천인일리(天人一理)의 글을 지었
다. 학문(學問)과 덕행(德行)이 뛰어나 옥과현(玉果縣)의 선비들이 유
팽로(柳彭老)와 함께 영귀서원(詠歸書院)에 배향(配享)했다. 시문집(詩
文集) 『청파유집(青坡遺集)』 2권1책을 1947년에 9세손 신유선(辛有
善)이 석인본으로 편집 간행했다.[30]

29. 위의 책 참조.
30. 위의 책 참조.

제4장

■

율곡의 후학과 유풍

율곡은 정치적 실천에 주력했기 때문에 그 유풍을 이어받은 후학
들도 정치적 실천에 적극적으로 나섰다.

제1절
조헌의 학문과 의병운동

조헌(趙憲: 1544~1592)의 자는 여식(汝式), 호는 중봉(重峯)·도원(陶原)·
후율(後栗) 등이다. 1544년 6월 28일 경기도 김포현 감정리에서 출
생하고 자랐다.

중봉은 어려서 독서광이라고 해도 좋을 정도로 독서에 몰입했
다. 「연보」에는 다음과 같은 일화가 소개되어 있다.

중봉이 5세 때 여러 아이와 큰 길가에 있는 정자에서 『천자
문』을 읽고 있었다. 그때, 직책이 높은 관리가 위의를 갖추고
행차했는데, 다른 아이들은 다투어 구경하러 갔지만, 중봉은
꼿꼿이 앉아 글을 읽고 있었다. 이를 보고 기이하게 여긴 관리

가 말에서 내려 정자로 가서 선생에게 말을 건넸다. "다른 아이들은 모두 나의 행차를 보로 왔는데 너는 그렇지 않으니 무슨 까닭인가?" 이에 중봉은 "전심하여 글 읽는 것은 아버지의 명령입니다"라고 대답했다. 이 말에 감탄한 관리는 중봉의 부친을 만나 "우리 동방에 진짜 선비가 나타났으니, 참으로 축하합니다"라고 말하고 오랫동안 앉아서 말을 나눈 뒤 예를 갖추고 떠났다.

1555년 12세 때 김황(金滉)에게 시서(詩書)를 배웠다. 당시 중봉은 배움에 집중했던 것으로 보인다. 「연보」에는 다음과 같은 기록이 있다.

12세 때는 김황이라는 선생에게 시경과 서경을 배웠는데, 중봉은 배우기를 지극히 좋아하여 비록 한겨울 추위에 옷과 신이 떨어져도 바람과 눈을 피하지 않고 스승에게 가서 따라 배웠다. 벼가 익을 때가 되면 부모의 명으로 논밭 사이를 지키며 잤는데, 동학하는 이웃 어린이들이 함께 따라갔다. 밤에 읽은 책을 암송하다가 야심해지면 아이들은 모두 피곤하고 졸려서 먼저 누웠는데, 중봉은 홀로 암송하기를 그만두지 않았다. 밤이 늦어지면 잠깐 눈을 붙였다가 닭이 울면 다시 일어나 읽고 외웠으므로 다른 아이들이 따라갈 수가 없었다. 소 치러 갈 때는 책을 들고 소를 따라가면서 읽었다. 비가 오면 삿갓 속에서 책을 펼치고 읽었는데, 독서에 열중하다가 소가 있는 곳을 잃어버릴 때도 있었다. 매일 땔 것을 가져다가 부모의 방에 군불을 넣었는데, 군불을 넣고 난 뒤에 남은 불을 모아 책을 비추어 보며 읽었다. 조금 자라서 농사를 짓게 되었을 때는 논밭에 가자마자 먼저 논밭의 두둑에 가서 나뭇가지를 가로로 걸쳐 시렁을 만들고 그 위에 책을 놓고 쉴 때 틈틈이 글을 읽었다. 일상이 늘 그랬다.

중봉의 학행에 대해 「연보」에는 다음과 같은 기록이 있다.

16세 때는 경전과 역사서 공부에 침잠하여 침식을 잊을 정도가 되었다. 참되게 알고 실천하는 것을 옛 성현을 목표로 삼았다. 항상 격한 감정으로 스스로 말하기를 "하늘이 남자를 낳은 뜻이 어찌 우연이겠는가!" 했다. 매일의 언행과 남들과의 논의가 위기지학과 역행의 일 아닌 것이 없었다. 『대학』의 '아들이 되어서는 효도를 극진히 하고 신하가 되어서는 공경함을 극진히 한다'라는 대목에 이르러서는 세 번 반복하여 새기지 않은 적이 없었다. 요순탕무(堯舜湯武)의 일이 아니면 말하지 않고, 공맹정주(孔孟程朱)의 학이 아니면 배우지 않았다.

1565년 22세 때 성균관에 입학했으며, 1567년 24세 때 식년문과에 병과로 급제했다. 1568년 처음으로 관직에 올라 정주목·파주목·홍주목의 교수를 역임하면서 사풍(士風)을 바로잡았다.

1571년 28세 때 토정 이지함을 찾아뵙고 배움을 청하자, 토정이 율곡·우계 성혼·구봉 송익필·명곡 이산보·고청 서기 등과 사우로 삼기를 권했으므로, 이때부터 율곡과 우계를 스승으로 받들고, 구봉과 고청에게는 절하며 높였다. 이해 가을에 파주에서 율곡을 찾아뵙고 송도로 옮겨가서 율곡의 문하에서 배웠다.

1572년 29세 때 교서관의 정자·저작·박사를 지내면서 궁중의 불사봉향(佛寺封香) 등에 반대하는 소(疏)를 올려 왕의 노여움을 사서 관직을 삭탈 당했다. 30세에 또 불사봉향을 반대하는 상소를 올려 왕의 노여움을 샀으나 이로 인해 그의 존재가 많이 알려져 그와 교유하고자 하는 선비들이 많았다.

1574년 31세 때 중봉은 「팔조소(八條疏)」와 「십육조소(十六條疏)」 두 개의 상소를 준비했는데, 조정에서 받아들여지지 않자, 더욱 근본적인 폐단에 관해 저술한 「십육조소」는 올리지 않았다. 「십육조소」에서는 중국의 풍습에 따라 왕릉을 간소하게 할 것, 제사 때에 물자를 아끼고 근검절약할 것, 왕이 경연 강의를 독실하게 수강할 것, 인재는 문벌을 논하지 말고 뽑으며 재가(再嫁)를 막지 말고 서얼(庶孼)을 등용할 것, 하급 관원의 부패를 방지하기 위하여 모든 관원은 물론 말단의 일을 맡은 사람들까지 급여를 지급할 것, 세금을 장부에 따라 징수하고 진상을 줄여 민생 안정을 위해 노력할 것, 노비를 줄여 병사로 선발하고 20년 안에 백만의 정예병을 갖출 것, 군대의 부패를 없애고 군사훈련을 강화할 것, 군수물자를 충분히 준비할 것 등을 제시했다.

1575년 32세 때부터 호조 좌랑·예조 좌랑·성균관 전적·사헌부감찰을 거쳐, 34세 때 경기도 통진 현감으로 있었는데, 그때, 노비의 죄를 엄히 다스리다가 죽인 죄로 탄핵을 받아 부평으로 유배되었다. 3년 만에 유배에서 풀려난 뒤 공조 좌랑·전라도 도사·종묘서령(宗廟署令)을 역임했다. 1582년 39세 때 계모를 편히 모시기 위해 보은현감을 자청하여 나갔는데, 그 치적이 훌륭했으나 대간의 모함에 따른 탄핵을 받아 파직되었다가, 다시 공주목제독(公州牧提督)을 지냈다.

1587년 44세 때 동인 정여립(鄭汝立)의 흉악한 점들을 논박하는 만언소(萬言疏)를 올리는 등 다섯 번의 상소문을 올렸으나 모두 받아들여지지 않았다. 다시 일본의 사신을 배척하는 소와 이산해(李山海)가 나라 그르침을 논박하는 소를 대궐의 문 앞에 나아가 올려 임금이 진노했다. 관직에서 물러난 뒤 옥천군 안읍밤티[安邑栗峙]로 들어가 후율정사(後栗精舍)라는 서실을 짓고 제자 양성과 학문을 닦는 데 전념했다.

『선조실록』에 따르면, 1588년 45세 때 중봉에 대한 다음의 내용이 실려 있다.

> 전 제독관 조헌이 소를 올려 경상(卿相)들을 내리 모함하여 여지없이 매도하고, 또 박순(朴淳)·정철(鄭澈)·성혼(成渾)·송익필(宋翼弼)·심의겸(沈義謙)의 현명함을 진술하여 그 화를 사림에 전가하려 하므로 축출할 것을 청하니, 상이 계교 할 나위가 없다고 답하고, 윤허하지 않았다.

위의 내용은 중봉이 서인과 동인으로 분열된 당파 가운데 서인을 두둔하고 동인을 모함하는 것으로 묘사되고 있다. 이를 보면 중봉은 동서로 분열된 붕당에 적극적으로 가담한 것으로 보인다. 이를 보면 정치적 실천에 적극적인 율곡의 학풍이 중봉에게 더 강화된 것으로 볼 수도 있겠다.

1589년 46세 때는 지부상소(持斧上疏)로 시폐(時弊)를 극론하다가 길주 영동역(嶺東驛)에 유배되었으나, 이 해 정여립의 모반 사건으로 동인이 실각하자 풀려났다.

1591년 48세 때 일본의 도요토미[豊臣秀吉]가 겐소[玄蘇] 등을 사신으로 보내어 명나라를 칠 길을 빌리자고 했을 때, 옥천에서 상경하여 대궐의 문밖에서 도끼를 가지고 3일 동안이나 머물면서 일본 사신의 목을 베도록 간청했으나 받아들여지지 않았다. 이때의 상소문은 『선조실록』에는 실려 있지 않고 『수정선조실록』에만 기록되어 있다. 매우 긴 상소문이지만, 그 핵심 내용은 다음과 같다.

> 신이 삼가 오늘날의 사세를 헤아려 보건대, 국가의 안위와 성패가 매우 긴박한 상태에 있으니 참으로 불안한 시기라고 할 수 있습니다. 속히 왜사(倭使)의 목을 베고 중국에 주문(奏聞)한 다음 그의 사지를 유구(琉球) 등 제국(諸國)에 나누어 보내어 온 천하로 하여금 다 함께 분노하게 하여 이 왜적을 대비하도록 하는 한 가지 일만이 전의 잘못을 보완하고 때늦은 데서 오는 흉함을 면할 수 있음은 물론 만에 하나 이미 쇠망한 끝에 다시 흥복시킬 수 있게 되기를 기대할 수가 있는 것입니다. (…) 간교한 오랑캐의 말이 매우 어리석고 교만하므로 지사(智士)들은 흔히 그가 반드시 패망할 것을 예견하고, 그가 제도(諸島)를 궤멸하고 사람을 무수히 죽였으므로 군하(群下)들은 많이 그 해독을 원망할 것입니다. 우리에게 계책이 있다면 성토(聲討)하여 절교함으로써 그들의 마음을 꺾어 우리의 사민(士民)으로 하여금

미리 토적(討賊)의 의리를 깨우치게 해야 합니다. 그러면 사람마다 분발할 마음을 먹게 되어 그들을 제재할 수가 있게 될 것입니다. (…) 5개월 동안 접견하지 않은 것은 바로 구금시킨 것이고, 음식의 진설을 몸소 살핀 것은 바로 마음을 꾄 것이고, 질그릇 술잔으로 마시다가 깨뜨린 것은 끝내는 맹약을 파기한다는 것을 보인 것이고, 아이를 안고 상대했다는 것은 우리를 어린아이처럼 여겼던 것입니다. 적추(賊酋)의 간휼(奸譎)스러움은 이토록 헤아릴 수 없이 단서가 많은데도 저들은 돌아와서 아뢰기를 '적은 오지 않을 것이다'라고 아뢰어 결국 장사(將士)들의 마음을 해이하게 만들었습니다. 그런데 당시 소위 일덕대신(一德大臣)들은 왕윤(王倫)처럼 봉사(奉使)를 잘했다고 성대하게 칭송함으로써 금장(金章)의 총애를 받게 했으니, 나라를 욕되게 한 무상(無狀)한 자일지라도 권간(權奸)에게 빌붙으면 순차에 따라 높은 직위에 함께 오를 수가 있습니다. 이러고서야 어떻게 선을 권면하고 악을 징계할 수가 있겠습니다. 이들의 기세가 날로 치성하여 백주에 위를 속이고서는 혹시 공론(公論)이 격발될까 두려워하여 이에 '수길(秀吉)이 진짜 반역한 자가 아니다'라고 했으니, 이는 한착(寒浞)을 순신(純臣)이라고 하는 것입니다. (…) 또 '통신사(通信使) 일행이 저들의 실정을 깊이 깨닫고 미리 방비하는 조처를 했으니 도움이 적지 않을 것이다' 했는데, 영남(嶺南)을 버려두고 방비하지 않았으니 이는 양주(梁州)를 버려 오(吳)나라에 주려는 처사가 아니고 뭐겠습니까.

위 상소문으로 보면 중봉의 대응책은 치밀하지 못하다. 왜국의 사신을 죽여서 그 사지를 류구 등의 나라에 돌리자는 계책은 냉철한 판단에서 나온 것이라기보다 지극히 감정적이다. 또 일본이 침략하지 않을 것이라고 보고한 학봉에 대해 적대시하는 표현을 하는 것 등에는 아무래도 후대에 가필한 흔적이 보인다. 왜란에 대해 지나치게 감정적인 점은 임진왜란이 일어난 뒤의 감정으로 보이고, 학봉을 적대시하는 편파적인 태도는 동서의 싸움이 격화된 뒤의 태도로 보이기 때문이다. 위의 상소문이 『선조실록』에 실려 있지 않은 점도 이러한 추측을 가능하게 하는 한 이유가 되기도 한다.

위의 상소문이 후대에 어느 정도 가필이 되었다 하더라도 초고는 중봉의 상소문이었을 것으로 생각되기 때문에, 위의 상소문은 어느 정도 중봉의 평가자료가 될 수는 있을 것이다.

중봉이 긴 상소문을 많이 올렸다는 것은 그가 그만큼 정치적 실천에 적극적이었다는 것을 말해준다. 제자는 스승이 가던 길을 이어서 가기 마련이다. 율곡이 정치적 실천에 적극적이었던 것보다 중봉은 더욱 적극적이었다. 정치적 실천에 적극적인 사람에게 우려되는 점은 그에 걸맞은 수신이 따르기 어렵다는 점이다. 수신이 부족한 상태에서 적극적으로 정치에 나서는 사람은 포용력이 모자란 상태에서 자기의 정치적 의욕이 앞서기 때문에 편을 갈라 싸우는 경우가 많다. 의욕이 앞서는 사람은 성급해진다. 스승 율곡도 중봉의 성급함을 우려한 적이 있다. 「연보」 37세 조에 다음과 같은 이발과 율곡의 대화 내용이 나온다.

이발이 좌랑이 되어 중봉을 크게 쓰려 하면서 율곡에게 말하기를, "여식(중봉의 자)을 쓰려면 크게 써야 할 것이고, 그렇지 않으면 내버려 두고 쓰지 않아야 할 것입니다"라고 하니, 율곡이 말했다. "여식은 비록 세상을 경영하고 백성을 구할 큰 뜻이 있으나, 삼대의 정치를 당장 회복할 수 있다고 임금에게 기대하다가 뜻대로 되지 않으면 소란을 피울 수가 있다. 그대와 여식은 마음이 통하는 사이이니 너무 성급하게 발탁하면 여식에게 도움이 되지 않을 뿐만 아니라 도리어 해가 될 것이다.

중봉에게는 뛰어난 능력과 추진력이 있지만, 일을 서두르다 그르치는 단점이 있었던 듯하다.

1592년 4월 임진왜란이 일어나자 중봉은 옥천에서 문인 이우(李瑀)·김경백(金敬伯)·전승업(全承業) 등과 의병 1,600여 명을 모아, 8월 1일 영규(靈圭)의 승군(僧軍)과 함께 청주성을 탈환했다. 그러나 충청도순찰사 윤국형(尹國馨)의 방해로 의병이 강제로 해산당하고 불과 700명의 남은 병력을 이끌고 금산으로 행진, 영규의 승군과 합세해서, 전라도로 진격하려던 고바야카와[小早川隆景]의 왜군과 8월 18일 전투를 벌인 끝에 모두 전사했다. 후세에 이를 숭모하여 금산전투라 일컬었다. 1604년 선무원종공신(宣武原從功臣) 1등으로 책록되고, 1734년 영의정에 추증되었다. 1883년 문묘에 배향되고, 옥천의 표충사(表忠祠), 배천의 문회서원(文會書院), 김포의 우저서원(牛渚書院), 금산의 성곡서원(星谷書院), 보은의 상현서원(象賢書院) 등에 제향되었으며, 1971년 금산의 순절지 칠백의총이 성역화되었다. 시호는 문열(文烈)이다.

제2절
율곡학파의 흐름

목은의 철학에서 출발한 한국 주자학의 세 흐름이 퇴계에 이르러 철저한 수양철학으로 완성되고, 남명에 이르러 초탈원융철학으로 완성되었으며, 율곡에 이르러 정치적 실천철학으로 완성되었는데, 17세기로 접어들어 이 세 흐름 중에서 정치적 실천철학을 이어받은 율곡의 후학들이 정치에 가장 적극적이었다. 이는 철학적 성향으로 보면 당연한 귀결일 수 있다.

17세기 이래 치열한 권력투쟁이 일어났지만, 결론적으로 말하면 율곡의 후학들이 정치권력을 독점했다. 사림으로서 누릴 수 있는 최고의 명예는 문묘에 배향되는 것이었다. 율곡 이후 문묘에 배향된 인물이 모두 율곡의 후학이었다는 사실은 율곡의 후학들이 권력을 장악한 실상을 잘 말해주고 있다.

제 2 부

사림의 권력 장악과
학문적 분열

제1장

■

사림의 변질과 예학의 발달

제1절
사림의 변질과 분열

사림의 학문적 목적은 군자가 되기 위한 것이었다. 군자란 수신하여 욕심을 극복하고, 참된 삶을 사는 사람이다. 자신이 참된 삶을 사는 사람은 남도 참된 삶을 살도록 깨우칠 수 있으므로, 수신을 완성한 사람은 사람을 깨우치기 위해 세상으로 나간다. 남을 깨우치는 적극적인 방법이 정치이므로, 수신한 사람은 정치에 관여하게 되어 있다.

조선 중기까지는 수신에 치중했던 사림이 정치에 관여했다가 여의치 않을 때는 바로 수신의 부족함을 반성하고 다시 고향으로 돌아가 수신에 몰두했다. 그러나 사림 중에는 정치에 깊이 관여했다가 훈구파로 불리는 프로 정치인들에게 살육당하는 참혹한 비극이 발생하기도 했다.

그러다가 윤원형의 폭정이 끝난 뒤 프로 정치인들이 정치세력을 잃어버리고, 사림이 정치를 독점하게 되자, 사림이 변질하기 시작했다.

사림의 권위가 높아질수록 입신출세를 위해 사림의 문하에 모여드는 제자들의 수가 많아졌다. 그들에게 사림은 정치권력을 차지하기 위한 수단이 되었다. 그들은 외형적으로는 사림의 조건을 갖추고 사림의 행세를 하면서, 속으로는 정치권력을 탐하는 이중성을 갖고 있었다.

　군자가 되기 위해 노력하는 사람은 욕심을 버리기 위해 학문하지만, 입신출세를 위해 노력하는 사람은 욕심을 채우기 위해 학문한다. 똑같은 학문이지만, 전자는 군자가 되는 길로 가고 후자는 소인이 되는 길로 간다. 선조 임금 때 권력의 주변에 있었던 사람 중에는 상당수가 입신출세를 위해 학문한 사람들이었다. 그런 사람들은 권력을 쟁취하기 위해 온갖 수단을 동원하는 추악한 모습을 보였다. 그들은 겉으로는 사림의 탈을 쓴 군자였지만, 속으로는 권력욕에 사로잡힌 소인들이었다.

　권력은 나누어 가질 수 없다. 권력은 혼자서 독차지할 수 없으므로 처음에는 많은 사람이 모여 편을 갈라 싸운다. 싸움에서 승패가 갈라지면, 이긴 사람들 사이에서 또다시 권력을 차지하기 위해 편을 갈라 싸운다. 선조 때부터 사림으로 위장한 사람들의 편싸움이 장기화하면서 망국의 당파싸움이 시작되었다.

　싸울 때는 싸움의 수단이 있어야 한다. 유학에서 싸움을 수단으로 써먹을 수 있는 것은 예(禮)이다. 인(仁)을 강조하면 싸울 수 없다. 예를 강조하여 예에 맞는지 맞지 않는지를 따지는 데서 싸움이 시작된다. 이러한 예의 속성이 사림이 권력을 독점하면서 예학이 발달하게 된 원인 중의 하나로 볼 수 있다.

제2절
예학의 발달

예는 하늘마음을 따르는 행동 원리와 방식이므로, 하늘마음이 없는 사람은 예를 실천할 수 없다. 공자는 다음과 같이 말한다.

> 사람으로서 한마음이 되지 않으면 예를 어떻게 실천할 수 있겠는가![1]

사람의 본래마음은 하늘마음이고, 한마음이며, 인이다. 한마음을 가진 사람은 남을 남으로 여기지 않고 나처럼 여긴다. 남에게 좋은 일이 있으면 기쁜 마음으로 축하한다. 축하할 때의 마음은 행동으로 나타나는 법이다. 팔로 어깨를 토닥토닥 두드릴 수도 있고, 발로 엉덩이를 툭 찰 수도 있다. 그런 행동은 참으로 보기에 좋고 자연스럽다. 그러나 욕심이 많은 사람은 그런 행동을 할 수 없다. 남에게 좋은 일이 있으면 샘이 나고 배가 아프므로, 그에게 다가가 시비를 걸고 행패를 부리기도 한다. 그런 행동을 하면 보기에 흉측할 뿐만 아니라, 사이가 나빠지고 시끄러워진다. 이렇게 되지 않도록 하는 방법이 한마음을 가진 사람의 행동방식을 따르는 것이다. 샘나고 배 아픈 마음을 누르고, 한마음으로 사는 사람처럼 다가가 축하하고 어깨를 토닥토닥 두드려주면, 외형적으로 조화될 뿐만 아니라, 보기에도 아름답다. 그렇게 하는 것이 예(禮)다.

---

1. 人而不仁 如禮何(『論語』八佾篇).

엄밀하게 말하면, 처음 예를 실천한 사람은 예를 실천한 것이 아니다. 그는 내키는 대로 무심히 행동했을 뿐이다. 그에게 같은 방식의 예를 다시 해보라고 하면 그는 하지 못한다. 그에게는 예의 실천방식이 기억되어 있지 않기 때문이다. 그러나 그의 행동을 보고 흉내 낸 사람에게는 예의 실천방식이 기억되어 있으므로 되풀이할 수 있다. 그렇지만 그의 예는 마음과 행동이 다르므로, 왠지 어색하고 아름답지 않다. 그런 예는 완전한 예가 아니다. 그의 예가 완전한 예가 되기 위해서는 예를 실천하면서 계속 욕심을 극복하고 한마음을 회복하는 노력을 해야 한다. 노력 끝에 한마음이 완전히 회복되면 비로소 그의 행동이 자연스럽고 아름답게 된다. 한마음이 회복된 사람은 이제 예의 방식에 얽매일 필요가 없다. 마음이 내키는 대로 행동하기만 하면 모두 예가 된다.

이에서 보면 예에는 행동 원리와 행동방식이라는 두 측면이 있다. 행동 원리는 한마음을 따르는 것이고, 행동방식은 한마음을 따르는 구체적인 동작이다. 그러므로 예는 욕심 가진 사람이 제일 먼저 갖추어야 할 행동지침이다. 16세기의 위대한 철학시대에 퇴계를 비롯한 위대한 철학자들이 수양철학을 완성한 이래 사람들의 관심의 대상은 위대한 사람들의 삶의 방식인 예로 압축될 수밖에 없다. 17세기에 이르러 예학이 발달한 것은 시대의 요청에 부응한 것이다.

예는 한마음을 따르는 행동방식이므로, 예가 갖는 제일 큰 기능은 조화다. 한마음을 가지고 남을 나처럼 대하는 것보다 더 조화되는 것은 없다. 한마음을 가진 사람의 행동방식은 결정되어 있지 않다. 남과 조화되기 위해서는 남의 사정에 맞추어야 하는데,

남의 사정이 때와 장소에 따라 바뀌기 때문에 행동방식 또한 바뀌어야 한다. 『논어』에 다음과 같은 문답이 있다.

공자께서 태묘에 들어가서 매사를 물어서 하셨다. 어떤 사람이 이를 보고 말했다. "누가 추 땅 사람의 아들이 예를 잘 안다고 말했는가? 태묘에 들어가 매사를 물어서 하더라." 공자께서 이 말을 듣고 말씀하셨다. "그렇게 하는 것이 예다."[2]

태묘는 국왕의 조상신을 모신 종묘이다. 추 땅 사람의 아들은 공자이다. 공자의 아버지가 추라는 땅에서 살았으므로 공자를 비하하여 추 땅 사람의 아들이라 했다. 공자가 태묘에 들어간 것은 제사를 돕기 위해서였다. 아마도 헌관을 했을 것으로 추측된다. 공자가 처음 태묘에 들어가 제사를 지내면서 일을 추진하는 사람들에게 일일이 물어서 진행했다. 이를 본 어떤 사람이 공자를 무시하는 태도로 말을 했다. 그는 공자가 예법을 잘 안다고 들었지만, 태묘에서 제사를 진행하는 것을 보고 예법을 하나도 모르는 사람이라고 판단한 것이다. 예의 기본은 다른 사람과 조화를 이루는 것이다. 조화를 이루는 방법은 고정되어 있지 않다. 다른 사람이 사는 곳에 가서 다른 사람과 어울리기 위해서는 그 사람들의 방식을 따라야 한다. 그렇게 하는 것이 예다. 만약 그 사람들의 진행 방법이나 형식이 잘못이라는 판단이 든다고 해서 그 사람들

---

2. 子入太廟 每事問 或曰 孰謂鄹人之子知禮乎 入太廟 每事問 子聞之曰 是禮也 (『論語』八佾篇).

의 방법을 고치거나 바꾸려고 하다가 큰 혼란이 생기면 예를 역행하는 꼴이 된다. 다른 사람과 조화를 이루는 형식이나 방법이 예임을 망각하면 안 된다.

남과 조화를 이루게 하는 기능 외에 예의 기능이 또 있다. 예는 사람이 사회생활을 할 수 있는 기본 교양이고, 사회를 안정시킬 수 있는 최후의 보루이다. 예를 지키는 사람이어야 사회생활이 가능하고, 예가 실현되는 사회라야 안정이 유지된다. 예가 무너져 사회 유지를 위해 기능하지 못하면, 마지막으로 법에 의존할 수밖에 없지만, 법만 가지고 사회질서를 유지하려고 하면, 결국 온 사회가 혼란에 빠진다. 이러한 이유로 인해 예를 중시하고, 예를 가르쳐 왔다.

예의 실천을 둘러싸고 일어날 수 있는 가장 큰 문제점은 사회적 혼란이 거의 예에서 비롯한다는 사실이다. 예의 형식은 한마음의 움직임에 따라 유연하게 바뀔 수 있어야 한다. 물은 둥근 통에 들어가면 둥글게 되고, 세모 통에 들어가면 세모가 되며, 네모 통에 들어가면 네모가 된다. 이처럼 예의 실천도 상황에 따라 바뀔 수 있어야 한다. 상황에 맞게 자유자재로 대응할 수 있어야 예 실천이 완성된다. 자유자재로 대응하는 행동형식을 특히 권(權)이라 한다. 권(權)은 저울추다. 저울의 추는 다는 물체의 무게에 따라 좌우로 이동한다. 저울추가 한 곳에 고정되어 있다면 저울추는 아무 소용이 없다. 예도 마찬가지다. 예의 형식이 고정되어 있기만 하면 그 예는 오히려 사람의 삶을 방해한다. 맹자는 남자와 여자가 물건을 직접 주고받지 않는 것이 예라 했다. 주고받을 물건이 있으면, 일정한 장소에 놓아두고 상대에게 집도록 하는 방식이 옛날의 예법이었다. 그런데 "동생의 부인이 물에 빠졌을 때는 어떻게 해야 하는가?"라는 질문을 받은 맹자는 허리를 붙잡더라도 건져야 한다고 했다. 그런 방식을 맹자는 권(權)이라 했다. 권은 예를 어기는 것이 아니라, 완성하는 것이다.

부모가 돌아가시면 삼년상을 입는 것이 예이지만, 지금 사람에게 삼년상의 형식을 지키라고 하면 예를 망치고 만다. 삼년상을 입는 정신을 알아서 오늘에 맞는 형식을 취하는 방법을 찾아내는 것이 예의 참된 의미이다.

네모 통에 들어가 있는 물이 다른 통에 들어가 다른 모양을 하고 있는 물에게 네모의 모양을 갖추라고 한다면 다툼이 일어나 큰 혼란에 빠진다. 예의 형식에 고착되어 형식적인 예를 강요하다가 큰 혼란이 일어나게 된다면 차라리 예가 없는 것이 낫다. 예를 둘러싸고 큰 싸움이 일어나 나라를 망치는 지경이 된다면 너무나 불행한 일이다. 매우 조심해야 할 것이다.

싸우는 사람이 예를 지키라고 남에게 공격하여 사회를 혼란스럽게 만든다면, 공격하는 그 사람이 예를 지키지 않는 사람이다. 예는 욕심을 비우기 위해 만들고, 사회를 조화롭게 하려고 만들지만, 싸우는 사람들에게 이용당할 때 항상 문제가 된다. 마치 오늘날 사회의 질서를 바로잡기 위해 법을 만들지만, 권력욕을 가진 사람이 욕심을 채우기 위해 법을 이용하므로, 법이 정치를 혼란하게 하는 원인이 되는 것과 같다.

17세기에 당쟁이 격화되어, 사람들이 예를 수단으로 싸움을 치열하게 전개하면서, 예학에 집중된 관심이 또한 예학이 발달하게 되는 원인이 되었다.

17세기에 예학이 발달하게 된 원인은 위에서 적시한 두 가지로 압축된다. 하나는 한마음을 실천하는 방법을 알기 위함이고, 다른 하나는 당파싸움에 이용하기 위함이다.

제1항 정구의 예학

정구(鄭逑: 1543~1620)의 자는 도가(道可), 호는 한강(寒岡)이다.

13세 때인 1555년에 성주향교 교수인 오건(吳健)에게 역학을 배웠고, 1563년에 퇴계를 사사하고, 1566년에 남명을 사사했다. 1563년에 향시(鄕試)에 합격했으나, 그 뒤 과거를 포기하고 학문 연구에 전념했다.

1573년에 김우옹(金宇顒)의 추천으로 예빈시참봉(禮賓寺參奉)에 임명되었으나 나가지 않았고, 그 뒤에도 여러 번 관직에 임명되었으나 나가지 않았다. 한강은 1580년 38세 때에 처음으로 창녕현감(昌寧縣監)이 되어 벼슬을 시작했다.

1584년 동복현감(同福縣監)이 되었고, 이듬해 교정청낭청(校正廳郎廳)이 되어, 『소학언해』, 『사서언해』 등의 교정에 참여했다.

임진왜란이 일어났을 때는 통천군수(通川郡守)로 있으면서 의병을 모집하여 지휘했다. 1593년에 선조의 형인 하릉군(河陵君)의 시체를 찾아 장사를 지낸 공으로 당상관으로 승진한 뒤 우부승지·장례원판결사·강원도관찰사·형조참판 등을 지냈다.

1603년 『남명집(南冥集)』을 편찬하는 과정에서 정인홍(鄭仁弘)이 퇴계와 회재를 배척하는 것을 보고 그와 절교했다.

광해군 즉위년인 1608년에 임해군(臨海君)의 역모 사건이 있자 관련자를 모두 용서하라는 소를 올린 뒤, 대사헌직을 사직하고 귀향했다.

1613년 계축옥사(癸丑獄事) 때 영창대군(永昌大君)을 구하기 위해 노력했고, 1617년의 폐모론(廢母論)이 일어났을 때도 인목대비(仁穆大妃)를 서인(庶人)으로 쫓아내는 것을 반대했다.

한강은 입신출세를 위해 학문한 사람이 아니었다. 그는 당파싸움에 휩쓸리지 않았다. 후대의 역사가 중에는 당파싸움을 정리하면서, 퇴계와 율곡을 당파싸움의 양대 정신적 종주로 삼고, 한강을 남인으로 분류하기도 하지만, 이런 분류방식은 잘못된 것으로 보인다. 수양을 중시하는 순수한 사림은 당파싸움을 하지 않는다.

한강은 권력을 탐하는 정치가가 아니라 학자였다. 문하에 서사원(徐思遠)·송원기(宋遠器)·손처눌(孫處訥)·한준겸(韓浚謙)·문위(文緯)·장흥효(張興孝)·이윤우(李潤雨)·허목(許穆)·황종해(黃宗海) 등의 제자들이 있다. 한강은 성리학·예학뿐만 아니라, 제자백가·역사·산수(算數)·병진(兵陳)·의약(醫藥)·복서(卜筮)·풍수지리 등을 두루 섭렵했는데, 그중에서도 특히 예학에 조예가 깊었다. 1573년 『가례집람보주(家禮輯覽補註)』를 저술한 이래, 『오선생예설분류(五先生禮說分類)』, 『심의제조법(深衣製造法)』, 『예기상례분류(禮記喪禮分類)』, 『오복연혁도(五福沿革圖)』 등의 예서를 저술했고, 예에 관한 퇴계의 서신을 모아 『퇴계상제례문답(退溪喪祭禮問答)』이라는 제목으로 간행하기도 했다. 그는 국가례(國家禮)와 사가례(私家禮)를 하나의 체계로 종합하는 총체적인 예학을 추구했고, 왕례(王禮)와 사례(士禮)에 차이를 두어 왕사부동례(王士不同禮)를 강조했다. 그 내용은

『의례경전통해(儀禮經傳通解)』의 체재를 모범으로 하고 사마광(司馬光)·장재(張載)·정호(程顥)·정이(程頤)·주자 등의 예설을 바탕으로 해서, 가(家)·향(鄕)·방국(邦國)·왕조례(王朝禮)를 복원한 『오선생예설분류』에 잘 나타나 있다.

한강은 읍지에도 관심이 많아 1580년 『창산지(昌山誌)』를 편찬한 이래 지방관으로 부임하는 지역마다 거의 예외 없이 읍지를 편찬해 『동복지(同福志)』, 『관동지(關東志)』 등 7종의 읍지를 간행했다. 특히 『영가지(永嘉志)』, 『평양지(平壤志)』 등의 편찬에도 관여했으나, 지금까지 전해지는 것은 『함주지(咸州志)』 하나뿐이다.

한강은 학문적으로 퇴계에게 많은 영향을 받았고, 특히 『심경(心經)』을 중시하여 제자들을 가르치는 주 교재로 활용했다. 한강은 퇴계의 『심경후론(心經後論)』을 참고해서 『심경발휘(心經發揮)』를 저술했다.

이외에도 한강은 퇴계의 저술인 『주자서절요(朱子書節要)』를 분류해 『개정주자서절요총목(改定朱子書節要總目)』을 편찬했고, 『성현풍범(聖賢風範)』, 『수사언인록(洙泗言仁錄)』, 『염락갱장록(濂洛羹墻錄)』 등의 성리서를 저술했다. 역사서로는 『역대기년(歷代紀年)』, 『고금충모(古今忠謨)』, 『치란제요(治亂提要)』 등을 저술했다. 그밖에 문학서로서 『고금회수(古今會粹)』, 『주자시분류(朱子詩分類)』 등을 편찬했으며, 의학서로는 눈병에 대한 처방을 담은 『의안집방(醫眼集方)』과 집에 소장한 의학서에서 출산과 육아에 관한 내용을 뽑아 정리한 『광사속집(廣嗣續集)』 등이 있다.

한강은 『오선생예설분류』의 서문에서 다음과 같이 예의 정신과 필요성에 대해 언급하고 있다.

예(禮)는 하늘마음이 사람의 행동방식으로 알맞게 드러난 것이다. 나열하면 삼백 가지 예의와 삼천 가지 거동이 되지만, 하나로 압축하면 한마음 한 몸의 행동 원리가 되므로, 군자의 몸에서 잠시도 떠날 수 없다. 도덕과 인의가 이로 인해 실현되고, 군신(君臣), 부자, 형제 사이가 이로써 안정된다. 이 때문에 옛사람은 보고 듣고 말하고 행동하는 등 신변의 가까운 행위에서부터 멀리는 한 가정과 고을, 그리고 나랏일에 이르기까지 성(誠)과 경(敬)을 다했다.

그런데 상례(常禮)는 하나이지만 변례(變禮)는 그 가짓수가 무수하므로 비록 저 옛날의 박식한 선비라 하더라도 특수상황에서는 헷갈리고, 옳고 그른 것이 혼동되며, 중론이 갈라지고, 헐뜯고 증오하는 상황이 벌어진다. 그리하여 세상을 다 뒤져도 분간하는 사람이 없고, 여러 세대를 내려가도 의문이 남으니, 미세한 부분을 알기 어렵고, 참되고 옳은 곳을 볼 수 없다.

다행히 하늘의 도움으로, 다섯 별이 다시 밝았으니, 두 정 선생, 속수 선생[사마광(司馬光)], 횡거 선생[장재(張載)] 및 회암(晦庵) 주 선생[주희(朱熹)]이 차례로 세상에 나와 큰 도를 밝히고, 인문을 선양하되, 예를 근본으로 삼아, 일마다 분석 정리하여 손바닥 위에 놓고 손가락으로 가리키듯 환하게 해 놓았다. 크게는 큰 문장과 큰 논의에서부터 작게는 한 마디의 간단한 말까지 오로지 하늘의 섭리를 따르고 사람의 마음에 꼭 들어맞게 했으니, 정밀하고 심오하며 간절하고 자세하며, 분명하고 확실하여, 후학의 눈과 귀를 열어 준 것으로 말하면, 어찌 길을 인도하는 수레나 어둠을 밝히는 촛불 정도뿐이겠는가![3]

위의 서문에서 한강은 예의 정의를 먼저 내리고, 사람들이 예의 실천을 위해 논란이 일어나지 않도록 분류하여 정리했음을 밝혔다. 한강이 내린 정의에 따르면, 예는 하늘마음이 사람의 행동으로 알맞게 드러난 행동 원리이고 행동방식이다. 예로 말미암아 사람이 하늘마음을 실천할 수 있고, 예로 말미암아 사람들 간에 조화를 이룰 수 있다. 예로 말미암아 사람의 행동거지를 제대로 할 수 있고, 가정과 고을과 나라의 일을 제대로 해낼 수 있다.

예의 원리는 하늘마음을 따르는 것 하나뿐이지만, 그 구체적인 행동방식은 무수하므로, 제대로 정리하기 어렵다. 한강은 사람들이 예를 실천하는 데 어려움이 없도록 송나라 때 현인들의 저서를 참고하여 정리했다. 한강이 예를 정리한 목적은 사람들이 예를 실천하느라 헷갈리고 혼동하여, 의견을 달리하며, 헐뜯고 증오하는 상황이 일어날까 걱정해서였다.

3. 節文乎天理 而儀則乎人事 散之爲三百三千之有秩 統之爲一身一心之所幹 未嘗斯須去乎君子之身 道德仁義以之而成 君臣父子兄弟以之而定 所以古之人自視聽言動之近 達之家鄕邦國之遠 無所不用其誠敬焉 然而常禮惟一 變禮萬殊 雖在昔博識之士°尙未免臨機滋惑°是非相眩°議論多歧°聚訟構嫌°至於擧天下而莫辨°積世代而留疑°其精微之難審°眞是之莫睹°果如是哉°天相斯文°五星重明°有若兩程先生‚涑水先生‚橫渠先生與夫晦菴朱先生輩出迭興°大道以闡°宣揭人文°以禮爲本°隨事剖析°如指諸掌°大而宏章巨論°約而片言單辭°無非一循乎天則°曲盡乎人情°精深懇到°明白昭晰°其所以開牖乎後學之耳目者°豈但爲車之指南°燭之炳幽乎(『寒岡先生文集』 권10, 〈五先生禮說分類序〉).

제2항 김장생의 예학

김장생(金長生: 1548~1631)은 자가 희원(希元), 호가 사계(沙溪)이다. 사계는 13세 때인 1560년 구봉 송익필(宋翼弼)로부터 사서(四書)와 『근사록(近思錄)』을 배웠고, 20세 무렵에 율곡의 문하에 들어갔다. 1578년에 학행(學行)으로 천거되어 창릉참봉(昌陵參奉)이 되었다. 그 뒤 여러 관직이 내렸으나 병으로 나가지 않았다가, 나중에 동몽교관(童蒙教官)·인의(引儀)를 거쳐 정산현감(定山縣監)이 되었다. 1592년 임진왜란 때 호조정랑이 된 뒤, 명나라 군사의 군량 조달에 공이 커 종친부전부(宗親府典簿)로 승진했다. 1596년 연산으로 낙향했을 때, 여러 관직이 내려졌으나 부임하지 않았다. 이듬해 군자감첨정(軍資監僉正)이 되었다가 곧 안성군수가 되었다. 1601년부터 병으로 관직에 나가지 못하고, 연산으로 내려갔다. 그 뒤에 몇몇 관직을 거쳤으나 다시 연산에 은둔해 학문에 전념했다. 그 뒤조정에 나간 적이 몇 번 있기는 했지만, 대부분 연산에 은둔하며이이·성혼(成渾)을 제향하는 황산서원(黃山書院)을 세웠다. 사계는 적극적으로 관직에 나아가지 않았고, 요직을 많이 맡지 않았다. 율곡의 제자들은 정치적 실천에 적극적이었으므로, 사계는 율곡의 수제자로서 정치적으로 영향력이 매우 컸다.

사계는 문인을 많이 배출했는데, 당대의 비중이 높은 명사들로는, 아들 김집을 위시해서, 송시열(宋時烈)·송준길(宋浚吉)·이유태(李惟泰)·강석기(姜碩期)·장유(張維)·정홍명(鄭弘溟)·최명룡(崔命龍)·김경여(金慶餘)·이후원(李厚源)·조익(趙翼)·이시직(李時稷)·윤순거(尹舜擧)·이목(李楘)·윤원거(尹元擧)·최명길(崔鳴吉)·이상형(李尙馨)·송시영(宋時榮)·송국택(宋國澤)·이덕수(李德洙)·이경직(李景稷)·임의백(任義伯) 등이 있었다.

사계는 율곡의 영향을 많이 받았지만, 예학(禮學) 분야는 송익필에게 영향을 많이 받았다. 사계는 율곡이 저술을 시작했던 『소학집주(小學集註)』를 1601년에 완성했다. 기타 저서로는 1583년 첫 저술인 『상례비요(喪禮備要)』 4권을 비롯하여, 『가례집람(家禮輯覽)』, 『전례문답(典禮問答)』, 『의례문해(疑禮問解)』 등의 예서와 『근사록석의(近思錄釋疑)』, 『경서변의(經書辨疑)』, 『사계선생전서(沙溪先生全書)』가 있다.

사계의 예학의 대표저술인 『가례집람』은 『주자가례』를 바탕으로 하되, 조선의 실정에 맞게 가감하여 완성한 것이다.

1688년 문묘에 배향되었으며, 연산의 돈암서원(遯巖書院)을 비롯해 안성의 도기서원(道基書院) 등 10개 서원에 제향되었다. 시호는 문원(文元)이다.

제3항 정경세의 예학

정경세(鄭經世: 1563~1633년)의 자는 경임(景任), 호는 우복(愚伏)이고, 시호는 문장(文莊)이며, 서애의 문인이다. 24세 때인 1586년에 알성문과에 급제하여 승문원부정자에 임명된 이래 여러 관직을 거쳤다. 임진왜란 때는 의병을 모아 분전하기도 했다. 그 뒤에도 여러 관직을 거쳤는데, 특히 이조정랑에 있을 때 인사 행정을 공정하게 처리하여 그의 사람됨이 잘 드러났다. 1598년 4월에 경상감사로 나가 각박해진 민심을 잘 다스려 도민이 안정을 되찾았다.

1600년 겨울에 관직을 버리고 고향으로 돌아갔다. 그 뒤 여러 번 부름을 받았으나 당시 당파싸움이 격화되는 조정의 모습이 싫어서 나아가지 않고 고향에서 학문 연구에 전념했다. 고향에 있으면서 우복은 마을에 존애원(存愛院)을 설치하여 사람들의 병을 무료로 진료하기도 했다. 우복은 유생을 설득하여 상주에 도남서원(道南書院)을 창건하고, 포은·한훤당·일두·회재·퇴계의 위패를 모시고 향사했다.

1607년 대구부사로 나가 치적을 올렸고, 1610년 4월에 성균관 대사성이 되었다가 10월에 외직을 원해 나주목사가 되었고, 12월에는 전라감사가 되었다. 1623년 인조반정으로 정국이 안정되자 홍문관부제학이 되었고, 이어 대사헌·승정원도승지·의정부참찬·형조판서·예조판서·이조판서·대제학 등의 관직을 거치면서 공정한 도리를 확장하고 요행을 억제하며, 인재를 널리 취하고 사론(士論)을 조정하여 국정에 심혈을 기울였다.

우복은 평생을 순수 사림의 모습으로 일관했다. 권력욕이 있는 사람은 중앙의 관직을 선호하지만, 그렇지 않은 사람은 외직을 선호하고, 중앙의 관직 중에서는 교육을 담당하는 부서를 선호한다. 우복은 한 때 성균관의 대사성이 되었다가 바로 외직으로 나온 적이 있었다. 역사가들은 우복이 퇴계를 높이고 서애의 문인이라는 이유로 우복을 남인으로 분류하지만, 그런 분류는 타당하지 않은 것으로 보인다. 우복이 교유한 사람들을 보면 우복에게는 당파의식이 없었던 것으로 보인다. 우복은 서인에 속하는 학자들과도 폭 넓게 교유했고, 특히 사계와는 깊이 교유했으며, 동춘당 송준길을 사위로 삼기도 했다.

　우복은 학문적으로 주자를 존숭하고 퇴계의 학통을 이어받았으며, 경전에 밝았고, 예학에 조예가 깊었다. 제자로는 전명룡(全命龍)·신석번(申碩蕃)·강진룡(姜震龍)·황뉴(黃紐)·홍호(洪鎬) 등이 있고, 저서로는 『우복집(愚伏集)』, 『상례참고(喪禮參考)』가 있다.

제4항 김집의 예학

김집(金集: 1574~1656)의 자는 사강(士剛), 호는 신독재(愼獨齋)이고, 시호는 문경(文敬)이다. 어려서 구봉 송익필에게 수학했고, 부친 사계를 도와 예학의 체계를 완비했다. 18세 때인 1591년에 진사시에 합격했으나, 대과를 포기하고 경전연구와 수양에 전념했다. 37세 때인 1610년에 헌릉참봉(獻陵參奉)에 제수되었으나, 광해군의 정치에 반대하여 은퇴했다. 인조반정 후 다시 등용되어 부여현감과 임피현령(臨陂縣令)을 지냈고, 그 뒤 전라도사·선공감첨정 등에 임명되었으나, 나아가지 않고 학업에 주력하며, 사계가 편찬한 『의례문해(疑禮問解)』 등을 교정하고 편집했다. 그 뒤 동부승지·우부승지·공조참판·예조참판·대사헌 등에 임명되었으나, 오래 머물지 않고 바로 사임했다.

　76세 때인 1649년에 이조판서에 임명되었고, 82세 때인 1655년에 좌참찬을 거쳐 이듬해 판중추부사에 임명되었다.

　문하에 송시열·송준길·이유태·유계 등 여러 명사가 있고, 저술에, 『신독재유고(愼獨齋遺稿)』, 『고금상례이동의(古今喪禮異同議)』,

『의례문해속(疑禮問解續)』 등이 있다. 『고금상례이동의』는 고례를 기준으로 현행 상례의 불합리한 점을 지적한 것이다. 이러한 신독재의 학문적 입장은 『국조오례의(國朝五禮儀)』를 비판하는 것으로 이어진다.

> 오례의는 당나라의 개원례를 많이 참고한 것인데, 상복 입는 기간을 줄이는 오류에 빠졌고, 첨삭할 즈음에 빠트린 것이 매우 많습니다. 작은 것을 넣고 큰 것을 빼버린 것도 있고, 형식에 급급하여 내용이 느슨해진 것도 있으니, 예를 배우는 학자들이 문제 삼은 지가 오래되었습니다.[4]

인조가 세상을 떠나고 효종이 즉위했을 때, 조정에서 『국조오례의』에 의거하여 국상을 치르려 하자, 신독재는 고례를 따를 것을 주장했다.

> 신이 가만히 생각건대, 하늘의 질서는 자체로 법칙이 있으니, 옛 경전에 상세히 기록되어 있고, 나라의 제도에도 잘 갖추어져 있습니다. 그러나 절차와 세목이 복잡하고 광범위하며, 예전 것과 바뀐 것이 얽혀서 전해오므로, 예를 따지는 학자를 일러 '취송'이라 부릅니다. 지금 『오례의』만 따르고, 정자와 주자 이전의 논의를 모두 폐지코자 하신다면 인정과 예절을 헤아려 볼

---

4. 蓋五禮儀 多用開元禮 而泥於短喪之謬 刪添之際 闕漏甚多 或擧其細 而遺其大 或急於文 而緩於實 講禮之士 所深病者久矣(『愼獨齋全書』 권3, 〈封事〉).

때 혹 미진함이 있을까 두렵습니다.[5]

신독재는 옛 경전에 있는 예법이 하늘의 질서에 맞고 인정과 예절에 알맞다는 이론을 앞세워, 인조의 장례식에 『국조오례의』를 따르기보다 고례를 따르는 것을 주장했다.

하늘의 질서는 고정된 것이 아니라서, 말이나 글자로 정리할 수 있는 것이 아니다. 사람에게 주어지는 하늘의 뜻은 때와 장소에 따라 다르므로, 하늘의 뜻에 따라 정한 장례식의 절차와 내용도 때와 장소에 따라 다를 수밖에 없다. 장례식의 절차와 내용이 시대마다 다르고 나라마다 다른 이유가 여기에 있다. 옛 경전에 기록되어 있는 예법도 하나로 정해진 것이 없다. 그런데도 고례를 기준으로 장례식의 절차와 내용을 정하려 한다면 사람마다 다른 의견을 제시할 가능성이 크다. 신독재 스스로가 지적한 대로 예를 따지는 학자를 일러 '취송'이라 부른다. 취송(聚訟)이란 여러 사람이 떼로 모여 따지고 다툰다는 말이다. 신독재가 우려한 취송은 얼마 가지 않아서 사실로 드러나고 말았다. 미수 허목은 송시열과 예송을 일으키면서 "예가는 원래 해석의 가능성이 끝이 없어 주장들이 각각 분분하게 일어나기 때문에 예로부터 취송이 일어나는 글이라고까지 불려 왔습니다"[6]라고 깨우치면서도 그 역시 취송에 말려들고 말았다.

---

5. 臣竊惟 天敍天秩 自有典常 古經詳矣 國制備矣 然而節目浩汗 因革相承 議禮
　之家 號爲聚訟 今欲只遵五禮儀 而盡廢程朱以上議論 則揆之情文 恐或有未
　盡(『愼獨齋全書』권2, 〈遺事〉).
6. 禮家煩蔓 辭說紛紜 號爲聚訟之文(『현종개수실록』권2, 현종 원년 4월 10일).

장례식을 제대로 거행하려고 했던 신독재의 의욕은 이해할 수 있지만, 태묘에 들어가 매사를 물어서 실행했던 공자의 정신으로 돌아갔더라면 어땠을까 하는 아쉬움이 남는다.

　　조선시대의 예학은 신독재에 이르러 거의 완성되었지만, 얼마 안 가서 예가 권력을 쟁취하는 수단이 되었기 때문에, 예를 둘러싼 피비린내 나는 싸움이 일어났다.

제2장

■

우암 송시열의 권력 장악

제1절
붕당의 격화와 예송

16세기 말엽부터 사림들이 정권을 독점하자, 사림으로 위장한 사이비 사림들이 대거 조정에 들어옴으로써 조정이 권력 암투의 전쟁터처럼 변질했다. 당파싸움 초기의 투쟁방식은 역모사건을 이용하는 것이었으나, 싸움이 장기화되면서 싸움의 무기로 예와 주자학이 사용되었다.

붕당이 동인과 서인으로 나누어진 뒤에 격렬하게 다투게 된 첫 번째 사건은 정여립 역모를 둘러싸고 일어났다. 기축년인 1589년에 정여립(鄭汝立)이 반란을 꾀하고 있다는 고변(告變)에서 시작해 1591년까지 정여립과 연루된 수많은 동인(東人)의 인물들이 희생되었고, 그로 인해 동인(東人)과 서인(西人)의 갈등의 골이 깊어졌다.

1589년 황해감사 한준(韓準), 안악군수 이축(李軸), 재령군수 박충간(朴忠侃) 등이 정여립이 대동계를 이끌고 반란을 꾀하고 있다고 선조(宣祖)에게 고변(告變)하여, 체포령이 내려진 상태에서 정여립은 죽도에서 갑작스럽게 죽었다. 그 뒤 정철(鄭澈)의 주도 아래

동인의 인물들 1,000여 명이 죽임을 당하거나 유배형을 받았는데, 이를 기축옥사라 부른다. 정작 정여립이 모반했다는 증거가 없었으므로, 동인의 억울함과 분노가 극에 달했다. 사건은 사건을 불러오는 법이다. 기축옥사는 당쟁(黨爭)을 격렬하게 만드는 도화선이 되었다.

기축옥사로 정권을 잡은 서인에 대해 공격의 기회를 엿보고 있던 동인들에게 기회가 온 것은 세자 책봉 문제였다. 서인들은 광해군을 세자로 삼고자 했으나, 선조는 인빈 김씨의 둘째 아들인 신성군을 염두에 두고 있었다. 이를 알게 된 동인들은 송강 정철과 우계 성혼에 대한 공격을 성공시켜 정권을 잡았다. 정권을 잡은 동인들은 서인들의 처벌을 놓고 강경파와 온건파로 갈라져 강경파가 북인이 되고, 온건파가 남인이 되어 분열했다.

수세에 몰려 있던 서인들은 기회를 노리고 있다가 광해군을 축출하는 인조반정을 주도하여 다시 정권을 잡았다.

당쟁은 1659년 효종이 죽자 조대비의 복상 기간을 둘러싸고 다시 일어났다. 서인은 우암 송시열과 동춘당 송준길이 주도하여 1년 상을 주장했고, 남인은 백호 윤휴와 미수 허목이 주도하여 3년 상을 주장하여 대립했으나, 서인의 주장이 받아들여져 서인의 승리로 끝났다.

상례 문제를 둘러싼 당쟁은 1674년 효종의 비 인선왕후가 죽자 조대비의 복상 기간을 두고 다시 점화되었다. 서인은 9개월 상을 주장하고, 남인은 1년 상을 주장하여, 1년 상이 받아들여짐으로써 남인이 승리하여 정권을 잡았다

송시열

제2절
송시열의 권력과 학문

제1항 송시열의 생애

송시열(宋時烈: 1607~1689)의 자는 영보(英甫), 호는 우암(尤菴) 또는 우재(尤齋)이다. 충청도 옥천군 구룡촌(九龍村) 외가에서 태어나 26 세 때까지 그곳에서 살았다. 12세 때 아버지로부터 『격몽요결(擊 蒙要訣)』, 『기묘록(己卯錄)』 등을 배우면서 주자·율곡·정암 등을 흠모하도록 가르침을 받았다. 20세 전후에 사계의 제자가 되었고, 사계 사후에는 신독재의 제자가 되었다. 27세 때 생원시(生員試)에 서 「일음일양지위도(一陰一陽之謂道)」를 논술하여 장원으로 합격했 다. 이때부터 학문적 명성이 널리 알려졌고 2년 뒤인 1635년에는 봉림대군(鳳林大君)의 사부(師傅)가 되었으나, 병자호란이 일어난 뒤 10여 년간 벼슬을 하지 않고 학문에만 몰두했다.

1649년에 봉림대군이 즉위하자, 우암은 부름을 받고 세자시강 원진선(世子侍講院進善) 및 사헌부장령(司憲府掌令)이 되었다. 효종과 북벌에 대해 뜻이 맞았으나, 김자점이 청나라에 밀고함으로써, 우 암은 물러났고, 그 뒤 여러 번 부름을 받았으나 나가지 않았다.

그 뒤 1658년 7월 효종의 간곡한 부탁으로 다시 세자시강원찬 선(世子侍講院贊善)에 임명되어 관직에 나갔고, 9월에는 이조판서에 임명되어 다음 해 5월까지 왕의 절대적 신임 속에 북벌 계획의 중심 인물로 활약했다. 이 무렵부터 우암은 거의 절대권력을 장악했다.

1659년 5월 효종이 급서한 뒤, 조대비(趙大妃)의 복상(服喪) 문제로 예송(禮訟)이 일어났을 때 우암은 1년 상을 주장하여 관철했으나, 국왕 현종에 대한 실망으로 그해 12월 벼슬을 버리고 낙향했다.

그 뒤 1668년 우의정에, 1673년 좌의정에 임명되었을 때 잠시 조정에 나아갔을 뿐, 15년간을 조정에 나아가지 않고 재야에 머물러 있었다. 재야에 은거하여 있는 동안에도 우암은 막강한 정치적 영향력을 행사했다. 사림들이 우암에 의해 좌우되었고, 조정의 대신들은 매사를 송시열에게 물어 결정하는 형편이었다. 1674년 효종비가 죽자 다시 조대비의 복상 기간을 두고 논란이 일어났는데, 예조에서 1년 상을 입도록 건의했다가, 서둘러 대공, 즉 9개월 상으로 바꾸도록 건의했다. 그 이유는 이러했다. 맏며느리에 대한 시어머니의 복상은 1년 상이어서 1년 상으로 건의한 것이었는데, 전에 효종이 승하했을 때, 효종이 조대비의 둘째 아들이라는 이유로 우암이 조대비의 복상을 둘째 아들에 해당하는 1년 상으로 정했기 때문에, 이번에 며느리의 상을 1년 상으로 정하면 맏며느리의 상에 해당하는 것이므로, 우암의 결정에 모순이 생긴다. 이를 알아차린 예조의 대신들이 서둘러 둘째 며느리 상에 해당하는 대공으로 바꾸어 건의한 것이다. 조정의 대신들은 우암이 재야에 있어도 일을 결정할 때 우암에게 물어서 처리하는 예가 많았으므로 이번의 결정 또한 우암을 염두에 둔 결정이었다.

효종의 상 때는 현종이 세자 때이었으므로 대신들의 말을 따랐지만, 이번에는 달랐다. 대신들이 왕의 의견보다 우암의 의견에 더 많은 비중을 두고 있는 것을 탐탁지 않게 여기던 차였으므로 그냥 넘어갈 수 없었다. 또 효종이 둘째 아들이기는 하지만, 국왕이었기 때문에 국왕을 둘째 아들에 적용시킨다는 것은 국왕을 능멸

하는 것일 수도 있다고 생각했기 때문이기도 하다. 이러한 사실을 짐작할 수 있는 기록이 『현종실록』에서 찾아볼 수 있다.

상이 이르기를, "기해년 일을 끝까지 상고해보지 않고서 범연히 개정하여 들여오다니 그게 무슨 도리란 말인가. 그뿐 아니라 기해년 복제 의정 때 말들이 비록 많았으나 내가 모인의 헌의대로 시행하라고 답했었으니, 그 사람 헌의가 바로 국가에서 원용했던 예였던 것이다. 예조는 자세히 상고해보아야 할 것이다" 했다.

수홍이 아뢰기를, "기해년 일에 관하여 예조로 하여금 상세히 상고한 후 아뢰어 처리하게 하면 어떻겠습니까?" 하니,

상이 이르기를, "매우 중대한 문제이니 예조만 논의하게 할 것이 아니라 육경(六卿)이 모여 오늘 중으로 논의하도록 하라" 했다.

민유중이 아뢰기를, "오늘 한다는 것은 너무 갑작스러운 느낌입니다" 하니, 상이 이르기를, "이 일은 시간을 끌 수 없는 문제이다" 했다.

김석주가 아뢰기를, "오늘은 삼성추국(三省推鞫)도 있고 하니, 내일 모여 논의하는 것이 어떻겠습니까?" 하자, 상이 이르기를, "추국을 내일로 물리고, 대신(大臣), 원임 대신, 육경, 삼사의 장관, 참찬·판윤을 다 불러들여 회의하게 하고 예조의 참판·참의도 동참하도록 하라" 했다(『현종실록』 15년 7월 13일).

『실록』에 있는 위의 기록을 보면, 당시 우암의 위상과 권세가 어

느 정도였는지를 짐작할 수 있다. 현종은 다음 달 8월 18일 33세의 나이로 사망했다. 조대비의 복상 문제를 둘러싼 싸움은 숙종 1년 우암이 귀양 감으로써 일단락되었고, 남인이 다시 정권을 잡았다.

남인들의 정권은 오래가지 못했다. 1680(숙종 6)년 경신년에 일어난 경신환국으로 남인들이 축출되고 서인들이 다시 정권을 잡자, 우암은 유배에서 풀려나 중앙 정계에 복귀했다. 우암은 1680년 10월에 영중추부사 겸 영경연사(領中樞府事兼領經筵事)로 임명되었고, 봉조하(奉朝賀)의 영예를 받았다. 영중추부사도 명예직이므로 우암은 실지로 조정에 나아가지는 않았다.

1683(숙종 8)년에는 우암과 제자 윤증과의 갈등으로 서인이 노론과 소론으로 분당되었다.

1689년 1월에 숙의 장씨가 낳은 아들의 호칭 문제로 기사환국이 일어나, 서인이 축출되고 남인이 재집권했을 때, 우암은 세자 책봉에 반대하는 소를 올린 것이 문제가 되어 제주도로 유배되었다가, 같은 해 6월에 서울로 압송되어 오던 중 정읍에서 사약을 받고 생을 마감했다. 우암의 나이 83세 때였다.

1694년 갑술환국(甲戌換局)으로 노론이 남인 정권을 무너뜨리고 다시 정권을 잡은 뒤, 우암은 무죄로 인정되어 관작이 회복되었다. 같은 해에 수원·정읍·충주 등지에 우암을 제향하는 서원이 세워졌고, 다음 해 문정(文正)이라는 시호가 내려졌다. 이후 덕원·화양동을 비롯한 수많은 지역에 약 70여 개소에 이르는 서원이 건립되었고, 그중 사액서원만 37개소였다.

1744(영조 20)년에 문묘에 배향되었다. 노론 정권은 영·정조 시대를 거치면서 일당독재 체재로 구한말까지 이어졌다.

제2항 우암의 학문과 사상

사람들이 열심히 공부하고 열심히 노력하는 목적 중에는 명예롭고 영광스러운 자리를 차지하기 위한 것이 많다. 재주가 뛰어나고 기력이 출중한 사람일수록 더욱 그렇다. 정치가의 최고 목표는 최고의 자리에 오르는 것이고, 기업가의 최고 목표는 재벌이 되는 것이다. 체육인들의 목표는 그 분야에서 최고가 되는 것이고, 과학자의 목표도 노벨상을 받는 것일 수 있다.

조선시대의 사람들이 출세할 수 있는 길은 유학을 공부하는 것이므로, 선비들 가운데는 입신출세를 목적으로 사서삼경을 공부하는 선비들이 많았다. 사서삼경을 공부하여 일인자가 되면 권력과 부와 명예를 다 얻을 수 있다.

우암은 열심히 공부했다. 12세 때 아버지로부터 『격몽요결(擊蒙要訣)』, 『기묘록(己卯錄)』 등을 배우면서 주자·율곡·정암 등을 흠모하게 되었다. 흠모하면 닮고 싶어지고, 닮고 싶어지면 흠모하게 된다. 20세 전후에 율곡의 수제자인 사계의 제자가 되었다. 최고가 되는 길로 들어선 것이다. 오늘날 학생들이 명문대학에 입학하고 싶어 하는 것은 그것이 최고가 되는 길이기 때문이다. 우암은 최고가 되기 위한 첫 번째 관문을 통과한 것이다. 사계의 문하에서 공부한 지 7년이 되는 해에 생원시(生員試)에서 장원하여 유명해졌다.

우암이 어릴 때부터 흠모해온 주자는 우암에게 성인(聖人)으로 받아들여졌다.

선생은 항상 말하기를, 하는 말씀이 모두 옳은 분은 주자이고, 하는 일이 모두 알맞게 되는 분도 주자이다. 만약 총명예지로서 온갖 이치를 모두 밝힌 사람이 아니면 기필코 이와 같을 수 없으니, 주자는 성인이 아니겠는가. 주자의 언행을 이미 경험한 사람이라면 과감히 이행하고 의심하는 바가 없을 것이다.[7]

일인자가 되기 위해서는 일인자를 목표로 삼아야 한다. 사람 중의 최고는 성인이지만, 성인은 요순을 비롯하여 공자와 맹자에 이르기까지 여럿이 있다. 우암은 여러 성인 중에서 자기가 본받아야 할 성인으로 주자를 꼽으면서, 다음과 같은 이유를 달았다.

임금이 물었다. "주자의 말은 과연 하나하나 행할 수 있는가?" 임금의 물음에 우암이 대답했다. "옛 성인의 말 가운데는 혹 시의에 적합하지 않아 그대로 행할 수 없는 것이 있지만, 주자 때는 시기가 지금과 가깝고, 역사적으로 처한 상황을 보더라도 지금과 흡사하므로 신이 생각하기에 그의 말은 하나하나 모두 행할 수 있습니다."[8]

요순 이래 성인이 여럿 있지만, 옛 성인의 말씀은 시대와 역사

---

7. 先生每言曰 言言而皆是者朱子也 事事而皆當者朱子也 若非幾乎聰明睿智 萬里俱明者 必不能若是 朱子非聖人乎 故已經乎朱子言行者 則夫履行之而未嘗疑也(『송자대전』 부록 권17, 語錄 崔愼錄).
8. 上曰 朱子之言 果可一一行之乎 對曰 古聖之言 或以時勢異宜 而有不能行者 至於朱子 則時勢甚近 且其所遭之時 與今日正相似 故臣以爲其言一一可行也(『宋書拾遺』 권7,〈幄對說話〉).

적 상황이 달라진 오늘날 따르기가 어렵지만, 주자가 살던 송나라는 시기도 지금과 가깝고 처한 역사적 상황도 오늘날과 비슷하므로 주자를 본보기로 삼는 것이 가장 좋다고 우암은 판단했다.

꿈을 실현할 수 있는 첫째 관문을 통과한 우암이 최고의 자리를 차지할 수 있는 지름길은 주자에서 이어지는 학통을 확립하고 그 학통에서 자기가 적통이 되는 것이다. 말하자면, 우암이 사계의 수제자가 되어 주자→율곡→사계로 이어지는 학통을 잇기만 하면 된다.

주자에서 율곡으로 학통을 잇기 위해서는 퇴계라고 하는 큰 걸림돌이 있다. 이 문제를 해결하기 위해서는 퇴계와 율곡을 비교하여, 퇴계의 문제점을 드러내고, 율곡의 우수성을 증명하면 된다.

퇴계가 말하기를, "칠정은 기가 발하여 리가 거기에 타고 있는 것이고, 사단은 리가 발하여 기가 따른 것이다"라고 했는데, 퇴계의 병폐는 오직 리발(理發) 두 글자에 있다. 리에는 감정이나 생각도 없고 움직임도 없다. 어찌 기보다 먼저 움직일 수가 있겠는가![9]

율곡의 리기설은 명쾌하고 시원하며 이런저런 설명들이 아귀가 맞고 분명하여, 나같이 둔한 자도 알아듣지 못하는 것이 없다.[10]

---

9. 退溪云 七情 氣發而理乘之 四端 理發而氣隨之 退溪之病 專在於理發二字矣
蓋理是無情意造作之物 寧有先氣而動之理乎(『沙溪先生遺稿』 권10, 〈語錄〉
宋時烈 錄).

위의 글은 사계의 말을 우암이 기록한 것이다. 위의 두 문장에서 보면 퇴계와 율곡의 차이가 극명하게 드러난다. 위의 두 문장에서 보면 율곡이 주자의 적통이 되어야 하는 이유가 명확해진다. 우암이 사계에게 가르침을 받은 위의 두 문장은 후일 우암의 후학들에게 이어지는 모범답안이 되었고, 불행하게도 이 모범답안은 오늘날에도 일정 부분 통용되고 있다.

학문에 입문하는 초학자들에게 모범답안이 주어지는 것은 불행한 일이다. 학생들에게 모범답안이 주어지면 여러 가지 문제들이 노출된다.

학생들에게 모범답안이 주어지면, 학생들은 모범답안을 암기만 하고 그 내용에 관심이 없어진다. 일류대학에 입학하고 싶은 학생은 입학시험에 합격하기 위해 모범답안을 암기한다. 답안을 암기만 하고 답안의 내용을 알지 못하면 자기의 삶에 도움을 주지 않는다. 학생들은 암기 위주의 공부를 하므로 필요 없는 공부를 하게 된다. 특히 철학의 내용은 더욱 그렇다. 철학에서 나온 답안들을 아무리 많이 암기해도, 실질적인 삶에는 아무 도움이 되지 않는다.

철학은 아픔에서 출발한다. 벗어날 수 없는 숙명 앞에서 울부짖고, 절대적인 고독에서 벗어나지 못해 몸부림치며, 살아야 하는 이유를 찾지 못해 좌절하고 방황하다가 찾는 것이 철학이다. 위대한 철학자의 말씀은 천신만고 끝에 처절한 아픔을 극복한 체험

---

10. 栗谷於理氣說 通透灑落 橫說豎說 根節分明 雖如我之鈍根者 無不曉然矣 (『沙溪先生遺稿』 권10, 〈語錄〉 宋時烈 錄).

담이다. 철학자의 체험담이 초학자가 암기해야 할 모범답안이 되어버리면 철학은 아픔을 치료하는 약이 아니라, 오히려 머리를 아프게 만드는 독이 된다. 지금의 젊은이들에게는 리발 기발 문제가 머리만 아프게 만드는 독이 되고 있다.

산의 정상에 올라가는 데 여러 길이 있듯이, 아픔을 해결하는 방법에도 여러 가지가 있다. 그중의 한 방법을 모범답안으로 정해버리면 나머지 방법들을 용납하지 못하고 거부하게 되므로, 배타적이고 독선적으로 되어 큰 혼란이 일어난다.

퇴계의 리발설(理發說)은 철저한 수양을 하는 과정에서 도출된 결론이므로, 퇴계의 리발설을 부정하면 수양이 소홀해진다. 수양을 제대로 하지 않은 사람이 남을 다스리려고 하면 문제가 생긴다.

실제로 이런 문제점들이 조선시대 후반으로 가면서 많이 나타났고, 그것이 나라가 망하는 원인 중의 하나가 되기도 했다.

우암이 모범답안을 작성하기 위해 아무리 노력하더라도 여전히 걸림돌이 남아 있다. 그것은 "사단은 리에서 발한 것이다"라고 한 주자의 말이다. 우암은 주자의 말뜻을 다음과 같이 설명한다.

『주자어류』에서 말했다. 칠정은 기가 발한 것이고, 사단은 리가 발한 것이다. 퇴계가 평생 주력한 것이 이에 있다. 그래서 '리가 발하여 기가 따른 것'이라는 학설이 나왔다. 율곡은 사단도 본래 기를 따라서 나온 것이다. 그러나 기에 가려지지 않고 바르게 나온 것이므로 리가 발한 것이라고 했다. 칠정에도 본래 리가 올라타 있다. 그러나 기에 가려진 바가 있으므로 기가 발한 것이라고 했다. 마땅히 잘 살펴야 할 것이다.[11]

우암이 퇴계의 리발설을 비판하기 위해 주자의 '사단은 리가 발한 것이다'라는 말을 아무리 잘 설명해도 석연해지지 않는다. 우암은 고심 끝에 『주자어류』에 있는 주자의 말씀을 기록자의 실수인 것으로 생각했다.

> 퇴계가 주로 한 바는 단지 주자가 이른바 '사단 리지발, 칠정 기지발'이라 한 것이다. (…) 이제 주자의 설에 따라 사단과 칠정을 나누어 '리지발'과 '기지발'로 생각한 것이다. 그러나 어찌 알겠는가. 주자의 설이 혹 기록자의 잘못에서 나온 것인지(『宋子大全』卷130『朱子言論同異攷』).

우암은 기록자의 실수라는 확실한 증거를 찾기 위해 『주자언론동이고(朱子言論同異攷)』라는 제목의 저술에 들어갔다. 주자의 이기설은 기본적으로 리와 기가 양면적으로 구성되어 있다. 기를 중심으로 정리한다는 것은 쉬운 일이 아니다. 우암이 시작한 『주자언론동이고(朱子言論同異攷)』는 한원진에 이르러 완성되었고, 기록자의 실수로 결론지었다.

주자의 말도 뒤집을 정도로 우암의 답안은 견고했다. 이로써 주자에서 시작된 학통이 주자→율곡→사계→우암으로 확고해졌다. 노나라의 임금은 애공이었고, 공자는 애공의 신하였지만, 역사

---

11. 語類日 七情氣之發 四端理之發 退溪之一生所主在此 故有理發氣隨之說 栗谷以爲四端固亦隨氣而發 然不爲氣所掩而直遂者 故謂之理之發 七情固亦理乘之 然或不免爲氣所掩 故謂之氣之發 似當活看也(『沙溪先生遺稿』권10,〈語錄〉宋時烈 錄).

적·인격적 위상으로 보면 공자가 애공보다 높은 자리에 있고, 주자가 황제보다 윗자리에 있으므로, 우암도 임금보다 윗자리에 있어야 마땅하다. 우암에게도 그런 자부심이 있었던 것으로 보인다. 우암은 학자가 오를 수 있는 최고의 자리에 올랐다.

최고의 자리에 오르면 권세를 누릴 수 있지만, 그 자리를 지키기 위해 노력해야 한다. 우암은 최고의 자리를 유지하기 위해 두 가지 방법을 선택했다. 하나는 주자의 방식으로 사는 것이고, 다른 하나는 주자학을 수호하는 것이다.

주자는 북쪽의 금나라를 절대로 용납할 수 없는 불구대천의 원수로 삼아 금나라와의 전쟁을 끝까지 주장했는데, 우암이 북벌을 주장한 것이 이와 상통한다. 일본의 침략을 받아 의주로 피난 간 국왕이 위급하게 되었을 때, 명나라 구원병의 도움을 받아 모면한 일이 있었으므로, 그때의 은혜에 보답하는 의미로서도 북벌해야 한다는 것이었다.

> 우리나라는 실로 신종황제(神宗皇帝)의 은혜를 입었으니, 임진년의 왜변에 종묘사직이 이미 빈 터가 되었다가 다시 존족하게 되고, 생민이 거의 진멸했다가 다시 소생하게 되었습니다. 우리나라의 일초일목이나 생민의 일모일발 모두가 황은이 미친 바 아님이 없습니다(『송자대전』 권5, 〈己丑封事〉).

청나라를 쳐서 명나라의 은혜에 보답하자는 우암의 북벌론은 상당한 공감을 얻었다. 한국인의 정서에는 은혜를 입으면 반드시 갚아야 한다는 의리정신이 깔려 있다. 우암의 북벌론은 명나라에 진 빚을 갚는 것이므로 공감을 얻었다. 우암은 명나라를 받드는 대신 청나라를 오랑캐의 나라로 지명하며 끝까지 무시했다. 조선 후기에는 명나라가 망한 뒤에도 명나라 마지막 황제인 의종(毅宗)의 연호인 숭정(崇禎)을 계속 사용한 예가 많았던 것도 우암의 존명 사상과 관련이 있다. 우암은 죽음을 맞이하는 마지막 순간에도 제자와 자손에게 주자학을 할 것과 북벌의 뜻을 이어가기를 당부했다.

우암은 비례부동(非禮不動)이라고 쓴 의종의 친필을 민정중에게 얻어 화양동 석벽에 새겨 놓고 그 위에 사당을 지어 공부한 적이 있었는데, 우암이 죽음에 즈음하여 제자 권상하에게 묘우를 지어 신종과 의종의 제사를 지내도록 당부했고, 권상하는 1703년에 만동묘를 창건하고 신종과 의종의 신위를 봉안하여 제사지냈다. 만약 우암이 한국 고대의 역사에 조금이라도 관심이 있었더라면 하는 아쉬움이 남는 것은 청나라의 여진족이 옛 단군조선의 예족과 맥족이었기 때문에 그렇다.

우암은 주자학을 존숭하여 주자와 다르게 경전을 해석하는 사람들을 사문난적으로 몰아 처벌하기도 했다. 유교 경전을 주자와 달리 해석한 윤휴를 사문난적으로 지목하여 처벌하기에 이르렀고, 윤휴의 해설을 높이 평가한 윤선거·윤증 부자와 갈라서기도 했다.

우암은 필사의 노력으로 최고의 자리를 지켜내었다. 비록 기사환국 때 잠깐 실각하여 사약을 받고 죽었지만 얼마 되지 않아 명예를 회복하고 일인자의 자리를 되찾았다. 우암은 성균관 문묘에 배향되었을 뿐만 아니라, 조선의 학자 중에 유일하게 성 밑에 자(子)를 붙여 송자로 불리는 영광을 얻었다. 성호 이익이 퇴계의 저술을 『이자수어(李子粹語)』로 부른 적이 있고, 이도중이 율곡의 저술을 『이자성리서(李子性理書)』란 이름으로 편찬한 적이 있어, 개인 차원에서 불리었지만, 송자는 노론을 중심으로 공공연하게 불리었고, 정조는 우암의 문집에 『송자대전』이란 이름을 붙여 국비로 출간했다.

우암은 최고의 자리에 올랐지만, 자리를 지키느라 많은 문제점이 노출되었다.

우암이 가장 강조한 것은 직(直)이었다. 양심을 따르는 것에는 정직해야 하지만, 욕심을 따르는 것에 정직하면 안 된다. 우암의 정직은 욕심을 따르는 정직으로 보인다. 주자를 성인으로 여기고 주자학을 신성시한 것은 주자를 이용하여 자신의 권위를 지키기 위한 수단으로 삼았기 때문이다. 중국 한나라 때도 공자를 신격화하여 공자의 말을 따르지 않는 자들을 신성 모독죄로 처단한 적이 있었다. 종교에서는 교주를 신격화한 뒤 교주를 비판하는 사람을 신성 모독죄로 엄벌한다. 신성 모독죄로 처벌할 때는 잔인해진다. 조선 후기에는 주자학을 신성시했으므로 학문의 자유가 제한되기도 했다. 최영성 교수는 그의 『한국유학통사』에서 우암의 한계를 다음과 같이 지적한 바 있다.

대체로 노·소론 분당 이전까지는 한 시대의 종사요 대로(大老)의 대우를 받아, 위로는 임금의 예우가 융숭하고, 아래로는 동료와 선후배의 신망이 지극했다. 사림에 물러나 있을 때도 맹호재산(猛虎在山)의 위망으로 전국의 사림이 태산북두처럼 우러러보았다. 초야에 있거나 조정에 있거나를 막론하고 건의하여 시행되지 않은 것이 별로 없었다. 국가의 중대사가 그의 의견을 기다려 결정될 정도이니, 실로 '언청계종(言聽計從)'이 아닐 수 없었다.

그런데 그는 성품이 강의열렬(剛毅烈烈)하고 과단성이 있어 맹자나 주자의 기질에 비유되었다. 대의명분에서는 주장을 굽히거나 양보하는 일이 없어, 반대편으로부터 남을 용서하는 아량과 관후함이 부족하고, 또 이기기 좋아하는 집착이 심해 고집불통이라는 평을 받기도 했다. 그는 이러한 성품으로 인해 교제에 원만함을 결여하여 도처에 적을 만드는 일이 많았다. 당시에 도학과 재학으로 뛰어난 여러 학자와도 불화, 반목했으니, 윤휴나 윤선거·윤증과의 반목은 물론 이유태·권시·박세채와도 불화를 일으켰으며, 만년에는 평생의 동반자였던 송준길과도 틈이 생겼다. 더욱이 그는 제자인 윤증과 사생지의(師生之誼)를 끊어야 하는 수모를 당하기도 했다. 이를 볼 때 성품상의 결함이 없다고 하기는 어려울 듯하다.

또한 그가 절대적인 영향력을 행사하는 이면에는 윤증의 말과 같이 '겉으로는 대들지 못하지만, 속으로는 불만이 많았던' 사람이 적지 않았다. 특히 노·소론 분당 이후로 많은 불만과 불평이 터져 나왔고, 그가 훈척세력과 제휴하면서부터 사류들의 인심이 윤증과 박세채에게로 쏠렸던 것이 사실이다. 이 역시 그의 성격상·처세상의 결함과 무관하지 않다.

그의 독선적이고 강직한 성품은, 윤증이 '왕도와 패도를 함께 쓴다'라고 지적한 것에서 극명하게 드러난다.[12]

12. 최영성, 『한국유학통사』(심산, 2006)에서 인용함.

제3장

우암 후학의 학문적 분열

노론이 집권하면서 정권수호의 수단이 된 주자학이 차츰 강화되다가 급기야 주자학 절대주의 시대를 맞이하게 되었다. 성호 이익은 다음과 같이 말한 적이 있다.

> 오늘날의 학자는 유가 중의 신불해나 상앙 같은 자들이다.[13]

> 한 글자에 대해서라도 의문을 가지면 잘못이 되고, 고증이나 비교 검토하면 죄가 된다. 주자의 글이 이와 같은데, 옛 경전이야 말해 무엇하겠는가. 우리나라 사람들의 학문은 미련하고 엉성하게 될 수밖에 없다.[14]

우암이 주자의 글을 절대적 진리로 둔갑시킨 이래 주자의 글은 이미 경전이 되었다. 경전은 성인의 마음이 표현된 글이다. 사람의 하늘마음은 시간과 공간의 제약을 받지 않지만, 글은 시간

---

13. 今之學者 儒家之申商也(『星湖全書』 권32, 〈孟子疾書〉 序).
14. 一字致疑則妄也 考校參互則罪也 朱子之文尙如此 況古經乎 東人之學 難免魯莽矣(星湖僿說類選 권2,「論學問」〈儒門禁網〉).

과 공간의 제약을 받는다. 시공의 제약을 받는 것은 절대적일 수 없다. 그러므로 글을 절대화하는 순간 글은 진리를 담는 기능을 상실한다. 노자는 '인간에게 의식되는 진리는 진리가 아니다[道可道 非常道]'라고 했다. 인간의 의식으로 파악한 진리는 진리가 아니다. 진리는 절대적이므로 의식으로 파악할 수 없다. 의식으로 파악한 것은 말과 글로 표현할 수 있다. 말과 글은 진리를 표현하는 수단이기 때문에 말과 글이 없으면 진리를 표현할 방법이 없다. 말과 글이 중요한 것은 거기에 진리가 담겨 있기 때문이다. 달을 보려면 달을 가리키는 손가락을 따라가야 하므로 달을 가리키는 손가락이 중요하다. 달을 가리키는 손가락의 방향은 때와 장소에 따라 다르다. 아침에는 서쪽을 가리키고, 저녁에는 동쪽을 가리키며, 동쪽에서는 서쪽을 가리킬 것이고, 서쪽에서는 동쪽을 가리킬 것이다. 그런데 어느 순간 어떤 장소에서 달을 가리키는 손의 방향을 절대화하여 그 방향만 고집하면 결코 달을 볼 수 없다. 손가락의 방향을 절대화하면 손가락은 손가락의 기능을 상실한다.

말과 글도 마찬가지다. 인을 설명하는 공자의 말씀도 질문자에 따라 다 다르므로, 한 말씀만 절대화하면 결코 인을 이해할 수 없다. 주자학을 절대주의화 하는 순간 주자학은 주자학 본래의 기능을 상실하고 화석이 되고 만다. 매우 주의해야 할 일이다.

제1절
권상하의 우암 계승

권상하(權尙夏: 1641~1721)의 자는 치도(致道), 호는 수암(遂菴)·한수재(寒水齋)이며, 우암과 동춘당 송준길(宋浚吉)의 문인이다. 수암은 1660년 20세의 나이에 진사가 되어 성균관에 들어가 수학했다. 2차 예송 때 우암이 관작을 박탈당하고 덕원(德源)에 유배되자, 수암은 청풍의 산중에 은거하며 학문과 교육에 전념했다.

1689년 수암은 우암의 유배지로 달려가 우암을 따라 상경하면서 우암의 임종을 지켰고, 의복과 서적 등의 유품을 가지고 돌아왔다.

1695년 수암은 우암 문하생들과 힘을 모아 스승 송시열(宋時烈)을 제향하기 위해 괴산에 화양동서원을 세우고, 이듬해 사액을 받았다. 화양동서원은 영조 때 국가에서 엄청난 물질적 지원을 받아 서원 소속 토지가 강원도와 삼남 일대에 널리 퍼져 있었다. 훗날 화양동서원은 위세를 이용해 많은 비리를 저질러 민폐가 극심했다.

1703년 찬선에 임명된 이래 대사헌·이조참판·찬선·판윤·이조판서·좌찬성·우의정·좌의정·판중추부사에 임명되었으나, 사직소를 올리고 나가지 않았다.

수암이 벼슬에 나가지 않은 이유는 두 가지 정도로 추론할 수 있다. 첫째는 스승 우암이 아무리 권세를 가지고 있어도 조정에 나간 뒤에 여러 차례 위험에 직면한 적이 있고, 결국 사약을 받아 죽는 것을 직접 목격했기 때문이고, 둘째는 학문을 해서 우암의 수제자가 되면 조정에 나아가지 않더라도 권세를 다 누릴 수 있었기 때문이다. 이 두 이유로 보면 수암은 벼슬에 나갈 이유가 없었다. 수암은 벼슬에 나가지 않았기 때문에 숙종 때 치열했던 당쟁에 휘말리지 않고, 학문과 교육에 전념할 수 있었다.

우암의 제자 가운데 김창협(金昌協)을 위시해 출중한 인물들이 많았으나, 권상하는 스승의 학문과 학통을 계승하여 수제자가 됨으로써 훗날 '사문지적전(師門之嫡傳)'으로 불릴 정도가 되었다. 후일 호서산림의 영수라는 위치로 인하여 유일(遺逸)로 천거되어 좌의정에 임명되었으나, 힘써 사양하고 단 한 번도 나아가지 않았다. 이로부터 산림들은 그를 본받아 과거에 나아가는 것을 피했으며, 또 나라의 부름이 있어도 벼슬길에 나아가지 않는 것을 하나의 상례로 알게 되었다.[15]

1704년 수암은 스승 우암의 유언에 따라 화양동에 만동묘를 건립했다. 만동묘는 임진왜란 때 우리나라를 도와준 명나라의 은혜에 보답하는 의미로 신종과 의종을 제향하기 위해 세운 사우이었다. 훗날 화양동서원과 만동묘에서 여러 가지 비리가 행해졌으므로 대원군에 의해 훼철되었다.

수암은 관계에 나가지는 않았으나 우암의 수제자 자리를 유지하기 위한 노력은 게을리 하지 않았다.

1715년 『가례원류』의 저작권을 둘러싸고 윤선거(尹宣擧)와 유계(兪棨)의 후손 사이에 분쟁이 일어났을 때 당연히 수암이 나서야 했는데, 수암은 그 서문에서 유계의 저술임을 밝혀 윤증에게 비

---

15. 최영성, 『한국유학통사』(심산, 2006)에서 인용함.

판받은 적이 있고, 우암이 화를 당한 것에 대해 "윤증이 윤휴(尹鑴)의 무리와 함께 조작한 것이다"라고 우암의 비문에 기록하여, 유생 8백여 명과 소론 측 사람들에게 항의를 받기도 했다.

그는 이단하(李端夏)·박세채(朴世采)·김창협 등과 교유했으며, 배출한 제자로는 한원진·이간·윤봉구(尹鳳九)·채지홍(蔡之洪)·이이근(李頤根)·현상벽(玄尙璧)·최징후(崔徵厚)·성만징(成晩徵) 등의 강문팔학사(江門八學士)가 있다. 저서로는 『한수재집(寒水齋集)』, 『삼서집의(三書輯疑)』 등이 있다.

권상하는 율곡 이이를 종사로 하는 기호학파의 정통파로서, 이이·송시열의 학문을 충실히 이어받았다. 그러기에 "주자의 도는 율곡에 이르러 다시 밝아졌고 율곡의 사업은 우암에 이르러 더욱 넓어졌다"라고 했다. 그는 18세기 이래 막강한 권위를 가지고 정계와 학계를 주도했던 호서산림의 영수로서, 남인으로 대변되는 영남계 산림과 학문적 정치적 논쟁을 벌여 우위를 확보하는 데 결정적 역할을 했으며, 그의 문인 한원진·이간에 의해 본격적으로 제기된 인물성동이논변을 준도(濬導)함으로써, 조선성리학의 수준을 높이는 데 공헌했다.[16]

수암은 이기불상리설(理氣不相離說)을 강화하여 이기혼융무간설(理氣混融無間說)을 주장함으로써 율곡의 일도설을 고수하고 퇴계의 호발설을 부정하는 우암의 모범답안을 더욱 견고하게 만들었다.

사단칠정이 발하는 것은 기이고, 발하게 하는 것은 모두 리이

---

16. 위의 책에서 인용함.

다. 사단은 칠정에 포함된 것이므로, 둘이 아니다.[17]

수암은 위의 모범답안을 「사칠호발변」에서 더욱 자세하게 풀이한다.

> 율곡 선생이 이르기를 "발(發)하는 것은 기(氣)이고 발하게 하는 것은 이(理)이다" 했으니, 이 말을 깊이 음미해보면 호발(互發)의 설이 잘못되었음을 알 수 있다. 맹자가 이르기를 "측은(惻隱)한 마음은 인(仁)의 단서이다(…)" 했으니, 대체로 율옹(栗翁)이 이른바 기(氣)는 곧 심(心)이고, 발(發)은 곧 심의 용(用)으로서 측은에 해당하며, 이른바 발하게 하는 이(理)는 곧 심의 체(體)로서 인에 해당한다. 맹자의 말이 저렇듯 분명한데 무슨 까닭으로 사단(四端)을 이발(理發)에 편속(偏屬)시킨단 말인가. 『중용』에 "희로애락(喜怒哀樂)이 발하기 이전[未發]을 중(中)이라 한다" 했는데, 중이 발한 것이 곧 칠정(七情)이니, 그렇다면 칠정이 이(理)에서 발한다는 사실을 자사(子思)가 이미 말해놓은 것이다. 그런데 무슨 까닭으로 '기가 발한 것[氣之發]'이라고 하는가. 대체로 '성이 발하여 정이 된다[性發爲情]'는 것은 바꿀 수 없는 설이지만, 기가 아니면 또한 어떻게 발할 수 있겠는가. 주자가 『맹자』 공손추 상(公孫丑上) 집주(集註)에서 "사람의 마음 된 것이 이 네 가지에 벗어나지 않는다" 했으니, 이에 따르면, 칠정이

---

17. 四端七情 發者氣也 所以發者 皆理也 四端包在七情中 非有兩箇體段也(『寒水齋集』 권10, 〈答金英叔〉).

사단(四端) 가운데 포함되어 있다는 것을 알 수 있는데, 무슨 까닭으로 이와 기에 분속(分屬)시켜 호발(互發)이라 하는가. "인심은 형기의 사사로움에서 생긴다[人心生於形氣之私]"라고 할 때의 '기(氣)'는 이목구비(耳目口鼻)를 가리켜 말한 것이요, "칠정은 기에서 발한다[七情發於氣]"라고 할 때의 '기'는 심(心)을 가리켜 말한 것이니, 글자는 비록 같지만 가리키는 뜻은 완전히 다르다. 그런데 예로부터 여러 선현이 매양 "인심 도심(人心道心)을 이미 이처럼 말할 수 있었다면 사단칠정(四端七情)만 왜 이처럼 말할 수 없단 말인가" 했으니, 혹 우연히 이 문제를 잘 살피지 못해서 그런 것이 아닌가 싶다. 음양의 동정(動靜)은 바로 이른바 '기발(氣發)'이다. 주렴계(周濂溪)가 이르기를 "태극이 동하여 양을 낳는다[太極動而生陽]" 했으니, 이른바 태극이 어찌 발(發)하게 하는 리(理)가 아니겠는가. 만일 호발(互發)의 설(說)대로 라면, 태극의 동정과 음양의 동정이 판연하게 두 가지가 되어 버리니, 말이 될 수 있겠는가. 계사전(繫辭傳)에 "한 번 음이 되게 하고 한 번 양이 되게 하는 것을 도라 한다[一陰一陽之謂道]" 했으니, 염계의 설이 실로 이에 근본한 것이다.[18]

위의 인용문은 수암이 모범답안의 정당성을 논증한 것이다. 요약하면 다음과 같다.

① 율곡이 "발(發)하는 것은 기(氣)이고 발하게 하는 것은 이(理)이다"라고 했으므로, 퇴계의 호발(互發)설은 잘못이다.
② 맹자가 이르기를 "측은(惻隱)한 마음은 인(仁)의 단서이다

(…)"했으니, 대체로 율옹(栗翁)이 이른바 기(氣)는 곧 심(心)이고, 발(發)은 곧 심의 용(用)으로서 측은에 해당하며, 이른바 발하게 하는 이(理)는 곧 심의 체(體)로서 인에 해당한다. 맹자의 말이 저렇듯 분명한데 무슨 까닭으로 사단(四端)을 이발(理發)에 편속(偏屬)시킨단 말인가.

③ 희로애락(喜怒哀樂)의 칠정이 리(理)인 중(中)에서 발한 것이므로, 칠정을 기발(氣發)로 본 퇴계의 설은 잘못이다.

④ '성이 발하여 정이 된다[性發爲情]'는 것에서 보면, 발하는 것은 기(氣)이므로, 성은 기질지성이어야 한다.

⑤ 주자가 "사람의 마음 된 것이 이 네 가지에 벗어나지 않는다"했으니, 칠정이 사단(四端) 가운데 포함되어 있다는 것을 말한 것이므로 칠정과 사단은 떨어져 있는 것이 아니다. 사단과 칠정을 나누어서 호발(互發)이라 하는 것은 잘못이다.

⑥ 인심은 형기(形氣)에 근원하고, 도심은 성명(性命)에 근원하므로 구별된다. 사단은 리에서 발하고 칠정은 기에서 발한다고 하므

18. 栗谷先生曰 發者氣也 所以發者理也 深味此言 可辨互發之說矣 孟子曰 惻隱之心 仁之端也云云 蓋栗翁所謂氣者卽心也 所謂發者 卽心之用惻隱也 所謂所以發之理 卽心之體仁也 孟子之言 如彼其分曉 何故以四端偏屬於理發也 中庸曰 喜怒哀樂之未發謂之中 中之發 卽爲七情 則七情之發於理 子思已言之 何故曰氣之發也 蓋性發爲情 是不易之說 而非氣則亦何能發乎 朱子於公孫丑集註曰 人之所以爲心者 不外乎是四者 據此則七情之包在四端之中可知 何故分屬于理與氣而謂之互發也 人心生於形氣之私 此氣字指耳目口鼻而言也 七情發於氣 此氣字指心而言也 字雖同 所指絶異 而從古諸先賢 每曰人心道心 旣可如此說則四端七情 獨不可如此說乎 無乃偶失照勘而然耶 陰陽之動靜 是所謂氣發也 然濂溪曰太極動而生陽云云 所謂太極者 豈非所以發之理乎 若如互發之說則太極之動靜與陰陽之動靜 判爲二物 其可成說乎 繫辭曰一陰一陽之謂道 濂溪說實本於此(『寒水齋集』권21, 〈四七互發辨〉).

로 칠정과 사단을 구별하는 선현들이 있지만, 칠정이 기에서 발한
다고 할 때의 기는, '기를 마음[心]이다'라고 한 율곡에 따르면, 마
음이므로, 사단이나 칠정이 똑같이 마음에서 발하는 것이어서 나
누면 안 된다.

㉠ "태극이 동하여 양을 낳는다[太極動而生陽]" 했는데, 태극이
동한다는 것은 음양을 동하게 하는 것이므로 태극 자체는 움직이
는 것이 아니다. 호발설이 사실이라면 태극이 따로 움직이고 음양
또한 따로 움직이는 것이 되므로, 호발설이 잘못이다.

위와 같이 수암은 모범답안의 옳음을 조목조목 논증했지만,
제대로 된 것이 없다. 율곡의 설을 표준으로 삼아 정답으로 고정
시킨 뒤에 그것과 어긋나는 퇴계의 설을 부정하는 방법은 옳은
방법이 아니다. 『중용』에서 말하는 희로애락은 칠정이 아니라 사
단으로 보는 것이 타당한데도 칠정으로 고정한 것 또한 잘못으로
보인다.

리와 기는 한 나무의 뿌리와 가지 같은 것이라서 서로 균형을
이루어야 하는 것인데, 율곡이 기를 중시한 이래, 율곡의 후학들
이 기를 점점 강화했다. 수암은 사람의 성은 몸에 들어와 있는 것
이므로 본연지성은 원리로만 존재할 뿐, 현상적으로는 기질지성만
존재하는 것으로 설명한다.

이로 말미암아 살펴보건대, 성의 본체는 애당초 온전하지 않음
이 없으나, 그 치우침과 온전함이 있게 된 것은 기의 작용이다.
그러니 기가 온전하면 성도 온전하고, 기가 치우치면 성도 치우

치는 것이니, 무엇을 더 의심할 것이 있겠는가. 그러므로 율옹의 말씀에 "사람의 성이 물(物)의 성과 다른 것은 기의 국한된 것[氣之局] 때문이요, 사람의 리가 곧 물의 리인 것은 리의 통함[理之通] 때문이다" 했으니, 오직 이 한 말씀이 천고에 전하지 않은 오묘함을 발명한 것이라고 이를 만하다. 아, 도를 아는 자가 아니면 누가 이것을 알 수 있겠는가. (…) 선생은 또 혹인(或人)의 물음을 인가하여 "리(理)가 모두 같다고 하면 옳거니와 성(性)이 모두 같다고 하면 옳지 않다" 했다. 경전(經傳)에 실려 있는 것이 이런 유가 매우 많다.[19]

수암의 학설은 모범답안을 정당화하기 위해 짜맞춘 듯한 느낌이 들 정도이다. 기 중심으로 모든 것을 정리하여, 사람의 성과 물(物)의 성이 다르다는 결론을 낸다. 수암에 따르면, 사람의 성이 동물의 성과 다르고, 동물의 성이 식물의 성과 다르다. 사람마다 다다르고, 동물마다 다르며, 식물마다 다르다. 만물 중에 하나하나 모두 다르므로, 같은 것이 없다. 수암이 모범답안에 따라 외길로만 갔기 때문에, 나무의 한 가지만 계속 자라서 기형이 된 것처럼, 그의 학설도 기형적인 결론에 도달한다. 수암에 따르면, 리는 같을 수 있어도 성은 같을 수 없으므로, 리와 성이 다르게 된다. 이

---

19. 由是觀之 性之本體 初無有不全 而其所以有偏有全者 氣之爲也 氣全則性全 氣偏則性偏 又何疑乎 是以栗翁之言曰 人之性 非物之性者 氣之局也 人之 理卽物之理者 理之通也 惟此一言 可謂發千古不傳之妙矣 嗟乎 非知道者 誰 能識之(…)先生又印或人之問 謂之理同則可 謂之性同則不可 經傳所載 此 類甚多(『寒水齋集』 권21, 〈太極圖說示舍弟季文兼玄石〉).

는 주자학의 전제인 '성즉리'를 부정하는 결과가 된다. 성즉리가 부정되면, 주자학의 목표인 천인합일의 길이 차단된다. 이러한 수암의 설에 대해 제자인 이간은 스승 수암의 설을 순자의 성악설, 또는 양웅의 성선악혼효설로 비유하기도 했으므로, 수암은 이간이 잘못 알고 있다고 꾸짖었지만, 오히려 수암의 변명이 구차해보인다.

수암의 학설은 그의 기득권 유지를 위한 현실적 목적과도 관련이 있을 수 있다. 기득권을 가진 자가 그 권리를 지키기 위해서는 차별화를 해야 한다. 사람이 다 같다고 하면 자기만이 기득권을 차지해야 하는 명분이 없어지기 때문이다. 수암의 문하에는 수제자가 되는 것을 목표로 모범답안에 충실한 모범 학생도 있을 것이고, 모범답안의 문제점을 알고 반발하는 학생도 있을 것이다. 반발하는 학생의 대표는 이간이고, 충실하게 따르는 제자의 대표는 한원진이었다. 이간은 인물성동론을 제기하여 수암에게 반발했고, 한원진은 인물성이론을 제기하여 수암에게 충실했으므로, 수암은 한원진의 손을 들었다. 인물성동이론은 수암에게서 끝나지 않고, 한원진과 이간 사이에서 계속되었으며, 그 뒤로도 많은 사람이 논변에 가담했는데, 이를 인물성동이논쟁이라 한다. 이간의 인물성동론을 지지하는 학자들은 주로 서울 가까이 살았으므로 낙론(洛論)이라 하고, 한원진의 인물성이론을 지지하는 학자들은 주로 충청도에 살았으므로 호론(湖論)이라 하여, 인물성동이론쟁을 호락논쟁이라고도 한다.

제2절
호락논쟁의 전개

제1항 이간의 인물성동론

이간(李柬: 1677년~1727)의 자는 공거(公擧), 호는 외암(巍巖)·추월헌(秋月軒)이며, 수암 권상하(權尙夏)의 문인으로 강문팔학사(江門八學士) 중 한 사람이다. 호락논쟁(湖洛論爭)에서 낙론(洛論)인 인물성동론(人物性同論)을 주장한 대표적 인물이다.

1710년(숙종 36) 순무사 이만성(李晩成)에 의하여 장릉참봉(莊陵參奉)으로 천거되었으나 부임하지 않았다. 1716년 다시 천거되어 세자시강원 자의에 임명되어 조정에서 학문적 권위를 인정받았다. 이때 이간의 나이가 적은데도 계급이 뛰어오름을 논란하는 사람들이 많았다. 1717년 종부시정을 제수받고, 1725년(영조 1) 회덕 현감·경연관을 거쳐 충청도 도사 겸 해운관·익위사익위를 제수받았으나 모두 사양했다. 당시에는 이미 학문적으로 권위가 있는 사람은 조정에 벼슬하는 것을 꺼리는 경향이 있었기 때문이기도 하다.

외암은 수암 권상하의 문인이면서도 스승의 학설과 한원진의 학설에 받아들이기 어려운 점들이 있었다.

첫째는 희로애락이 나타나기 전인 중(中)의 상태에서 이미 선악이 있다는 것을 이해할 수 없었다. '나타나기 전에는 요순이나 길가는 사람이 다 같다'라는 주자의 말과 '일반인들도 다행히 한순간에 나타나기 전의 상태에 몰입하면 마음 전체가 맑아져 성인과 다르지 않게 된다'라는 율곡의 말을 보면 정이 나타나기 전의 마음의 본체에는 악이 없다는 것이 당연하다고 생각했기 때문이었다.

둘째는 인의예지신의 오상과 성을 분리하고, 성과 천명과 태극을 분리하는 것을 이해할 수 없었다.

'천명으로 말하면 원형리정이고, 성으로 말하면 인의예지이다'라는 주자의 말과 '천명을 성이라 한다'라는 자사의 말을 보면 인의예지의 성과 원형리정의 천명이 같다는 것이 확실하다고 생각했기 때문이었다.

세 번째는 사람의 기에는 수화금목토의 오행이 골고루 갖추어져 있어서, 사람의 성에 인의예지신의 오상이 갖추어져 있지만, 동식물에는 수화목금토의 오상이 다 갖추어져 있지 않으므로, 인의예시신 중 일부만 있을 뿐 전부를 갖추고 있지 않다고 하는 것을 이해할 수 없었다.

사람의 성과 만물의 성이 같다는 성현의 말을 참고하면, 사람의 성에 있는 인의예지신이 동식물에도 들어 있다는 것을 알 수 있지만, 동식물은 기에 편벽되고 막힌 것이 있어서 발휘가 안 될 뿐이라고 생각했기 때문이다.

외암은 기를 중시한 율곡의 철학이 수암 권상하와 한원진에 이르러 기의 성격이 점점 강화됨으로써, 성을 리에서 분리하고 본연의 성을 인정하지 않게 되어, 순자의 철학으로 귀결되는 것을 우려했다. 외암이 본연지성을 강조하고 인물성동론을 주장한 것은 순자 철학으로 가는 길을 저지하는 의미가 있다.

처음에 권상하가 한원진의 설에 찬동했으나, 이간이 만족하지 못하고, 이간과 한원진(韓元震) 사이에서 논의가 이어졌다. 이 논의는 많은 학자의 관심사가 되었는데, 이재(李縡)·박필주(朴弼周)·어유

봉(魚有鳳) 등은 이간의 인물성동론을 지지했고, 이와 반대로 윤봉구(尹鳳九)·최징후(崔徵厚)·채지홍(蔡之洪) 등은 한원진의 인물성이론을 지지했다. 외암의 저서로는 『외암유고(巍巖遺稿)』가 있다.

1777(정조 1)년에 이조참판·성균관좨주에 추증되고, 순조 때 이조판서가 증직되고, 온양의 외암서원(巍巖書院)에 제향되었다. 시호는 문정(文正)이다.

제2항 한원진의 인물성이론

한원진(韓元震: 1682~1751)의 자는 덕소(德昭), 호는 남당(南塘)이며, 수암 권상하(權尙夏)의 문인으로 강문팔학사(江門八學士) 중 한 사람이다. 호락논쟁(湖洛論爭)에서 호론(湖論)인 인물성이론(人物性異論)을 주장한 대표적 인물이다.

36세 때인 1717년에 학행으로 천거되어 영릉참봉이 되었고, 41세 때인 1721년에 부수(副率)에 임명되었으나 신임사화로 노론이 실각하자 사직했다.

45세 때인 1725년에 경연관(經筵官)으로 뽑혀 학문을 진강하며 영조의 총애를 받았으나, 『맹자』의 '신하가 임금 보기를 원수처럼 한다(臣視君如仇讐)'는 구절을 인용하여 소론을 배척하다가 탕평책에 어긋난다는 이유로 삭직되었다.

1741년 김재로(金在魯)의 구명운동으로 복직되어 장령·집의에 임명되었으나 사퇴하고 조정에 나아가지 않고 학문에 전념했다. 남당은 성리학 외에도 율려(律呂)·천문·지리·병가·산수 등의 서적까지도 깊이 연구했다.

남당은 기발이승일도설(氣發理乘一途說)을 고수하여 사계 이래로 내려오는 모범답안을 철저하게 신봉하고, 인물성이론으로 발전시킴으로써 율곡→사계→우암→수암으로 이어지는 학통의 적통임을 자임했다.

남당이 율곡학파의 적통임을 부인할 수 없는 가장 큰 이유는 우암이 저술하기 시작한 『주자언론동이고(朱子言論同異攷)』를 완성한 일이다. 남당은 『주자언론동이고』의 저술을 통해 퇴계 호발설의 잘못을 나름대로 정리했다. 퇴계 호발설을 부정하는데 가장 큰 걸림돌은 주자의 "사단은 리가 발한 것이다[四端 理之發]"라는 문구이었다. 남당은 『주자언론동이고』를 통해 주자의 설이 기록자에 의한 실수로 결론지었다.

> 뒷날 호발설을 주장하는 사람은 다 『주자어류』의 기록을 증거로 삼는다. 그러나 이 기록에 대해서는 생각해 봐야 할 것이 있다. 사단·칠정을 논한 주자의 설명은 역시 잘 갖추어져 있다. 주자의 경전 주해·문집·대전을 두루 살펴보니, 주자가 손수 기록한 것에는 이와 유사한 설명이 한 마디도 없다. 그러므로 주자의 이 설은 기록자의 오류임이 틀림없다.[20]

---

20. 語類所記 後來主互發之論者 皆以是爲證 然此却有可商者 朱子之論四端七情 其說亦備矣 而自經傳註解 以至文集大全手筆所記 無一言有近於此說者 則此說之爲誤錄 無疑矣語類所記 後來主互發之論者 皆以是爲證 然此却有可商者 朱子之論四端七情 其說亦備矣 而自經傳註解 以至文集大全手筆所記 無一言有近於此說者 則此說之爲誤錄 無疑矣(『南塘集』拾遺 권6, 〈農巖四七知覺說辨〉).

한원진

이로써 남당은 율곡의 후학들에게 과제로 남아 있던 호발설의 문제를 완전히 정리하여, 미진했던 모범답안을 완결했다. 퇴계의 호발설이 잘못으로 판명되면, 퇴계가 사단과 칠정을 분리한 것도 잘못이 되므로, 사단과 칠정을 분리하지 않은 율곡의 설이 저절로 정당해진다. 사단과 칠정이 분리되지 않으면 도심과 인심의 문제가 다시 제기된다. 도심과 인심은 분리하지 않을 수 없지만, 남당은 도심을 사단, 인심을 칠정으로 분류할 수 없었다. 그렇다면 도심과 인심을 어떻게 설명해야 할까?

인심도심의 문제가 꼬이기 시작한 것은 『중용장구』에 있는 주자의 서문에서 비롯한다.

> 텅 비어 있으면서 신령하며 알고 깨달을 수 있는 것은 마음이 가지고 있는 하나의 기능인데, 인심도심의 구별이 있는 까닭은 몸의 사사로운 것에서 생기는 마음도 있고, 본성과 천명의 바른 도리에 따르는 마음도 있어서, 알고 깨닫는 것이 같지 않기 때문이다. 이 때문에 위태롭고 불안한 마음도 있고, 미묘하여 알기 어려운 마음도 있다. 그러나 사람은 누구나 몸을 가지고 있으므로 매우 지혜로운 자에게도 인심이 없을 수 없고, 또한 본성을 가지고 있으므로 아주 어리석은 자에게도 도심이 없을 수 없다.[21]

---

21. 心之虛靈知覺 一而已矣 而以爲有人心道心之異者 則以其或生於形氣之私 或原於性命之正 而所以爲知覺者不同 是以或危殆而不安 或微妙而難見耳 然人莫不有是形 故雖上智不能無人心 亦莫不有是性 故雖下愚不能無道心.

마음의 기능은 본래 하나인데, 사람에게는 하늘과 연결된 본성과 물질의 모임인 몸의 두 요소가 있다. 이 두 요소 중에서 본성을 따르는 것은 도심이 되고, 몸에 이끌려서 생기는 것은 인심이 된다. 사람에게는 누구나 두 요소가 있으므로 상지(上智)에게도 인심이 있고, 하우(下愚)에게도 도심이 있다. 도심과 인심에 관한 설명은 『서경』「대우모(大禹謨)」에 나온다.

> 인심은 위태롭고, 도심은 미미하니, 오직 정밀하게 하고 오직 한결같이 하여 진실로 중을 잡아라.[22]

『서경』에서 말하는 중은 희로애락이 나타나기 전의 중이다. 중은 가운데를 의미하는 것이 아니라 속을 의미한다. 사람의 하늘마음은 감정의 마음속 깊은 곳에 자리 잡고 있으므로 속이라는 뜻에서 중이라 한 것이다. 마음 깊은 곳에 있는 하늘마음이 나타날 때 약간만이라도 방심하면 욕심으로 흘러간다. 속에 있는 마음이 나타날 때 쉬지 않고 정밀하게 살펴서 욕심으로 흘러가지 않도록 하면, 속에 있는 하늘마음이 사람의 마음으로 드러난다. 이렇게 하는 것이 중을 잡는 것이다. 중을 잡아서 본심으로만 가득 차서 욕심이 조금도 남아 있지 않게 된 사람이 완전한 사람인 성인이다. 『서경』에서 말한 도심과 인심은 본심과 욕심이다. 성인에게는 인심이 남아 있지 않다. 욕심이 남아 있지 않은 사람이라야 정치를 할 수 있다.

---

22. 人心惟危 道心惟微 惟精惟一 允執厥中.

그런데 『중용장구』 서문에서 주자가 상지에게도 몸이 있으므로 인심이 없을 수 없다고 했다. 후대의 학자들이 주자가 말한 상지(上智)와 성인을 같다고 착각하여 성인에게도 인심이 있다고 이해함으로써, 인심과 욕심을 구별했다.

남당은 스승 수암의 학설을 이어받아 인심도심의 내용을 다음과 같이 정리했다.

사람에게는 몸과 마음이 있으므로, 때로는 도의를 따르고, 때로는 몸을 챙긴다. 사람이 도의를 따라야 하는 상황임을 알면 도의를 실천하려는 마음이 생기는데, 그 마음이 도심이다. 몸을 챙겨야 하는 상황임을 알면 몸을 챙기려는 마음이 생기는데, 그 마음이 인심이다. 몸을 챙기는 핵심은 식색(食色)이다. 식은 음식이고, 색은 남녀 간의 사랑이다.

남당은 사람의 도심과 인심을 사람이 말을 타고 문 밖으로 나서는 것에 비유하여 설명한다.

사람이 말을 타는 것으로 비유하면, 사람은 리(理)이고, 말은 기(氣)이며, 사람이 말을 타서 서로 떨어지지 않음은 리가 기를 타서 떨어지지 않음과 같고, 문 앞의 길은 마땅히 가야 할 길과 같다. 문 앞의 길에 두 갈래가 있는데, 동쪽 길은 도의의 길이고, 서쪽 길은 식색의 길이다. 동쪽 길은 평탄하고 곧은 길이며, 서쪽 길은 다시 두 갈래의 길이 있는데, 하나는 평탄하고 곧은 길이며, 다른 하나는 거칠고 굽은 길이다. 사람이 말을 타고 문을 나설 때, 혹은 동쪽 길로 가는데, 이는 도의를 자각하여 도심이 발한 것이고, 혹은 서쪽 길로 가는데, 이는 식색을 자각하여 인심이 발한 것이다. 동쪽 길로 간 것은 다만 하나의 평탄하고 곧은길을 따라가는 것이니, 착하기만 하고 악이 없는 도심이 발동한 것이다. 서쪽 길로 간 것은 혹은 평탄하고 곧은 길을 가기도 하고, 혹은 거칠고 굽은 길을 가기도 하는데, 이는 선도 있고 악도 있는 인심이 나타난 것이다. 평탄하고 곧은 길로 가는 것은 말이 길이 들어 사람의 명령에 따른 것이니, 곧 기가 청명하여 리의 명령에 따른 것이다. 거칠고 굽은 길로 가는 것은 말이 길들지 않아 사람의 명령에 따르지 않는 것이니, 곧 기가 더럽고, 탁해서 리의 명령에 따르지 않은 것이다.[23]

인심도심에 대한 남당의 설명에서 보면 말 탄 사람이 문을 나서기 전에는 선과 악이 드러나지 않지만, 문 안에서 말을 타고 있을 때 이미 길이 잘든 말을 타고 있는지, 길들지 않은 말을 타고 있는지 분간이 된다. 남당의 인심도심설은 율곡의 인심도심설의 내용을 그대로 답습한 것이다.

---

23. 如以人乘馬喩之 人則理也 馬則氣也 人乘馬而不相離者 卽理乘氣而不相離者也 門前之路 事物當行之路也 門前之路有兩條路 東邊一條路 卽道義之路也 西邊一條路 卽食色之路也 東邊路 只是一條平坦正直之路也 西邊路 又於其中有兩條路 而其一平坦正直之路 其一荒蕪邪曲之路也 人乘馬而出門 則其或從東邊路而去者 道義感而道心發者也 其或從西邊路而去者 食色感而人心發者也 其從東邊路而去者 只從一條平坦正直之路而去 卽道心之純善無惡者也 其從西邊路而去者 或從其平坦正直之路而去 或從其荒蕪邪曲之路而去 卽人心之或善或惡者也 其從平坦正直之路而去者 馬之馴良而聽命於人者也 卽氣之淸明而聽命於理者也 其從荒蕪邪曲之路而去者 馬之不馴良而不聽命於人者也 卽氣之汚濁而不聽命於理者也(『南塘集』 권30, 雜著〈人心道心說〉).

사람이 태어나면서 고요함은 기가 맑고 허명하기 때문이다. 마음이 나타난 뒤에 강유와 선악으로 갈라지는 것은 근본은 같으나 말단이 다르고, 근본은 착하나 말류가 악하기 때문이다. 그러나 '근본은 같고, 근본은 선하다'라는 것도 맑고 허명한 좋은 기상에 나아가 대강을 말한 것이니, 만약 자세히 추론한다면 맑고 허명한 가운데 청탁수박이 뒤섞여 있다. 만약 본래 이런 뒤섞임이 없다면, 그것이 나타날 때 어떻게 강유와 선악이 만가지로 갈라질 수 있겠는가?[24]

정으로 나타나기 전의 마음은 성이다. 리가 기와 분리되지 않듯이, 성 역시 기와 분리되지 않으므로, 기의 맑음·탁함·깨끗함·잡다함에 따라 성에 선악이 있을 수밖에 없다. 리와 기는 떨어질 수 없다고 하는 '리기불상리'를 출발점으로 논의를 전개하다가 보면 성에도 악함이 있다는 결론에 도달하게 된다. 남당이 외암에게 성악설을 주장한 순자나 선악혼효설를 주장한 양웅과 같다는 비판을 받는 것도 당연할 것이다. 남당의 학설은 맹자의 성선설을 뒤집는 결과가 될 수 있으므로 문제가 될 수도 있다.

남당에 따르면 사람의 성이 기질과 분리될 수 없으므로 기질이 천차만별이듯이 성 또한 천차만별일 수밖에 없다. 사람의 성과 만물의 성이 다르고, 사람의 성도 사람마다 다르다.

---

24. 人生而靜 其氣湛然虛明 及其發而後 有剛柔善惡之不齊 則此其本同而末異 本善而末流有惡耳 然其所謂本同而本善者 亦姑就其湛然虛明好底氣像而大綱說也 若仔細推之 則湛然虛明之中 未嘗無其淸濁粹駁之雜也 若本無是之雜 則其發也 安得有剛柔善惡有萬不齊者哉(『南塘集』 권13, 與尹瑞膺).

리는 본래 하나이지만, 형기를 초월해서 말한 것이 있고, 기질로 인해서 말한 것이 있으며, 기질과 섞인 것으로 말한 것이 있다. 형기를 초월해서 말한다면 태극이라 일컫는 것이 그것이니, 만물의 리가 같다. 기질로 말미암아 이름하면 건순오상이라 일컫는 것이 그것이니, 사람과 물의 성이 다르다. 기질을 섞어 말한다면 선악의 성이 그것이니, 사람마다 다르고, 물물이 다 다르다.[25]

　형기를 초월해 있는 리는 태극이므로 만물에 있는 리가 모두 같지만, 성은 기질과 분리되지 않으므로 기질로 인해서 성을 보자면, 사람과 동물이 다르다. 그 이유는 사람과 동물의 기질이 다르기 때문이다. 남당에 따르면, 사람의 기질은 음양오행을 골고루 다 갖추고 있지만, 만물의 기질은 음양오행을 다 갖추고 있지 않으므로, 기질로 인해서 성이 같을 수 없다. 사람끼리도 음양오행의 섞여 있는 정도가 다 다르므로 성이 같을 수 없다. 사람마다 성이 다 다르고, 만물 하나하나의 성이 다 다르다. 율곡은 성(性)이 기질에 들어 있기는 하지만, 몸속에 있을 때는 선악으로 나누어지지 않는다고 했다. 이에 비하면 남당의 학설은 율곡의 학설보다 한 걸음 더 나간 것이다.
　이상의 남당의 학설에는 여러 가지 문제점이 있다. 남당의 말대

---

25. 理本一也 而有以超形氣而言者 有以因氣質而名者 有以雜氣質而言者 超形氣而言 則太極之稱是也 而萬物之理同矣 因氣質而名 則健順五常之名是也 而人物之性不同矣 雜氣質而言 則善惡之性是也 而人人物物 又不同矣(『南塘集』권11, 擬答李公擧).

로라면, 사람이 본연지성을 회복할수 없으므로 천인합일이 불가능하다. 사람과 만물의 성이 다르다면 만물일체사상이 성립되지 않는다.

성은 하늘과 사람이 주고받는 물건이 아니다. '명은 하늘이 준 것이고, 성은 사람이 하늘에서 받은 것'이라는 설명이 곳곳에 나오고, '성은 물에 들어 있는 진주와 같다'라는 주자의 설명도 있으므로, 사람들은 성을 주고받을 수 있는 물건 같은 것으로 착각하기 쉽지만, 사실은 그렇지 않다. 지하수와 각 샘의 샘물이 하나인 것처럼, 천명과 성은 그냥 하나이다. 리기불상리의 전제에서 보면, 남당이 태극이라고 일컫는, '형기를 초월해 있는 리'는 성립되지 않는다. 리가 형기를 초월해 혼자 있다면 기 없는 리가 되므로 자기모순에 빠진다. 성립되지 않는 리를 전제한다는 것은 관념적으로 상정한 것일 뿐, 현실성이 없다. 남당이 말하는 성은 기질에 들어 있는 기질지성일 뿐이다.

천명이나 태극이 만물의 형기를 초월해서 존재하는가 하지 않는가는 매우 중요한 문제이다. 천명이나 태극은 리이다. 기와 분리된 리가 없다는 전제에서 보면 천명이나 태극이 만물을 초월해서 존재할 수 없다. 태극이나 천명이 존재할 수 없다면 하늘이 존재할 수 없다. 남당의 이론을 논리적으로 따져 들어가면 결국 무신론에 빠지고 만다.

이 문제에 부딪혔을 때, 『삼일신고』는 위력을 발휘한다. 『삼일신고』에 따르면, 하늘에는 성(性)·명(命)·정(精)의 세 요소가 있고, 사람에는 심(心)·기(氣)·신(身)의 세 요소가 있다.

하늘과 사람이 하나로 연결되어 있으므로, 사람의 심(心)이 하늘의 성(性)이지만, 사람이 망령되어 사람의 심에는 악이 끼어들어 있고, 사람의 기는 하늘의 명이지만, 사람의 기에는 탁한 것이 끼어들어 있으며, 사람의 몸인 신(身)은 하늘의 정이지만, 사람의 몸에는 잡박한 것이 끼어들어 있다.

사람의 착한 마음은 하늘마음과 하나이므로, 몸에 들어 있으면서 동시에 몸을 초월하여 존재한다. 몸을 초월하여 존재하는 하늘마음은 몸 없는 마음인 것처럼 생각하기 쉽지만,『삼일신고』에 따르면, 하늘마음은 하늘의 몸인 정(精)과 함께 있으므로, 하늘마음 역시 몸 없는 마음이 아니다. 이를 부모와 자녀의 관계에서 보면 쉽게 이해할 수 있다. 부모가 낳은 자녀들 몸에는 부모의 마음이 공통으로 들어 있다. 자녀들 몸에 들어 있는 부모 마음은 자녀들의 몸에 들어 있으면서 동시에 자녀들의 몸을 초월하여 존재하지만, 그 또한 부모의 몸에 들어 있다. 부모 마음을 리(理)로 보면 자녀들 몸에 들어 있는 부모 마음 역시 리이다. 부모는 자기의 몸으로 자녀들의 몸을 만들었기 때문에, 자녀들의 몸 또한 부모의 몸이다.

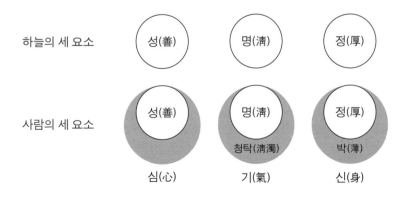

하늘마음인 성(性)과 사람의 본마음인 성(性)은 리(理)이고, 하늘의 명, 사람의 기, 하늘의 몸, 사람의 몸은 모두 기(氣)이다. 사람의 본마음은 하늘마음과 하나이므로 사람의 몸에 있으면서 동시에 몸을 초월해 있는 리이고, 하늘마음 또한 하늘의 몸과 함께 있으므로 기 없는 리가 아니다.

남당은 천신만고 끝에 모범답안을 완결했지만, 모범답안에 많은 문제점이 노출되었다. 그렇지만, 남당은 모범답안을 건드릴 수가 없다. 그 모범답안은 율곡에서 시작하여 수암에 이르기까지 흘러온 거대한 물줄기이다. 남당은 자기가 완결한 모범답안에 문제점이 많다는 것을 알았던 것 같기도 하다. 남당은 자산의 모범답안과 전혀 다른 자신의 이론은 내어놓았다. 그의 학문이 완숙해져 이론이 바뀌었을 수도 있지만, 그렇지 않다면 자기의 참모습을 알아줄 후세의 누군가를 기다렸을 수도 있겠다.

맹자가 사단을 말씀하신 뜻은 기에 있지 않고, 천리의 발현을 곧바로 말씀하신 것이다. 후인들이 이에 나아가 더욱 상세히 밝혀 '리가 맑은 기를 타고 발하면 선이 되고, 탁한 기를 타고 발하면 악이 된다'라고 말한다면, 참으로 옳은 것이다. 그러나 만약 이로 인해 '선악은 모두 기에서 말미암고, 리는 그사이에 하나도 주재하는 것이 없다'라고 여긴다면, 이른바 리란 아무것도 맡은 일이 없는 군더더기로서 기에 붙어 있는 한 물건에 불과하여, 있어도 그만 없어도 그만이니, 어디에서 본성이 착하다는 것을 알 수 있을 것이며, 또한 어찌 본성이 착하다는 설을 귀하게 여길 것인가? 오직 지극히 착한 리가 마음속에 뿌리

박고 있어서 없앨 수 없으니, 지극히 완고하여 마음속에 한 조각의 맑은 기운도 없는 사람조차도 때때로 선한 본성을 발현하는 것이다. 예컨대 부모와 자녀 사이에는 천성적인 사랑이 지극히 잘 통하고, 어린아이가 우물에 빠지는 것은 일이 매우 다급한 것이므로, 이러한 일들을 갑자기 감촉할 경우 자신도 모르는 사이에 그 본성이 드러나는 것이다. 이는 천리가 감촉한 것이 매우 중요하고 절실하여, 사사로운 생각이 밖에서 유혹해도 어지럽히고 빼앗지 못하며, 몸의 기운이 매우 혼탁해도, 이에 이르러서는 천리의 본래 밝음을 이기지 못하여, 다만 명령에 따라 발휘하는 것이다. 여기에서 사람의 본성이 반드시 착함을 볼 수 있다. 만약 '사람은 반드시 한 조각의 청기가 있어야만 비로소 한 조각의 착한 마음을 발휘할 수 있다'라고 한다면, 선악이 모두 기에서 말미암는 것이고, 리는 그사이에 있어도 그만 없어도 그만인 존재가 될 것이다.[26, 27]

위 인용문의 내용은 퇴계의 이론과 일치한다. 위의 인용문에서 전개한 남당의 이론이 남당이 남기고 싶었던 자신의 핵심사상일지도 모르겠다.

남당은 다양한 분야에 걸쳐 다양한 연구를 하여 많은 업적을 쌓았다. 『역학답문(易學答問)』, 『역학계몽(易學啓蒙)』, 『거관록(居觀錄)』, 『문왕역석의(文王易釋義)』, 『남당집』 등의 저술과 『임시취고(臨時取考)』, 『경의기문록(經義記聞錄)』, 『퇴계집소석(退溪集疏釋)』, 『의례경전통해보(儀禮經傳通解補)』, 『장자변해(莊子辨解)』, 『선학통변(禪學通辨)』, 『왕양명집변(王陽明集辨)』, 『거관록』, 『심경부주차기(心

經附註箚記)』, 『춘추별전(春秋別傳)』, 『근사록주설(近思錄註說)』, 『이락연원록(伊洛淵源錄)』, 『가례소의의록(家禮疏擬疑錄)』, 『가례원류의록(家禮源流疑錄)』, 『고사편람(古事便覽)』 등의 편저가 있다. 이들 저술 가운데 『경의기문록』과 『주자언론동이고』를 제외한 나머지 문집의 대부분은 그 판본이 김천의 직지사(直指寺)에 수장되어 있었으나, 화재로 거의 불타 없어졌다. 정조 때 이조판서에 추증되었으며, 시호는 문순(文純)이다.

---

26. 若孟子之意 不在氣而直說道天理之發見也 後人就此加詳 以爲理之乘淸氣而發者爲善 乘濁氣而發者爲惡 其說固是 然若因此謂善惡皆由於氣而理無一主宰於其間 則所謂理者 不過是贅疣無當之一物 而寄寓於氣中 有亦可無亦可也 惡見其爲性善也 亦惡貴乎其有此性善也 惟其至善之理 根於中而不可滅息 故雖在至頑之人 其心無一分淸氣者 亦有時而發見 如在父子之間 天性之愛至重者 如遇赤子入井 事會之値急切處 猝然感觸 自不覺其本性之呈露 蓋其天理之所感者至重且切 而私意外誘 未及撓奪 故所乘之氣雖甚昏濁到此亦不能勝其天理之本明 只得爲之聽命而發揮出來也 此所以見人性之必善也 若曰人必有一分淸氣然後 方發得一分善端 則善惡皆由於氣 而理不足有無於其間者(『南塘集』권3, 〈書季明姜甥往復書後〉).
27. 이 부분은 이상익, 『한국성리학사Ⅰ』(심산, 2020)에서 참고했고, 번역도 일부 그대로 실었음을 밝힌다.

제 3 부

반주자학의 등장

◎

우암 송시열을 정점으로 절대권력을 장악한 노론 세력은 무소불위의 절대권력을 휘둘렀다. 절대권력은 부패하기 마련이다. 집권자들은 자기들의 이익을 추구하느라 부정부패를 일삼았다. 화양동서원 묵패 사건은 집권자들의 부패가 어떠했는지를 잘 말해준다. 국가에서 물질적 지원을 받고 유림들의 기증을 받아 서원 소속 토지가 강원도와 삼남 일대에 널리 퍼져 있을 정도였다. 화양동서원은 점점 민폐를 끼치는 온상으로 변했다. 제사가 있을 때는 각 고을에 제수에 쓸 돈을 징수하는 명목으로 화양묵패라는 것을 만들어 지방의 수령이나 부호들에게 보냈다. 묵패를 받은 수령이나 부호들은 거절하지 못하고 묵패에 적힌 액수의 돈을 전답이라도 팔아서 바쳐야 했다. 그 외에도 복주촌(福酒村) 복주호(福酒戶) 등을 운영하면서 수많은 비리를 저질렀다.

　노론의 일당독재로 인해 국가의 재정이 어려워지고, 민생이 파탄나기에 이르렀다. 권력욕이 없는 선비들은 고통 받는 백성의 삶이 눈에 들어온다. 그들은 백성의 고통을 해결하기 위해 나선다. 그들이 보기에 백성이 고통 받게 된 원인이 욕심을 채우기 위한 권력자들의 독재였으므로, 그들은 독재자들에게 반발할 수밖에 없었다. 그들의 반발은 두 가지 방식으로 나타났다. 하나는 독재자들의 권력 장악 수단인 주자학을 비판하는 반주자학이었고, 다른 하나는 민생을 직접 해결하는 실학이었다. 반주자학에는 경전 해석 방법을 통한 반주자학과 양명학을 통한 반주자학의 두 방법이 등장했다.

제1장

■

주자 정신의 반주자학

노론 학자들이 권력을 유지하기 위해 주자를 신격화하고, 주자학을 신성시했다. 그들은 주자의 말과 행동에는 오류가 없다고 주장했다. 그들은 주자의 말과 행동을 비판하는 사람을 사문난적으로 몰아 처벌했다. 그들은 주자에서 율곡으로 이어지는 모범답안을 가지고 있었고, 모범답안을 중심으로 단합했다.

노론 학자들의 집권으로 말미암아 정치가 부패하고 민생이 어려워지자, 주자학을 하면서도 노론 학자들의 연구방식에 반발하는 학자들이 등장했다. 그들은 주자학의 좋은 점을 알고 있었다. 주자는 남송시대에 살면서 당시의 문제점을 알고 해답을 제시한 학자였고, 사상가였다. 반주자학자들은 시대의 문제를 해결하려고 노력한 주자의 정신을 존경했다. 주자가 해결책으로 제시한 학문과 사상은 당시의 문제점을 해결하는 해답이었으므로, 주자가 조선 후기에 살았다면 조선 후기의 문제를 해결하는 해답을 내놓을 것이다. 조선 후기의 문제는 중국 송나라 때의 문제와 다르므로, 조선 후기에 살았다면 주자가 제시했던 해답과 다른 해답을 제시할 것이다. 그것은 주자 스스로가 자기가 제시했던 과거의 처방전을 부정하는 것이다. 반주자학자들은 그러한 주자 정신으로 돌아가고자 했다. 그들은 주자의 정신으로 돌아가 조선 후기의 문제점을 진단하고, 주자의 학문과 사상 중에서 조선 후기의 문제 해결에 도움이 되지 않는 것은 수용하지 않았다. 그들은 주자를 존경하지만, 주자를 신격화하지는 않았다. 종교집단에서 교주를 신격화하는 이유는 교주를 이용해서 권력을 차지하기 위해서이다.

학문은 자기의 정신적 아픔에서 출발해야 한다. 아픔이 있는 사람은 아픔을 해결하기 위해 치료해줄 사람을 찾는다. 아픔을 치료해줄 수 있는 사람은 한 사람만이 아니므로, 한 사람에게만 매달리지 않고, 한 사람을 신격화하지도 않는다.

반주자학자들은 주자를 존경하면서도 주자학에만 얽매이지 않고, 선진시대와 한·당 시대의 유학을 연구하기도 하고, 노장철학·불교 등도 연구했다. 그들은 열린 마음으로 학문에 임했다.

제2장

■

반주자학의 계열

제1절
허목의 반주자학적 경전 해석

허목(許穆, 1595~1682)의 자는 문보(文甫), 호는 미수(眉叟)이다. 우암
과 예학(禮學)으로 다투었고, 주자학을 넘어 공맹의 유학과 한(漢)
나라의 유학을 연구하기도 했다. 미수는 젊은 시절 부친의 임지를
따라 창녕·의령 등지에 머물면서 남명의 학풍을 수용했고, 도가
와 불가에도 많은 관심을 가졌다. 미수가 73세 때 저술한 『청사열
전(淸士列傳)』에는 김시습(金時習) 외에 정희량(鄭希良), 정렴(鄭磏), 정
작(鄭碏) 등, 도가의 인물들이 실려 있다.

　미수는 23세 때 성주에 들러 한강 정구의 제자가 되었다. 미수
는 서울에서 태어났고, 활동무대도 서울과 경기도이면서 한강 정
구의 학통을 이었으므로, 오늘날 학자들은 그를 '서울 근처에 사
는 남인'이란 뜻으로 근기남인(近畿南人)이라 칭한다. 마음이 열린
사람은 좀처럼 당파싸움에 휘말리지 않으므로, 당시의 사람들 모
두를 당색(黨色)으로 분류하는 것은 좋은 방법이 아닐 것이다.

　미수는 63세 때 초야에 은거하던 중에 천거를 받아 지평에 임

허목

명되었고, 나중에 대사헌, 이조판서를 거쳐 우의정에 이르렀다. 사직한 뒤 미수는 연천의 은거당에서 조용히 말년을 보내다가 1682년 88세를 일기로 세상을 마쳤다.

미수는 주자학을 절대시하는 것을 비판한 것이지, 주자를 부정한 것은 아니었다.

> 송나라 정씨·주씨의 학문은 육경의 심오하고 섬세한 뜻을 모두 밝혀, 자세하고 명백하며 간절하게 거듭거듭 풀어내어 번거롭고 산만한 병통이 없다. 이 주석자들의 문체는 고문과는 같지 않으나, 알기 쉽게 풀어서 잘 이끌어줌으로써, 배우는 사람들이 분명히 알아서 의심나거나 애매한 것이 없도록 했다. 그렇지 않았다면 사람을 가르치는 성인의 도리가 마침내 없어져 전하지 못했을 것이니, 내 비록 열심히 공부한다 해도 어디에 근거를 두고 고문의 뜻을 얻었겠는가.[1]

미수는 옛 경전을 이해하기 위해 주자의 주석이 매우 도움이 된다는 의미에서 주자를 존중했지만, 주자를 성인의 반열로 끌어올리지는 않았다. 어디까지나 주자의 가치를 옛 경전에 관한 주석자로서 한정한 것인데, 이는 주자를 성인 또는 그 이상으로 끌어올린 우암을 비판하는 결과가 된다.

---

1. 宋時程氏朱氏之學 闡明六經之奧纖悉 委曲明白 懇懇複繹 不病於煩蔓 此註家文體 自與古文不同 其敷陳開發 使學者了然 無所疑晦 不然 聖人教人之道 竟泯泯無傳 穆雖甚勤學 亦何所從而得古文之旨哉(『記言』 권5, 〈答朴德一論文學事書〉).

미수는 또 당시 학자들의 학문하는 태도에 대해 예리한 비판을 가했는데 이 또한 우암 계열의 학자들에 대한 비판으로 보인다.

근세 학자의 폐단은 실천이 부족하다는 점이다. 먼저 자기의 의견을 앞세워서 그것에 매달려 지나치게 과격하며, 부박함이 날로 더욱 심하여, 옛사람이 진실하고 미더우며 독실하고 중후한 기풍이 있어 조금 알면 반드시 안 만큼의 실행이 있었던 것과는 전혀 다르다. 지와 행은 서로 멀리 단절될 수 없다. 학문하는 사람은 매일 도리에 맞는 삶을 살도록 원칙을 정하여 부지런히 힘쓰고, 생각에 조금이라도 부진함이 없어야 한다. 그런 뒤라야 학문을 잘하는 사람이라 할 수 있다.[2]

퇴계와 남명의 후학들은 비교적 수양에 철저하고 세속에 초탈하려는 성향이 있었으므로, 퇴계와 남명의 학풍을 이어받은 미수의 비판의 대상이 되지는 않았을 것이다. 미수가 비판한 당시의 학자는 이발설을 반대하고 기발일도설을 모범답안으로 고정한 뒤 모범답안과 다른 주장을 하는 사람들을 과격하게 비난하던 우암 학파에 해당하는 것으로 볼 수 있다.

---

2. 近世學者之弊 踐履不足 先立意見 轉成矯激 浮薄日滋 忠信篤厚之風 大不如 古人有一分實見 必有一分失行 知與行不相懸絶 爲學之務 先於彛倫日用之則 勉勉孜孜 思無一分不盡 然後可謂善學(『記言』 권1, 〈答文翁〉).

제2절

윤휴의 경학적 반주자학

윤휴(尹鑴: 1617~1680)의 자는 희중(希仲)이고, 호는 백호(白湖)·하헌(夏軒)이다. 백호는 주로 여주에서 젊은 시절을 보냈다.

백호는 1635(인조 13)년 19세 때 10년 연장자인 우암과 속리산 복천사(福泉寺)에서 만나, 3일간 토론한 적이 있었는데, 우암이 백호의 학문에 감탄했을 정도로, 백호의 학문이 높고 해박했다.

백호는 1674(현종 15)년 7월에 중국에서 오삼계(吳三桂)의 반청(反淸) 반란이 일어났다는 소식을 듣고, 북벌의 기회가 왔다고 생각하여 현종에게 북벌을 권유하는 상소문을 올린 적이 있다. 그해 현종이 죽고 숙종이 즉위했으며, 이듬해 정월에 천거를 받아 성균관사업(成均館司業)이 되었다. 5개월 뒤에 대사헌에 오르고, 이어서 판서직을 몇 차례 거쳐 1679(숙종 5)년 9월 우찬성에 올랐으나, 이듬해 경신환국의 정변이 일어났을 때 사사(賜死)되었다.

백호는 원래 당색에 구애됨이 없었으나, 예송으로 서인과 틈이 생겼다. 백호는 주자학에 얽매이지 않고, 주자가 했던 방식으로 경전들을 분류하여 새로운 해석을 가했다. 백호는 주자를 높이 평가하면서, 후학들이 학문을 발전시키기 위해서는 주자의 정신을 이어받아, 경전의 내용을 새롭게 정리하고, 새롭게 해석해야 한다고 주장했다. 그는 『중용』, 『대학』, 『효경』, 『상서』, 『주례』, 『예기』, 『춘추』 등의 경전을 새롭게 정리하고, 새롭게 해석하여, 『독서기(讀書記)』라는 역저를 남겼다.

백호의 저술은 1974년에 간행된 『백호전서(白湖全書)』에 망라되어 있다.

　백호도 미수와 마찬가지로 주자를 부정한 것이 아니라 오히려 주자를 본보기로 삼았다.

> 　회옹은 여러 경서를 해석함에 여러 설을 모아 절충하여 일설을 얻었다. 그렇게 하고서도 매양 문인들과 강습하고 몸소 음미해 보았다. 혹 학설이 명쾌하지 않거나, 미진하거나, 납득 되지 않는 것이 있으면 반드시 그것을 토론하여 고치려 했으니, 멈추지 않고 고쳐나가기를 죽기 직전까지 계속했다. 항상 말하기를 "이 것은 붕우의 명석한 질문으로 인하여 비로소 나의 지난 설이 옳지 않음을 깨달았다"라고 했는데, 이렇게 한 것 또한 한두 번이 아니었다. 좋은 점을 취하고 옳은 것을 구하여 바꾸기를 꺼리지 않음이 이와 같았으니, 이것이 내가 본받아 부지런히 노력하려고 생각하는 것이다.[3]

　백호가 주자를 닮고자 한 것은 그가 자기의 학설을 계속 다듬고 수정한 태도였다. 백호가 주자의 이런 태도를 언급하는 것은 자신이 주자를 닮고자 하는 것 외에 우암에 대한 비판의 의미가 내포되어 있다. 우암이 주자를 신격화하여 주자의 말과 글은 하나도 고칠 것이 없는 완전한 것으로 여기는 것을 비판하는 의미가 크다. 백호 자신도 주자가 옛 경전들을 두루 주석한 것처럼, 『대

---

3. 『백호전서』 권36, 독서기 〈중용서〉. 최영성, 『한국유학통사』(심산, 2006)에서 재인용.

학』, 『중용』, 『효경』, 『예기』, 『상서』, 『주례』 등 여러 경전의 편차를 고치고, 새로운 해석을 가하여 방대한 『독서기』를 편찬했다. 저술하기 시작한 것은 20대부터였지만, 주자를 본받아 일생을 걸쳐 완성했다.

백호가 경전의 편차를 고친 것 중에서 가장 두드러지는 것은 『중용』이었다. 백호는 주자가 33장으로 분장한 『중용장구』를 10장 28절로 재편했다. 우암은 그의 종질 송기후(宋基厚)의 집에서 백호가 지은 『중용신주(中庸新註)』의 분장체계가 주자의 『중용장구』와 다른 것을 보고 책을 땅에 던지면서 크게 꾸짖으며 말하기를 '윤휴란 어떤 물건이기에 감히 이런 짓을 하는가?'라고 하며 분노한 적이 있었다.[4]

백호는 자신의 학문적 태도가 주자의 글을 맹신하는 송시열의 태도와는 다르다고 해명했다.

나의 저술 의도는 주자의 해석과 다른 이설을 제기하려는 것이 아니라, 의문점 몇 가지를 기록했을 뿐이다. 설사 내가 주자 때에 태어나 제자의 예를 갖추었더라도, 감히 구차하게 뇌동하여 전혀 참뜻을 구하지 않고 찬탄만 하고 있지는 않았을 것이다. 반드시 반복하여 질문하고, 생각하고 또 생각해서 논의가 일치하기를 추구했을 것이다. 만약 전혀 의심치 않고 애매한 점을 놓아둔 채 뇌동만 한다면 존신(尊信)하는 것은 허위가 될 뿐이

---

4. 又嘗至從姪基厚家 見鑴中庸新註 擲之於地而大責曰 何物尹鑴乃敢如此(『宋子大全』〈宋子年譜〉).

니, 주자가 어찌 이와 같았겠는가? 나는 단지 붕우들과 강론하여 뒷날 점차 알게 되기를 기대했을 뿐이다. 그런데 근래에 송영보(송시열의 자)가 나를 이단이라고 배척한다. 그의 학문은 전혀 의심을 내지 않고, 오직 주자의 해석이라면 덮어놓고 치켜세우며 논의조차 용납하지 않으니, 믿고 받들기만 할 뿐, 실제로 주자를 안 것은 아닐 것이다.[5]

백호와 우암은 학문의 태도를 둘러싸고 첨예하게 대립했고,[6] 결국 우암에게 사문난적(斯文亂敵)으로 몰렸다.

제3절
박세당의 철학정신과 반주자학

박세당(西溪: 1629~1703)의 자는 계긍(季肯)이고, 호는 잠수(潛叟)·서계초수(西溪樵叟)·서계(西溪)이다. 32세 때인 1660(현종 1)년에 문과에 장원급제하여 성균관전적에 제수되었고, 그 뒤 여러 관직을 거

---

5. 吾之所著 非欲與朱訓立異 乃記疑耳 設使我生於朱子之時 執弟子之禮亦不敢苟且雷同都不及求而只加贊歎而耳 必且反復問難 思之又思 期於爛熳同歸矣若都不起疑含糊雷同則其所尊信者歸於虛僞 朱子豈如是也 且吾只欲與朋友講論 以使他日見得之漸進 而近有宋英甫斥以異端 英甫之學曾不設疑 而惟朱訓則混稱不可容議 雖曰尊信而豈是實見得也(『白湖全書』 권35, 「雜著」讀書記; 「中庸」〈道學源流續〉).
6. 이 부분은 심순옥 박사의 학위논문 『다산 실학의 성립과 상제관 연구』(성균관대학교, 2020)를 참조했다.

박세당

쳤다. 1668년 서장관(書狀官)으로 청나라를 다녀왔지만, 당쟁에 혐오감을 느낀 나머지 관직에서 물러나 양주 석천동에 은거했다. 그 뒤 한때 통진현감이 되었지만, 두 아들이 당쟁에 휘말려 죽임을 당하자, 일체 벼슬에 나아가지 않고, 석천동에서 농사지으며 학문 연구와 제자 양성에만 힘썼다.

서계도 주자를 존경하면서 주자의 정신으로 주자학의 문제점을 비판했다. 주자는 불교, 노장철학, 문학, 예술에 이르기까지 두루 섭렵했다. 주자학만 한다는 것은 주자의 정신이 아니다. 서계는 다양한 학문을 섭렵했고, 노장철학에 심취하여 『신주도덕경』, 『남화경주해산보』라는 책을 저술하기도 했으므로, 노론 학자들로부터 사문난적이라는 비난을 받았다.

문하에 이덕수(李德壽), 이탄(李坦), 조태억(趙泰億) 등을 비롯한 수십 인의 제자가 배출되었다. 1722(경종 2)년에 문절(文節)이라는 시호가 내려졌다.

저서로 『서계선생집(西溪先生集)』, 『사변록(思辨錄)』, 『신주도덕경(新註道德經)』, 『남화경주해산보(南華經註解删補)』 등이 전한다. 편저로 농서(農書)인 『색경(穡經)』이 전한다.

서계가 비판한 것은 주자학을 정치에 인용하여 왜곡시킨 것에 국한한다. 서계도 정자나 주자의 역할과 업적을 높이 평가한다.

> 송나라 때에 와서 정자(程子)·주자(朱子) 두 선생이 일어나, 곧 해와 달의 거울을 갈고 우레와 벼락의 북을 두드리니, 소리는 먼 곳까지 미치게 되고, 빛은 넓은 데까지 덮이게 되어, 육경(六經)의 뜻이 이에 다시 환하게 세상에 밝혀졌다. 전일(前日)의 오

활하고 편벽한 것이 이미 사람의 생각과 뜻을 고착시키고 막을
수 없으며, 그 비슷한 것도 또한 명호(名號)를 빌릴 수 없게 되
어, 사악하고 거짓된 선동과 유혹이 드디어 끊어지고, 평탄한
표준이 서게 되었다. 이렇게 된 이유를 따져 보면 또한 끝을 쥐
고서 근본을 더듬고 흐름을 따라 근원을 거슬러 감으로써 얻
은 것이었으니, 이는 자사(子思)가 말한 지침(指針)에 참으로 깊
이 합하고 묘하게 맞은 것이다.[7]

서계가 주자를 존경하는 까닭은 송나라 때 필요한 해결책을 주
자가 찾아낸 것 때문이었다. 만약 주자가 조선에 태어났다면 조선
에 필요한 해결책을 찾아낼 것이다. 서계는 당시의 집권자들이 조
선의 문제를 해결하는 대책을 찾기보다는, 주자의 말과 글을 신성
시하여 거기에 매달리고 있는 작태에 대해 비판을 가했다. 주자가
조선에 태어났더라도 자기의 말과 글 중에서 조선의 실정에 맞지
않은 것을 버렸을 것이므로, 서계는 주자가 조선에 다시 태어나더
라도 자기의 태도를 칭찬할 것이라는 자부심을 가지고 있었다. 서
계는 주자처럼, 노장철학, 농업기술에 이르기까지 두루 섭렵했다.
　주자의 업적 중의 가장 뛰어난 것은 『대학』, 『중용』, 『논어』,
『맹자』에 주를 달아 집주를 저술한 것이다. 서계도 주자임을 자

---

7. 及宋之時 程朱兩夫子興 乃磨日月之鏡 掉雷霆之鼓 聲之所及者遠 光之所被者
　普 六經之旨於是而爛然復明於世 囊之迂僻者旣無足以膠人慮而滯人意 其近
　似者又不能以假之名而借之號 邪遁之煽誘遂絶 坦夷之準的有在 究其所以至
　此者 亦莫非操末探本沿流沂源以得之 則是於子思所言之指 眞有深合而妙契
　者乎(『思辨錄』序).

부했다. 서계는 『사변록』을 저술하여 『대학』, 『중용』, 『논어』, 『맹자』에 대해서 새롭게 해설을 달았다. 『사변록』을 읽어보면 서계의 특징이 잘 드러난다. 서계는 경전을 해석하면서 주자의 해석을 충분히 참고하면서도 주자의 해석에 얽매이지 않고 독자적인 해설을 가했다. 오늘날도 주자의 해석에서 벗어나지 못하는 학자들이 많은 것을 생각하면 서계의 학문 태도는 당시의 상황에서 주목할 만하다.

제3장

■

양명학의 등장과 주자학 비판

조선에서는 중국에서처럼 양명학이 유행하지 않았다. 몇 가지 이유를 찾을 수 있겠지만, 가장 큰 이유는 다음과 같은 것일 것이다. 목마른 사람이 물을 찾는 법이다. 목이 마르지 않은 상태에서는 물이 있어도 마시지 않는다. 철학도 마찬가지다. 철학은 아픈 마음을 치료하는 약이다. 마음에 아픔이 없으면 철학이 있어도 찾지 않는다. 왕양명에게는 철학을 해야 하는 절실한 아픔이 있었으므로 당시에 유행했던 주자학을 파고들었다. 주자가 집대성한 주자학은 격물치지에서 출발한다. 오늘 하나의 사물에 나아가 그 사물의 본질을 찾아보고, 내일 또 다른 사물에 나아가 그 사물의 본질을 찾아보는 것을 계속하다 보면 어느 날 모든 사물의 본질이 하나임을 깨닫게 되는 순간이 온다는 것이 격물치지의 내용이다. 양명은 어느 날 대밭에 가서 대나무 하나를 종일토록 바라보고, 또 다음날 다른 대나무를 종일토록 바라보는 방법을 되풀이하다가 사물의 본질을 터득하지 못하고 병을 얻었다. 주자학의 방법으로는 양명 자신의 아픈 마음을 해결할 수 없었다. 격물치지의 목적은 자신의 마음속에 있는 본질을 알기 위함이었지만, 양명은 마음속을 들여다보면 거기에 있는 본래마음이 보이므로 격물치지의 과정이 필요하지 않았다. 양명은 필요하지 않은 공부를 하느라 헛수고만 했다. 이 사실을 깨달았던 양명은 격물치지 공부를 그만두고 마음속을 관찰하여 본마음을 붙잡고 인욕을 제거하는 공부 방법에 치중하여 본마음을 회복하는 데 성공했다.

　조선의 주자학은 중국의 주자학과 다르다. 조선의 주자학자들은 애초부터 격물치지의 공부 방법을 건너뛰었다. 한국인들은 마음속을 들여다보면 본마음과 인욕이 구별되므로, 본마음의 실체를 알기 위한 격물치지 공부가 따로 필요하지 않았다. 조선의 주자학자들은 격물치지 공부를 건너뛰고 바로 욕심을 제거하고 본심을 회복하는 공부에 몰입하는 탁월한 수양방법을 찾아내었다. 조선의 수양철학이 이미 양명학의 수양철학보다 더 정밀하게 정리되었으므로, 굳이 양명학을 받아들여야 할 이유가 없었다. 이미 맛있는 물을 마시는 사람은 따로 다른 물을 마시려 하지 않는다. 만약 물을 마시지 못해 목이 마른 사람에게는 아무리 다른 물을 마시지 말라고 하더라도 듣지 않을 것이다. 목숨을 위협하더라도 성공하기 어렵다. 신라의 조정에서 불교의 수용을 금지하자 이차돈이 불교를 수용하기 위해 목숨을 바쳤다. 조선 후기에는 천주교를 금지하기 위해 천주교도들을 수없이 죽였지만, 실패했다. 목마른 사람에게 물을 못 마시게 하는 것은 성공할 수 없다. 어떤 학자는 조선에서 양명학이 유행하지 않은 이유를 주자학에 심취한 학자들 탓으로 돌리기도 하지만, 그런 설명은 이해할 수 없다. 당시에 조선의 선비들이 양명학에 목이 말랐었다면 목숨을 위협하며 양명학을 금지했더라도 성공하지 못했을 것이다. 한국인은 다양성이 없고 획일적이라는 말도 잘못된 말이다. 한국처럼 종교가 다양하게 유행하는 나라를 찾기 어렵다. 한국인들은 종교적 진리에 목말라 있다. 한국인들의 목마름을 해결할 수 있는 진리가 있기만 하면 한국인들은 바로 수용한다. 이런 사실들을 알면 조선에서 양명학이 유행하지 못한 이유를 주자학의 방해로 보는 것은 이해할 수 없다.

조선에 양명학이 전혀 수용되지 않은 것은 아니다. 조선에서도 양명학이 일부 수용되었고, 양명학을 집성한 학자도 배출되었지만, 그 이유는 양명학의 진리에 대한 목마름이 아니라, 정치적 이유에서였다. 조선이 후기에 접어들면서 노론의 일당독재체제가 확고해지면서 부정부패가 만연하고 민생이 파탄에 이르는 등 수많은 폐해가 생겼으므로, 노론의 정권에 저항하는 움직임이 일어날 수밖에 없다. 노론 정권에 저항하는 방법은 노론 세력들의 권력 독점 수단인 주자학에 저항하는 것이었다. 주자학에 대한 저항은 제일 먼저 미수·백호·서계 등을 중심으로 한 경학 연구방법을 가지고 일어났지만, 경전연구를 통해 주자의 문제점을 비판하는 것은 개별적일 수밖에 없었다. 여러 연구자의 산발적인 연구로는 모범 단안을 가지고 뭉치는 집단을 당할 수 없다. 결국 주자학 비판은 실패로 돌아갔고, 노론 세력은 더욱 강해졌다. 이에 더욱 확고한 이론을 갖춘 조직적 저항이 필요하게 되었다. 이러한 시대적 요구에 적합한 대안으로 눈에 들어온 것이 주자학을 극복한 중국의 양명학이었다. 만약 양명학이 한국인의 철학적 갈증을 해소할 수만 있었다면, 시대적 요구에 부응하여 크게 유행했을 것이다. 철학적 갈증을 해소할 수 없는 상태에서 시대적 요구 하나만으로는 많은 사람을 움직일 수는 없다. 조선에서 수용된 양명학은 경학을 통한 주자학 비판의 흐름을 이어받는 정도이었으므로, 경학 연구를 통한 주자학 비판이 실패로 돌아간 것처럼, 양명학을 통한 주자학 비판도 결국 실패로 돌아갔다.

제1절
양명학 수용의 과정

조선에 중종 이전에 이미 양명의 『전습록』이 들어온 듯하지만, 양명학이 활발하게 연구되지는 않았다. 비교적 빠른 시기에 양명학에 관심을 가지고 양명학을 연구했던 인물로는 동강 남언경(南彦經: 1528~1594)과 그의 제자인 이요(李瑤: ?~?)를 들 수 있지만, 양명학에 관한 연구내용은 잘 전해지지 않는다. 양명의 수양법으로 수양에 몰입했음을 알 수 있는 인물 중에 지천(遲川) 최명길(崔鳴吉: 1586~1647)을 들 수 있다. 지천이 아들 후량에게 보낸 편지를 보면 지천 부자가 함께 양명의 방법으로 수양에 깊이 들어갔음을 알 수 있다.

> 지난번 자네 편지에서 "본래 면목이 단지 황홀한 사이에서 희미하게 보일 뿐이니, 공부가 무르익지 못해서 그런가 합니다"라고 했는데, 네가 깨달아 앎이 이러하니 그동안 점검·성찰한 공을 알겠구나. 크게 기뻐해야 할 일이다. 양명의 글에 이르기를, "마음은 본래 살아서 움직이는 것이라, 오랫동안 붙잡고 지키기만 하면 마음에 병이 날까 염려된다"라고 했다. 이는 반드시 친

절하게 본 바가 있고 자기의 체험이 분명했기에 이같이 말한 것이리라. 양명과 같은 고명함으로도 이같은 걱정이 있었거늘, 하물며 지금 역경에 처해 있는 너로서야 어찌 보통 사람처럼 태연할 수 있겠느냐? 이때 갑자기 힘든 공부를 하여 지나치게 붙잡고 지키기만 하면 혹 다른 병이 날까 염려하지 않을 수 없다. 다만 예사로운 언동 간에라도 때로 정신 차려 수습하면서 이 마음이 방일에 내닫도록 하지 말고, 가끔 정좌 묵관 하여 천기의 묘를 알아차려라. 항상 내 마음의 본체가 솔개가 하늘을 날고 물고기 물에서 뛰는 대자연의 법칙에 묘합하게 될 것 같으면, 비록 감옥 속에 갇혀 있을 지라도 스스로 풍류를 즐기는 아취를 가지게 되어 즐기면서 시름을 잊을 수 있다.[8]

위의 인용문에서 보면 지천 부자가 양명의 방법으로 수도하고 있었음을 알 수 있다.

지천 다음으로 양명학 연구에 일가견이 있었던 선비로 계곡(谿谷) 장유(張維: 1587~1638)를 들 수 있다. 계곡의 양명학 연구 목적 중의 하나는 주자학 비판에 있었다.

장구에서는 "닦는다는 것은 등차를 세움이며, 가르침이란 것은 예악형정과 같은 것이다"라고 해석했다. 그러나 '닦음'의 의미를 '등차를 세운다'라고 해석하는 것은 본디 적절하지 못하다. 그리고 예악이라는 것이 비록 몸을 다스리는 것이지만, 계구·신독

8.『遲川集』권17. 최영성,『한국유학통사』에서 인용함.

에 비교하면 좀 느슨한 듯하며, 더구나 형·정 같은 것은 다스림을 하는 도구일 뿐 학자의 심신과는 본시 무관하다. 이로써 도를 닦는다면 어찌 겉치레만 하는 것이 아니겠는가. 대개 본장에서 말한 계구·신독·치중화 등 절실하고 가까운 가르침을 버리고, 멀리 예악형정으로써 가르침이라고 했으니, 이것이 내가 의심하는 바이다.[9]

계곡의 양명학 연구 또한 주자학 비판에 목적이 있음은 예외가 아니다. 『전습록』이 수입되어 차츰 연구되어 오던 조선의 양명학은 하곡 정제두에 이르러 집성되기에 이른다.

제2절
정제두의 한국 양명학 집성

정제두(鄭齊斗: 1649~1736)의 자는 사앙(士仰)이고, 호는 하곡(霞谷)·추곡(楸谷)이며, 박세채(朴世采)의 문인이다. 1680년에 영의정 김수항의 천거를 받아 사포서별제(司圃署別提)에 임명되어 관직을 시작한 이래 여러 관직을 거쳐 사헌부대사헌, 의정부우참찬에 이르렀지만, 벼슬한 기간은 매우 짧았다.

하곡은 조선에 전래된 양명학을 연구하고 발전시켜 최초로 사상적 체계를 세우고, 이를 바탕으로 경세론을 전개한 조선 후기의

---

9. 『계곡만필』 권1. 위의 책, 최영성, 『한국유학통사』에서 인용함.

양명학자이다. 하곡은 젊었을 때 주자학에 입문했는데, 하곡이 접한 주자학은 이미 기발일도설로 굳어진, 왜곡된 주자학이었다. 왜곡된 주자학은 권력을 쟁취하고 싶은 사람들이 만들어 놓은 모범답안이었으므로, 참된 삶을 회복하기 위해 학문하는 하곡의 철학적 갈증을 채워줄 수 없었다. 하곡은 당시의 학문풍토에 대해 비판적일 수밖에 없었다.

주자학을 배우는 후대의 학자들은 거의 근본을 잃어버렸다. 오늘날 주자의 학문을 말하는 자는 주자를 배우는 것이 아니라, 주자에 빌붙는 것이요, 주자에 빌붙는 것일 뿐만 아니라, 주자를 견강부회하여 자기의 뜻에 맞게 갖다 붙이는 것이며, 주자를 끼고 위세를 부려 자기의 사리사욕을 채우려는 것이다.[10]

입신출세에 눈이 먼 사람들은 왜곡된 주자학을 무조건 신봉하지만, 왜곡된 주자학에 관심이 없는 하곡의 시야에는 왜곡되기 이전의 주자학 본래 모습이 들어왔다. 주자학은 양명학과 방법이 다를 뿐, 진리로 인도하는 길은 갖추고 있었다.

주자학의 설명 또한 어찌 좋지 않겠는가. 다만 한마음을 알기 위한 방법에서 우회하는가, 바로 들어가는가, 완만하게 가는가, 가파르게 가는가의 차이가 있고, 만물의 다른 마음에서 한마음을

---

10. 後來學之者 多失其本 至於今日之說者 則不是學朱子 直是假朱子 不是假朱子 直是傅會朱子 以就其意 挾朱子而作之威 濟其私(『霞谷集』 권9, 〈存言下〉).

찾는가, 같은 마음에서 한마음을 찾는가의 차이가 있을 뿐, 성인의 학문인 점에서는 차이가 없으니, 어찌 좋지 아니한가![11]

　주자학이나 양명학이 성인이 되기 위한 학문이라는 점에서는 차이가 없다. 성인이 되는 것은 사람의 본마음인 한마음을 회복하는 데 있다. 『대학』에서 말하는 「치지(致知)」가 바로 그것이다. 치지는 한마음을 아는 데 이른다는 뜻이다. 주자는 마음속을 들여다봐도 한마음이 잘 보이지 않기 때문에 알기 어렵다고 보았으므로, 우회적인 방법을 택했다. 만물의 마음은 다 다른 것처럼 보이지만, 모두 한마음을 가지고 있을 것이므로, 각각 다르게 보이는 마음을 살펴서 모두가 다 같이 가지고 있는 공통의 마음을 찾는 우회적 방법을 택한 것이다. 그것은 시간이 걸리는 완만한 방법이다. 그러나 양명은 자기의 마음속으로 들어가 거기에서 한마음을 직접 찾는 방법을 택했다. 직접적인 방법은 가파른 길로 산의 정상을 오르는 것처럼, 시간이 걸리지 않는 가장 빠른 방법이다. 우회하는 방법에는 시간이 걸리는 단점이 있긴 하지만, 확실하게 찾을 수 있는 장점이 있고, 직접적인 방법에는 단숨에 해결할 수 있는 장점이 있지만, 마음속을 들여다봐도 한마음이 보이지 않는 사람에게 적용되지 않는 단점이 있다.
　주자학과 양명학의 장점과 단점을 하곡은 더욱 자세하게 설명했다.

---

11. 朱子之學 其說亦何嘗不善 只是與致知之學 其功有迂直緩急之辨 其體有分合之間而已耳 其實同是爲聖人之學 何嘗不善乎(『霞谷集』 권9, 〈存言下〉).

주자는 육상산에게 불교와 마찬가지로 외부 사물의 본질을 추구하지 않는 병통이 있는 것으로 의심했고, 양명은 주자가 밖으로 나가 밖에 있는 의리를 중시하는 폐단을 답습하지 않았는지 의심했다. 주자는 한마음을 실천하지 못하는 일반인들의 마음에서 길을 찾았으므로, 그 설명이 각각 다른 데서부터 들어갔고, 양명은 성인의 근본인 한마음에서 길을 찾았으므로, 모두 같은 데서 시작한 것이다. 주자는 말로부터 본으로 갔고, 양명은 본으로부터 말로 간 것이니, 이것이 서로 달라진 이유이다. 하나만 붙잡고 다른 하나를 폐하지 아니함은 둘 다 마찬가지이다. 잘 배우지 못하면, 이 두 학문에 각각의 폐단이 없을 수 없으나, 만약 잘 활용하기만 하면 두 학문이 같은 목적지에 도달하게 된다.[12]

주자와 육상산은 동시대의 사람이었다. 육상산은 양명학의 선학이었으므로 주자가 육상산을 의심하는 것은 왕양명을 비판하는 것에 해당한다. 육상산이나 왕양명은 자신의 마음속에서 한마음을 찾는 방법을 택했으므로, 외부 사물에 나아가 외부 사물에 있는 본질인 한마음을 찾지 않는 병통이 있을 것으로 의심했다. 자신의 마음속에서 한마음을 찾다 보면 자기 마음속에 있는 욕

---

12. 朱子則疑陸氏之同於釋 有遺物理之病 陽明則疑朱子之分於外 爲襲義理之弊也 蓋朱子自其衆人之不能一體處爲道 故其說先從萬殊處入 陽明自其聖人之本自一體處爲道 故其學自其一本處入 其或自末而之本 或自本而之末 此其所由分耳 其非有所主一而廢一則俱是同然耳 使其不善學之則斯二者之弊 正亦俱不能無者 而如其善用 二家亦自有可同歸之理(『霞谷集』 권1, 〈答閔彦暉書〉).

심을 한마음으로 착각할 수도 있고, 외부 사물에 등한할 수도 있다고 주자가 우려한 반면, 양명은 주자는 외부 사물을 살피다가 외부 사물의 마땅한 삶의 방법을 추구하느라 자신의 삶으로 돌아오지 못할 우려가 있음을 지적했다.

일반인들은 욕심에 갇혀 있어서 한마음을 알지도 못하고 실천하지도 못한다. 주자는 한마음을 알기 위해서 만물을 두루 살펴 만물의 마음 가운데 공통으로 가진 마음을 찾는 데서부터 시작했고, 양명은 자기의 마음속에 있는 한마음을 바로 찾는 데서부터 시작했다. 한마음은 근본이고 욕심은 말단이다. 주자는 욕심 속에서 한마음을 찾아내는 방법을 택했으므로, 말단에서 시작하여 근본으로 갔고, 양명은 한마음을 챙겨서 욕심을 제거하는 방법을 택했으므로 근본에서 시작하여 말단으로 간 것이다. 주자와 양명은 한마음을 챙기는 방법과 순서가 다를 뿐, 목적은 같다.

주자학과 양명학에는 각각 장단점이 있지만, 하곡은 양명학에 더 심취할 수밖에 없었다. 격물치지를 건너뛰는 한국인의 정서에서 보면 당연한 귀결일 수도 있다.

하곡은 양명학에 심취했기 때문에, 선배와 동학에게 여러 차례 책망과 충고를 받았지만, 받아들일 수 없었다. 진리를 위해서라면 스승에게도 양보하지 않는 것이 공자의 정신이었다. 스승을 위해서 진리가 있는 것이 아니라, 진리를 위해서 스승이 있는 것이다. 하곡이 스승의 만류에도 양명학을 포기할 수 없었던 이유는 진리에 대한 목마름 때문이었다.

제가 왕씨의 설을 좋아하는 것이 특이한 것을 해서 사욕을 채우려는 마음에서 나온 것이라면, 결단하여 끊어버리는 것도 어렵지 않습니다. 그러나 우리가 학문하는 목적은 장차 무엇을 위한 것입니까? 성인처럼 뜻을 세워 실지로 진리를 얻고자 하는 것이 아니겠습니까?[13]

만약 하곡이 퇴계의 수양철학을 접했더라면 양명학에 심취하지 않았을 수도 있었을 것으로 생각된다.

하곡은 양명학을 통해 격물치지를 건너뛰어야 함을 알았다.

오직 리(理)는 모두 하늘에서 나왔으니 본연(本然)이며 저절로 있는 것이 아님이 없으니, 리(理)는 하늘이 사람에게 명한 것으로서 사람이 성(性)으로 삼는 것이다. 사람에게는 마음이 있는데 이것을 본체로 삼으니, 이른바 천리(天理)이다. 오직 이 리(理)를 나에게 실지로 있게 하고, 참으로 나를 위해 절실하게 쓰이게 하여, 지혜를 이루고 예(禮)로 돌아오며, 인(仁)의 마음으로 의롭게 사는 것이 본성을 따르는 길이다. 공부를 하면, 본연의 마음에 따라 정밀하고 한결같이 노력하여, 사사로운 욕심을 극복하고 거짓된 잡념을 제거하여, 하늘마음을 가지고 언제 어디서나 통하는 도리를 온전히 실천하게 된다. 리에 충만하면 성실하고 경건하게 되고, 리가 드러나면 총명하게 되며, 마음이 리로 채워지면 진실하고 미더운 사람이 되고, 리를 실천하면 효도

---

13. 蓋齊斗所以眷眷王氏之說 倘出於求異而濟私 則決去斷置 非所難焉 但未敢知吾人爲學 將以何爲邪 思欲求聖人之意 而實得之而已(『霞谷集』권1, 答朴南溪書).

하고 공경하는 사람이 되며, 리를 펼쳐 밝히면 예악과 교화(禮樂敎化)가 일어나고, 마음이 리로 확충하여 밖으로 퍼져 나가면 인의(仁義)의 정치가 되니, 나의 성(性)이 다 드러나고 사람의 성과 만물의 성이 다 드러나 천지가 제자리를 잡고 만물이 제대로 길러지는 것이니, 학문하는 데 무엇이 부족해서 도리어 나의 리를 사물의 리(物理)에서 찾겠는가? 무슨 비슷한 점이 있기에 굳이 선(禪)과 연결하는가? 경전(經傳)이 만들어진 이래로 성현(聖賢)의 말씀이 모두 이처럼 분명하여 상고할 데가 있다. 성인의 말씀 중에 물(物)에 나아가 리(理)를 궁구함으로써 나의 지혜를 이룬다는 말씀을 본 적이 없다. 그런데도 이렇게 말하는 것은 마음이 능히 의리를 다 알지 못할 것으로 생각했기 때문이고, 물(物)과 나를 관통(貫通)하여 같이 이르지 못할까 염려했기 때문이다. 그러므로 이런 교훈을 만들어서 먼저 물(物)에서 이를 널리 구하고 난 후에 마음에 이를 돌이킬 수 있다는 것이었다. 비록 그렇다 하더라도 마음이 의리에 대하여 고유(固有)한 바는 본래 모르는 것이 없으며, 인·의·예·지는 천지만물에 관통된 하나의 마음이므로, 어찌 밝지 못하여 밖에서 얻을 것이 있겠는가? 어찌 관통하지 못하여 겸하여 같이 바탕으로 삼을[兼資] 것이 있겠는가? 마음이 의리에 대해 모르는 것이 없다는 것은, 눈으로 빛을 보는 것이나, 귀로 소리를 듣는 것이나, 입으로 맛을 보는 것과 같아서, 잘 모르는 것이 없다. 만약 잘 안되는 것이 있다면 욕심이 리를 가리고, 버릇이 리를 어둡게 하기 때문이다. 시비(是非)의 지(知)에는 알지 못하거나 밝지 못한 것이 없으니, 역시 인·예·의가 관통해서 갖추어지지 않음이 없

는 것과 같다. 오직 나의 사욕을 이기고[克己] 착한 것을 밝힐
[明善] 뿐이다. 이미 사욕과 기질의 가려진 것을 버리고서 그 밝
은 덕을 밝힌다면 잘못된 것이 있더라도 일찍이 알지 못함이
없을 것이고, 내가 알지 못하고서 행동하는 것은 없을 것이다.
이것이 이른바 성실하고 현명한 삶과 현명하여 남과 하나 되는
삶이 이루어져 밝은 덕을 밝히고 백성과 하나가 되어 지극히
좋은 세상에서 살게 된다는 것이고, 마음을 다하여 본성을 알
게 된다는 것이며, 현명하면 성실해지고, 성실하면 현명해진다
는 것이니, 어찌 사물의 리(物理)에서 이를 구한 뒤에야 가능한
것이겠는가?[14]

하곡은 주자의 격물을 통한 공부 방법에 문제가 있음을 알고,
양명학의 방법에 심취할 수밖에 없었지만, 한편 양명학에도 문제
가 있음을 알았다.

내가 양명집을 보니, 도가 간단하고 긴요하면서도 매우 정밀함
이 있어, 마음속 깊이 기뻐하고 좋아했다. 신해년 6월, 마침 동
호에 가서 유숙했는데, 꿈속에서 홀연히 왕씨의 치양지설이 매
우 정밀하다는 생각이 들었다. 그런데 그 폐단으로는 간혹 '감
정에 맡긴 채 멋대로 사욕을 좇게 되는 근심이 있다.[15]

---

14. 『霞谷集』 권8, 〈存言上〉 聖學說.

15. 余觀陽明集 其道有簡要而甚精者 而心深欣會而好之 辛亥六月 適往東湖宿
焉 夢中忽思得王氏致良知學甚精 抑其弊或有任情縱欲之患(『霞谷集』 권9,
〈存言下〉).

양명의 심즉리설은 마음이 곧 리라는 것이다. 리는 참된 삶의 도리이므로, 마음이 참된 도리라는 말을 일반인이 받아들이면 욕심 채우는 삶을 참된 삶으로 착각하여 욕심을 마음껏 채우는 왜곡된 삶으로 전락할 우려가 있다.

양명학의 또 하나의 문제점은 대중성을 확보하기 어렵다는 점이다. 마음속을 들여다보고 마음속에 있는 하늘마음을 회복하면 된다는 존천리알인욕의 방법은 대중적으로 통용되기 어렵다. 일반 대중들은 마음속을 들여다봐도 마음속에 있는 하늘마음과 욕심을 분별하기 어렵고, 욕심이 생기는 원인을 알기도 어렵다. 대중성이 부족한 것은 확산하기 어렵다.

하곡이 양명학을 집성하여 상당한 수준으로 올려놓았지만, 하곡 이후로 양명학은 아들 정후일(鄭厚一)을 비롯하여 윤순(尹淳), 김택수(金澤秀), 이광사(李匡師) 형제 등의 일부 후학에게 전해진 뒤 강화도를 중심으로 면면히 이어졌을 뿐, 크게 확산되지는 못했다.

하곡의 저서로는 양명학의 치양지설(致良知說)과 지행합일설(知行合一說)을 받아들여 저술한 「학변(學辨)」, 「존언(存言)」, 경전 주석서인 『중용설』, 『대학설』, 『논어설』, 『맹자설』, 『삼경차록(三京箚錄)』, 『경학집록』, 『하락역상(河洛易象)』, 송대 도학자의 저술에 대한 주석서인 『심경집의(心經集義)』, 『정성서해(定性書解)』, 『통서해(通書解)』 등이 있고, 문집으로 『하곡집』이 있다.

제3절
양득중의 양명학과 실학

양득중(梁得中: 1665~1742)의 자는 택부(擇夫)이고, 호는 덕촌(德村)이다. 영암(靈巖) 출신이다.

덕촌은 17세에 박태초(朴泰初)의 문하에서 수학하고, 뒤에는 윤증(尹拯)·박세채(朴世采)에게도 배웠다. 정제두에게 양명학을 배워 양명학적 소양도 갖추었다.

1694(숙종 20)년 학행으로 추천받아 벼슬을 시작했고, 여러 벼슬을 거쳐 동부승지에 이르렀다.

덕촌은 고질적인 당쟁과 폐쇄적인 학문풍토를 개선하기 위해 탕평책의 시행을 영조에게 건의했고, 「명대의변(明大義辨)」을 지어, 의리를 가장하여 북벌론을 주장한 우암 송시열의 위선적인 행태를 통렬하게 비판했으며, 허위에 가득 찬 풍토를 척결하기 위해 영조에게 '실사구시'의 대안을 제시했다. 덕촌이 양명학을 일부 받아들인 것도 우암의 주자학에 대한 비판과 맥이 통한다. '실사구시'의 대안을 제시한 것으로 인해 덕촌은 양명학과 실학을 연결한 연결고리 역할을 한 것으로 평가되기도 한다. 제자로는 이이규(李以圭)·이확(李濩) 등이 있고, 저서로는 『덕촌집』이 있다.

원래 양명학은 형상판을 바탕으로 하는 고도의 형이상학에 속하고, 중국의 실학은 형하판을 바탕으로 하는 형이하학에 속하므로, 하나로 이어질 수 없지만, 조선에서 덕촌에 의해 양명학에서 실학으로 이어지는 것은 우암의 주자학에 반발하기 위한 동일한 목적 때문이다.

제4장

■

한국적 실학파의 등장

경전 연구를 통해 왜곡된 주자학을 비판하는 반주자학 운동이 일어났지만, 실패로 끝났고, 다음으로 중국의 양명학을 수입하여 반주자학의 흐름을 이었으나 역시 실패했으므로, 이번에는 중국에서 실학을 수입하여 계속되는 노론의 독재에 대항했다. 위의 세 학문은 성격이 각각 다르지만, 노론의 세력에 맞선다는 의미에서 하나로 이어진다.

중국의 실학은 송·명 시대의 주자학과 양명학을 극복하고 성립한 것이다. 주자학과 양명학의 철학적 바탕은 천인합일을 추구하는 형상판이었으나, 실학의 철학적 바탕은 형이상학을 부정하고 물질적 가치를 추구하는 형하판이었다. 따라서 중국의 실학은 주자학·양명학과는 판형이 다르다.

나무를 가꾸는 것으로 비유하면, 주자학과 양명학은 뿌리를 가꾸는 데 주력하는 학문이지만, 실학은 줄기·가지·잎·열매를 가꾸는 데 주력하는 학문이다. 중국에서 실학이 발달한 이유는 주자학·양명학의 후학들이 정치권력을 유지하는 수단으로 주자학·양명학을 이용하면서 심각한 폐단이 일어났기 때문이다.

이에 비해 한국의 실학은 전혀 다르다. 역사적으로 볼 때 한국인의 철학적 바탕에는 형하판이 자리 잡은 적이 없다. 한국인의 삶의 바탕에는 줄곧 형상판이 깔려 있었기 때문에 중국의 실학이 수용되기 어렵다. 조선 후기에 이르러 중국의 실학에 일부 영향을 받기는 했지만, 한국 실학의 내용이 중국의 실학과 일치하지 않으므로, 중국의 실학을 실학의 표준으로 규정한다면, 조선 후기 학자들에 의해 연구된 실학을 실학으로 규정할 수 없다. 실지로도 조선 후기의 실학적 학풍이 실학으로 일컬어지지 않았다. 조선 후기의 실학을 실학으로 일컫게 된 것은 1950년대 이후 학자들의 연구에 의해서이다.

조선시대 후기에 중국의 실학이 일부 도입된 까닭은, 중국의 실학이 파탄 난 조선 백성의 민생에 도움이 되는 측면이 있었고, 또 중국의 실학이 서양의 과학을 포함한 새로운 학문으로 변신했기 때문이며, 당시 권력자들의 권력 유지를 위한 수단인 주자학을 비판할 수 있는 재료가 될 수 있기 때문이었다. 따라서 조선에서는 경전연구를 통한 주자학 비판자가 양명학자가 되기도 하고, 양명학자가 실학자가 되기도 한다.

형상판에서 연구되는 철학의 핵심은 수기이므로, 조선 후기에 등장한 한국의 실학에서는 수기의 과정이 배제될 수 없다. 수기를 완성한 사람이 세상을 다스리기 위해 나서는 정치형태가 왕도정치이다.

왕도정치를 가장 많이 설파한 대표적 사상가가 맹자이다. 왕도정치의 목표는 세상 사람들 모두에게 한마음을 회복하게 하여, 온 세상이 지상천국이 되도록 하는 것이다. 사람들에게 한마음을 회복하게 하려면 먼저 사람들의 의식주부터 해결해주어야 한다.

의식주를 해결할 수 없는 상태에서는 한마음을 회복하기 위해 노력할 수 없다. 맹자는 양나라의 혜왕에게 민생의 해결이 왕도정치의 출발임을 설파한다.

농번기에 사람을 동원하지 않으면 곡식을 이루다 먹을 수 없을 것이고, 저수지에 촘촘한 그물을 치지 못하게 하면 생선을 이루다 먹을 수 없을 것이며, 적당한 때에 도끼로 나무를 베게 하면 재목을 이루다 쓸 수 없을 정도가 될 것입니다. 곡식과 생선을 이루다 먹을 수 없게 되고, 재목을 이루다 쓸 수 없게 되면, 백성이 산 사람을 봉양하고 죽은 이를 장사지내는 데 유감이 없어질 것입니다. 산 사람 봉양하고 죽은 이 장사 지내는 데 유감이 없도록 하는 것이 왕도정치를 하는 출발입니다.[16]

지금 경제정책을 잘못하여 백성이 위로는 부모를 모실 수 없게 되고, 아래로는 처자를 기를 수 없게 되어, 풍년 드는 해에도 내내 고달프고, 흉년 드는 해에는 죽음을 면치 못하니, 이는 오직 목숨을 유지하는 데도 정신이 없을 지경이니, 어느 때에 예의에 관심을 가질 수 있겠습니까?[17]

---

16. 不違農時 穀不可勝食也 數罟 不入洿池 漁鼈不可勝食也 斧斤 以時入山林 材木不可勝用也 穀與漁鼈 不可勝食 材木不可勝用 是使民養生喪死無憾也 養生喪死無憾 王道之始也(『孟子』〈梁惠王章句上〉).
17. 今也制民之産 仰不足以事父母 俯不足以畜妻子 樂歲終身苦 凶年不免於死亡 此惟救死而恐不贍 奚暇治禮義哉(『孟子』〈梁惠王章句上〉).

임진왜란과 병자호란을 거치면서 파탄 난 민생이 제대로 회복되지 않은 상태에서 당파싸움이 일어나 민생을 돌보지 않았으므로, 백성의 삶이 처참해졌다. 처참한 민생을 놓아두고 이상사회를 논하고, 북벌을 논하는 것은, 공리공론에 불과할 뿐이다. 순수한 선비의 눈에는 처참하게 살아가는 백성의 모습이 들어온다. 그들이 파탄 난 민생을 해결하기 위해 내놓은 여러 가지 방안들이 오늘날 우리가 말하는 실학의 범주에 들어간다.

조선시대에 등장한 실학자들은 실사구시, 이용후생, 경세치용의 방안들을 내놓았지만, 그것을 목적으로 삼는 것만은 아니었다. 그들에게는 여전히 참된 삶을 회복하기 위한 수양의 문제가 과제로 남아 있었다. 그들 본래의 목적은 자기의 본성을 회복하는 것이고, 다른 사람들에게 본성을 회복하도록 가르치는 것이다. 이를 위해 모범으로 삼아야 할 선학은 퇴계였다. 한국의 실학자들이 퇴계를 존숭하는 이유가 바로 여기에 있다.

제1절
김육의 애민정신

김육(金堉: 1580~1658)의 자는 백후(伯厚), 호는 잠곡(潛谷)·회정당(晦靜堂)이다. 1605년(선조 38)년에 사마시에 합격해 성균관으로 들어갔다. 1609(광해군 1)년에 동료 태학생들과 함께 「청종사오현소」를 올린 것이 문제가 되어 경기도 가평 잠곡 청덕동에 은거하며, 회정당을 짓고 학문을 닦았다. 1623년에 의금부도사에 임명되었고,

이듬해 2월에 음성현감이 되었으며, 문과에 장원급제했다.

1638년 6월에 충청도관찰사가 되어, 도정(道政)에 임하면서 대동법의 시행을 건의하고, 물레방아를 만들어 보급했으며, 『구황촬요(救荒撮要)』와 『벽온방(辟瘟方)』 등을 편찬, 간행하던 도중 승정원좌부승지가 되었다. 그 뒤 여러 관직을 거친 뒤 영의정에 이르렀다.

잠곡은 대동법실시를 반대하는 김집과 불화했다. 잠곡이 대동법에 힘을 기울인 이유는 서민들의 부담을 들어주기 위한 것이었다. 잠곡은 지주들의 반발로 시행에 어려움을 겪었지만, 힘써 노력한 결과 충청도에서 시행하는 데 성공했고, 민간에 주전(鑄錢)을 허용하는 일도 성공했다. 잠곡은 대동법실시를 호남에까지 확대하는 방안을 추진하던 중 사망했다. 대동법의 확대 실시는 훗날 잠곡의 유언에 따라 서필원이 실시했다.

저술로는 『잠곡유고(潛谷遺稿)』, 『잠곡별고(潛谷別稿)』, 『잠곡유고보유(潛谷遺稿補遺)』, 『잠곡속고(潛谷續稿)』, 『천성일록(天聖日錄)』, 『청풍세고(淸風世稿)』, 『조천일기(朝天日記)』, 『기묘록(己卯錄)』, 『잠곡필담(潛谷筆談)』, 『당삼대가시집(唐三大家詩集)』, 『유원총보(類苑叢寶)』, 『구황촬요(救荒撮要)』, 『벽온방(辟瘟方)』, 『종덕신편(種德新編)』 등이 전하며, 〈자네 집에 술 익거든〉 이라는 시조 1수도 전한다. 특히 『구황촬요(救荒撮要)』, 『벽온방(辟瘟方)』, 『종덕신편(種德新編)』 등은 백성을 위한 목민의 방책이다. 잠곡의 일생은 백성을 위한 것으로 일관되었다.

잠곡은 중국의 실학을 받아들이지도 않았고, 본인을 실학자로 의식하지도 않았다. 잠곡은 유학에서 말하는 애민정신을 발휘했을 뿐이다. 잠곡을 실학파로 분류하는 것은 오늘날 학자들의 분류에 의한 것이다.

잠곡은 백성들에게 필요한 정책을 계속 만들었지만, 그중에서도 가장 돋보이는 것은 대동법을 실시한 것이었다. 잠곡은 임금에게 다음과 같이 대동법실시를 진언했다.

> 대동법은 부역을 고르게 하고 백성들을 편하게 하는 것으로, 이는 실로 이 시국을 구제할 만한 좋은 계책입니다. 비록 여러 도에 두루 시행할 수는 없다 하더라도, 경기(京畿), 관동(關東)에서 이미 시행하여 힘을 얻었습니다. 만약 또 양호(兩湖)에서 시행한다면, 백성들을 안정시키고 나라에 이익되는 방도로 이보다 더 좋은 것은 없습니다.[18]

잠곡은 대동법을 실시하는 것 외에도 백성들을 편하게 해주는 정책을 일생동안 이어갔다.

제2절
유형원이 그린 이상세계

유형원(柳馨遠: 1622~1673)의 자는 덕부(德夫), 호는 반계(磻溪)이다. 반계는 서울에 있는 외가에서 태어났다. 32세 때 전라도 부안군 보

---

18. 大同之法 均役便民 實是救時之良策 雖不能遍行於諸道 畿甸關東 旣行而得力 若又行之於兩湖 則安民益國之道 無大於此者(『潛谷遺稿』 권4, 〈請行兩湖大同仍辭右議政箚〉).

안면 우반동에 은거하여 지내다가 1673년 52세의 나이로 생을 마감했다. 반계는 우반동에 은거하면서 『반계수록(磻溪隨錄)』 26권을 남겼다. 『반계수록』의 주요 내용은 ① 전제(田制), ② 전제후록(田制後錄), ③ 교선지제(敎選之制), ④ 임관지제(任官之制), ⑤ 직관지제(職官之制), ⑥ 녹제(祿制), ⑦ 병제(兵制), ⑧ 병제후록(兵制後錄), ⑨ 속편의 의례·언어·기타, ⑩ 보유편(補遺篇)의 군현제(郡縣制) 등으로 구성되어 있는데, 주로 세상을 경영하고 백성을 구제하는 내용들이다.

반계는 『반계수록』 외에도 정치·경제·역사·지리·군사·언어·문학 등 다방면에 관심을 가지고 수십 권의 저서를 남겼으나, 『반계수록』 외에는 서목(書目)만이 전한다. 주요한 서적으로는 『주자찬요(朱子纂要)』, 『이기총론(理氣總論)』, 『여지지(輿地志)』, 『지리군서(地理群書)』, 『동국사강목조례(東國史綱目條例)』, 『동사괴설변(東史怪說辨)』, 『동국가고(東國可考)』, 『무경사서초(武經四書抄)』, 『기효신서절요(紀効新書節要)』, 『정음지남(正音指南)』, 『도정절집(陶靖節集)』, 『동국문초(東國文抄)』, 『기행일록(紀行日錄)』 등을 꼽을 수 있다. 반계의 사후 100여 년 뒤에 『반계수록』의 내용이 알려져, 높은 평가를 받게 되었다. 왕명을 받아 『반계수록』의 서문과 함께 세상에 알린 사람은 경상도관찰사 겸 대구도호부사 이미(李瀰)였다. 반계는 호조참의 겸 세자시강원찬선에 증직되었다.

반계 역시 중국의 실학을 받아들이지 않았고, 본인을 실학자로 의식하지도 않았다. 나무 한 그루를 가꾸려면 뿌리와 줄기·가지·잎 등을 골고루 다 챙겨야 한다. 사람의 삶을 챙기는 것도 마찬가지다. 사람의 마음을 제대로 챙겨야 하지만, 몸에 필요한 의식주도 골고루 해결해야 한다. 반계는 마음을 제대로 챙긴 연후에 몸 챙기는 방법을 자세하게 설명했다. 이런 점에서 반계는 마음과 몸, 도(道)와 기(器)를 조화롭게 챙긴 뛰어난 학자로 볼 수 있다.

오광운(吳光運: 1689~1745)은 『반계수록』의 서문에서 다음과 같이 설명한다.

> 반계 류선생은 은거하면서 세상을 구하려는 간절한 뜻을 글로 지어 『수록(隨錄)』이라는 이름으로 정리했다. 그 책은 토지제도를 바탕으로 했는데, 땅을 정(井)자 형태로 구분하지 않고도 정전법의 실질을 얻었다. 그런 뒤에 선비를 기르는 법, 현명한 자를 선발하는 법, 관리를 임명하는 법, 군사제도를 만드는 법 등을 설명했으니, 윤리교육·정치 방법·법률의 절차 등이 흐트러지지 않고 막힘이 없이 모두 하늘의 이치에 합치되었다. 내가 그 책을 읽고 난 뒤에 이윽고 선생의 하늘같은 마음을 엿볼 수 있게 되었다. 그 뒤 선생이 지은 이기설·인심도심설·사단칠정설 등을 읽어보니, 순수함과 정밀함과 심오함으로 보면 선생은 근래의 선비들에 비할 바가 아니었다. 그런 뒤에 도(道)와 기(器)가 서로 떨어져 있는 것이 아님을 더욱 믿게 되었다. 우리나라의 토지제도는 비록 정전법은 아니지만, 병력과 농업을 일치시켰으니, 애초에 하은주 삼대에서 내려오는 뜻을 잇지 않은 적이 없었다. 그러나 중간에 어려운 일을 많이 겪으면서 병력과 농업이 분리되어 백성들이 제 자리를 잃었으며, 모든 제도가 문란해졌다. 지혜로운 사람들이 밤낮으로 은밀하게 헤아려 봐도 끝내 해답을 찾지 못하여 마음과 지혜가 함께 궁해지니, 벌레 먹

고 망가지는 것을 앉아서 바라볼 뿐 막을 수가 없다. 아아! 누가 알았겠는가. 이 책 하나만 갖다 놓으면 우 임금이 뒤탈이 생기지 않도록 물을 다스리는 것처럼 된다는 것을. 아아! 누가 알았겠는가. 하늘과 땅의 쉽고 간단한 이치가 모두 여기에 들어 있는 것을. 이 책이 때를 만나지 못하는 것은 우리 동쪽 나라 백성들에게 복이 없는 것이다. 비록 그러하나, 선생은 천하의 선비이다. 이 책에서 상황에 맞게 마땅한 제도를 만들고, 조리에 맞게 정리해 놓은 것은 비록 작은 우리나라를 위해 저술한 것이지만, 그 범위의 크고 넓음은 실로 천하 만세를 위한 책이다.[19]

오광운의 서문에 따르면, 반계의 저술은 몸과 마음을 완전하게 챙길 수 있는 빈틈없는 책이고, 한국에 필요한 책일 뿐만 아니라, 전 세계의 모든 나라에 필요한 책이다. 반계가 제시한 정치·경제·교육·군사 등의 다방면에 걸친 제도들은 모두 하늘마음을 바탕으로 한 이상적인 것이었다.

반계가 이상적인 문물제도를 제안할 수 있었던 것은 그의 철학

---

19. 磻溪柳先生隱居著書 以寓夫拯救惻怛之志 名曰隨錄 其書以田制爲本 不畫井形而得井田之實 然後養士選賢 任官制軍 禮敎政法規橅節目 不泥不礙 沛然皆合於天理 愚一覽其書 而已窺先生之天德 已而得先生所著理氣人心道心四端七情說讀之 其純粹精深 非近世諸儒所可及 於是益信道器之不相離也 我國家立制 雖非井地 而寓兵於農 初未嘗不倣於三代之遺意 中經多難 兵農遂分 羣生失所 百度皆紊 有識者蚤夜隱度 終不得其便 忠智俱窮 坐觀其蠱壞而莫之救 夫孰知一擧斯書而措之 則如禹之治水而行其所無事哉 夫孰知乾坤易簡之理 一至於此哉 斯書之不遇 東民之無祿也 雖然 先生天下士也 斯書之因時制宜 條理區處 雖爲褊邦設 而其範圍宏大 實天下萬世之書也 (『藥山漫稿』 권15, 磻溪隨錄序).

이 확고하게 정립되어 있었기 때문이다. 반계는 그의 철학적 바탕을 다음과 같이 설명한다.

리와 기는 혼융하여 사이가 없다. 비록 기 외에 리가 없지만, 그러나 리는 기로 인해서 존재하는 것이 아니다. 하늘이 하는 일은 소리도 없고 냄새도 없다. 지극히 참되고 빈틈이 없다. 그 본체로 말하면 도라 하고, 참되고 빈틈없는 모습으로 말하면 성(誠)이라 하며, 전체를 총괄하는 것으로 말하면 태극이라 하고, 조리가 정연한 것으로 말하면 리(理)라 하지만, 기실은 다 하나이다. 이 리가 환하게 위아래에 빈틈없이 드러나, 모든 물체의 뿌리가 된다. 하늘과 땅이 이로 인해 제 자리를 지키고, 해와 달도 이로 인해 밝게 비추며, 귀신도 이로 인해 그윽하게 작용하고, 사람과 만물도 이로 인해 살아간다.[20]

반계가 이상적인 문물제도를 제안할 수 있었던 배경에는 그의 혼융무간의 철학이 바탕이 되었기 때문이다. 리와 기로 설명된 반계의 철학은 단군 때부터 내려오는 한국 고유의 "하나사상"이 자리 잡고 있다. 리와 기가 하나이고, 도와 태극과 리도 하나이다. 사람의 몸과 마음도 하나이고, 사람의 마음과 하늘의 마음도 하나이

---

20. 蓋理氣渾融無間 雖氣外無理 然理非因氣而有也 蓋上天之載 無聲無臭 而却至眞至實 自其本體而謂之道 自其眞實而謂之誠 自其總會而謂之太極 自其條理而謂之理 其實一也 此理昭著 其徹上下 體物不遺 天地之所以位者此也 日月之所以明者此也 鬼神之所以幽者此也 人物之所以生者此也(『磻溪雜稿』〈與鄭文翁東稷論理氣書〉).

다. 하늘마음을 가진 사람은 남을 챙긴다. 남을 챙기는 순서는 먼저 몸이다. 가장 아끼는 사람을 만나면 제일 먼저 "밥 먹었느냐?"고 물어보는 것도 그 때문이다. 반계는 하늘마음을 회복했다. 하늘마음을 가진 사람이 고생하는 사람들을 보면 그냥 있을 수 없다.

반계는 31세 때 『수록』의 집필을 시작하여 49세 때 완성했다. 그가 『수록』을 집필하게 된 계기는, 이미 이전에 영남과 호서 지방을 유람하면서 임·병 양란 이후 극도로 피폐된 농촌의 현실을 직접 목도한 데서 비롯하지만, 더 결정적인 계기는 32세 때 전라도 부안현 우반동에 영구 정착하여 빈곤에 허덕이고 과중한 세금에 시달리는 비참한 농촌 현실을 몸소 체험하면서부터라고 할 수 있다. 그는 직접 체험을 통해 모든 사회적 폐단이 법과 제도의 잘못에서 비롯되고 있다는 점을 깊이 인식하고, 그 개혁안으로서 『수록』의 저술을 구상하고 집필에 박차를 가했다.[21]

『반계수록』의 내용을 보면, 기본적 당면과제로서 가장 정력을 쏟았던 토지제도를 비롯하여, 교육과 시험제도, 관리 임명 방법, 직위와 관등 제도, 봉급 제도, 군사 제도 등의 여섯 분야로 나누었다. 그리고 국정 각 분야에 걸쳐 현행 제도의 모순과 불합리성을 지적하고 개혁의 당위성과 대안을 체계적으로 개진하고 있는데, 각 편마다 설명을 붙이되 해당 제도의 역사적 변천 과정을 고찰함으로써 개혁안의 근거와 타당성을 입증하고자 했다. 그리고 「속편(상)」에서는 의례·풍속·언어·도량형·도로·용거(用車) 등 여러 항목에 걸쳐 여러 가지 내용을 보충했으며, 「속편(하)」에서는

---

21. 최영성, 『한국유학통사 中』(심산, 2006), 622쪽에서 인용

노예·적전·양로에 대해 집중적으로 다루었다.[22]

『반계수록』은 그 규모와 절차의 광대섬실함, 조례의 신밀함이 이전에 보기 어려웠던 것으로서, 실로 우리나라에서 처음 보는 경세에 관한 대저서라 할 수 있다. 『수록』에 실린 여러 개혁안들은 일찍부터 뜻있는 이들의 주목을 받았다. 그와 함께 서한을 통해 성리학에 대한 관심사를 논했던 배상유(裵尙瑜: 1610~1686)는 유형원이 세상을 떠난 지 5년만인 숙종 4년에 『반계수록』에서 제기한 개혁안의 실행을 조정에 상소했고, 숙종 20년에는 경외유생 노사효 등이 역시 『반계수록』의 개혁안 실행을 촉구한 바 있다. 영조 17년에는 덕촌 양득중이 영조에게 『반계수록』의 간행을 청하여 마침내 왕명으로 출간하기에 이르렀다. 『반계수록』이 세상에 나오자 사람들은 당파를 초월하여 칭송하며 반계를 완전한 사람으로 대접했다.[23]

중국의 실학에서 제시한 제도들과 오늘날 세계적으로 시행되는 제도들은 그 바탕에 하늘마음이 깔려 있지 않으므로, 폐해가 점점 심각해지고 있다. 이를 해결하는 방안을 찾기 위해서는 『반계수록』이 좋은 참고가 될 것이다. 반계가 제안한 문물제도는 모두 하늘마음을 전제로 한 이상적인 것이므로, 욕심 많은 사람들이 가득한 세상에서는 시행하기 어려울 것이다. 먼저 욕심을 순화하여 본마음을 회복하는 철학적 노력이 앞서야 실행 가능성이 커질 것이다.

---

22. 위의 책, 622~623쪽에서 인용.
23. 위의 책, 621~623쪽에서 인용.

제3절

이익의 수기안인철학

이익(李瀷: 1681~1763)의 자는 자신(子新), 호는 성호(星湖)이며, 부친의 유배지인 평안도 운산에서 태어났다. 운산에서 부친이 작고한 뒤 선영이 있는 안산의 첨성리(瞻星里)로 돌아왔다. 성호는 과거시험에 응시하지 않고 첨성리에 칩거하며 학문에만 전념했다.

47세 때 조정에서 이익의 명성을 듣고 선공감가감역(繕工監假監役)을 제수했으나 나가지 않았다. 성호는 70세 후반기에 반신불수가 되었고, 83세 때 생을 마감했다.

성호는 평생 농민의 곁에서 비참하게 살아가는 농민들의 참상을 보면서 살았으므로, 경세치용에 관심을 가졌다. 성호는 유교 경전과 주자학에도 정통했으므로, 유교 경전과 주자학이 제대로 연구되었다면 민생이 파탄 날 일이 없다는 사실도 알았다.

> 경서를 연구하는 자는 반드시 본뜻을 추구하되, 샅샅이 확증하여 수기안인의 기본이 되도록 해야 하니, 한 구절이라도 밝지 못하면 한 가지 일에 결함이 생긴다.[24]

경서를 제대로 연구하면 저절로 백성을 편안하게 하는 정책이 나오게 된다. 당시에 민생이 파탄 나는 것은 경서를 제대로 연구

---

24. 窮經者 必能推究本旨 到底旁證 爲修己安人之基 一句不明 一事有闕也(『星湖僿說』 권27, 經史門 〈窮經〉)

하지 않았기 때문이다. 경서에 담겨 있는 핵심 내용은 수기안인이다. 수기의 내용은 욕심을 없애서 본래마음을 회복하는 것이고, 안인은 사람을 편안하게 하는 것이다. 당시에 민생이 파탄 난 근본 원인 중에 당파싸움이 있다. 성호는 당파싸움의 폐해를 너무나 잘 알고 있었다.

선조(宣祖) 때부터 하나가 나뉘어 둘이 되고, 둘이 갈라져서 넷이 되었으며, 넷은 또 갈라져서 여덟이 되었다. 당파를 대대로 자손들에게 세습시켜서 당파가 다르면 서로 원수처럼 여기며 죽였다. 그러나 당파가 같으면 함께 조정에 나아가 벼슬하고 한 마을에 모여서 같이 살아서 다른 당파와는 늙어 죽을 때까지 서로 왕래하지 않았다. 따라서 다른 당파의 길흉사에 가기라도 하면 수군거리며 떠들고, 다른 당파와 통혼(通婚)을 하면 무리를 지어 배척하고 공격했다. 심지어는 말씨와 복장까지도 서로 다르게 하니, 길에서 만나더라도 어떤 당파라는 것을 지목할 수 있었다. 당파가 다르다고 하여 꼭 동네를 달리하고야 말고, 풍속을 달리하고야 마니, 아아! 참으로 심하다.[25]

당파싸움을 그치게 하는 방법에는 직접적인 것과 근본적인 것이 있다. 직접적인 것은 잘못된 정책과 제도 때문이고, 근본적인

25. 自宣廟以來 一分爲二 二分爲四 四又分爲八 世傳雲仍 仇賊殺死 同朝而進 並巷而居 有至老死不與往來 故吉凶相及則竊竊然咻之 婚姻相通則輩聚而 擯攻 至於言動服飾 別成貌樣 遇諸塗可指點而認 異域而已 殊俗而已 噫其 甚矣(『星湖全集』 권45, 論朋黨).

것은 사람들의 마음에 욕심이 많아서이다. 성호가 판단한 직접적 원인은 과거시험에서 사람을 너무 많이 합격시켰기 때문이다. 당파들이 자기 당 사람을 많이 선발하기 위해 경쟁적으로 합격자 수를 불린 것이 원인이다. 따라서 성호는 과거시험의 회수를 줄이고 합격자 수를 제한할 것을 제안한다.

당파싸움이 격화된 근본 원인인 욕심을 줄이는 것은 참으로 어렵다. 욕심을 줄이기 위해서는 철저한 수양의 과정을 거쳐야 한다. 수양에 제일 철저했던 선현이 퇴계였으므로 성호는 퇴계를 따르지 않을 수 없었다. 성호는 퇴계와 같은 시대에 태어나지 못해, 퇴계의 제자가 될 수 없었음을 탄식할 정도로 퇴계를 존숭했다. 성호는 퇴계의 언행 중에서 요긴한 것을 선별하여 『도동록』(일명 『이자수어』)이라는 이름으로 저술했고, 『퇴계집』에서 퇴계의 예설을 모아 『이선생예설』이라는 이름으로 저술했으며, 퇴계의 사칠설을 재해석하여 『사칠신편』이라는 이름으로 저술하기도 했다. 퇴계처럼 수양에 몰두하여 마음을 순화한 뒤에는 잘못된 정책과 제도를 개혁해야 하는데, 이를 위해서는 율곡과 반계를 본받는 것이 좋다고 생각했다.

성호는 허목·윤휴·박세당의 뒤를 이어 주자학에 국한되지 않고 다양한 연구를 진행했다. 경·사·자·집은 물론이고, 천문·지리·산율·음양·의약·복서·천주학·불학 등에 이르기까지 두루 섭렵했는데, 불교의 윤회설과 천주교의 천당지옥설·예수 부활설은 황탄한 설로 간주하기도 했다.

성호는 당시의 제도개선을 위해 균전제의 실시를 위시하여 정치제도·인사행정·지방제·병역제도·외교정책·화폐제도·조세제도

·녹봉제도 등에 걸친 많은 제도개혁방안을 제시했다. 성호는 중국문화를 기준으로 한 개혁을 추진한 것이 아니라, 한국의 상황에 맞는 한국적 개혁방안을 추진했다. 성호의 한국 주체적 정신은 제자인 안정복에게 보낸 편지에 잘 드러나 있다.

지금 사람들은 동방에 태어났으면서도 동방의 일을 전혀 반성하지도 않고 알지도 못한다. "『동국통감』을 누가 읽는단 말인가"라고들 하니, 그 비뚤어짐이 이러하다. 동국은 본래부터 동국이다. 문물제도와 체계가 중국 역사와는 다름이 있다.[26]

성호의 주체적 생각은 제자 안정복으로 이어져 『동사강목』이 저술되는 계기가 되었다. 성호는 다방면의 연구 결과를 정리하여, 『성호사설』, 『곽우록(藿憂錄)』, 『성호선생문집』, 『이선생예설(李先生禮說)』, 『사칠신편(四七新編)』, 『상위전후록(喪威前後錄)』, 『대학질서』, 『논어질서』, 『맹자질서』, 『서경질서』, 『시경질서』, 『주역질서』, 『근사록질서』, 『심경질서』, 『이자수어』 등의 많은 저술을 남겼다.

성호의 문하에서 윤동규(尹東奎)·신후담(愼後聃)·안정복·권철신(權哲身) 등을 위시하여 많은 제자가 배출되었다.

─────────

26. 今人生乎東邦 有東事全不省覺 至曰東國通鑑有誰讀之 其乖戾如此 東國自東國 其規制體勢 自與中史有別(『星湖全集』 권25, 答安百順).

제4절
안정복의 역사의식

안정복(安鼎福: 1712~1791)의 자는 백순(百順)이고, 호는 순암(順庵)·한산병은(漢山病隱)·우이자(虞夷子)·상헌(橡軒)이며, 제천(提川) 사람으로, 이익(李瀷)의 제자이다.

순암은 1736년부터 경기도 광주 경안면 덕곡리에서 '순암(順菴)'이라는 집을 짓고 학문에 침잠했다. 순암은 경사(經史)를 위시하여 음양(陰陽)·성력(星曆)·의약(醫藥)·복서(卜筮) 등에 관한 서적과 손자(孫子)·오자(吳子) 등의 병서, 불교·노자(老子) 등에 이르기까지 광범위하게 연구했으며, 「치통도(治統圖)」, 「도통도(道統圖)」, 「치현보(治縣譜)」, 「향사법(鄕社法)」, 「정전설(井田說)」을 발표하고, 『하학지남(下學持南)』 상·하권을 저술했다.

순암은 1744년에 『반계수록(磻溪隨錄)』을 읽고, 크게 감동했으므로, 1746년에는 성호 이익(李瀷)을 찾아가 제자가 되었다.

1749년 만녕전참봉(萬寧殿參奉)으로 처음 벼슬을 시작해 몇몇 관직을 거쳤지만, 건강 때문에 사직하고, 고향에 돌아와 그동안 준비해온 저술들을 정리했다. 1756년 향약인 「이리동약(二里洞約)」을 짓고, 이듬해 이를 바탕으로 『임관정요(臨官政要)』를 저술했다. 그리고 단군조선으로부터 고려 말까지의 역사서인 『동사강목(東史綱目)』을 저술하여 1759년에 완성했다.

1767년에는 『열조통기(列朝通紀)』를 저술하고, 1753년에는 스승 이익의 저술인 『도동록(道東錄)』을 『이자수어(李子粹語)』로 개칭해 편집했다. 1762년에는 이익이 일생 정열을 바쳐 저술한 『성호사설

(星湖僿說)』의 목차·내용 등을 첨삭, 정리한 『성호사설유선(星湖僿說類選)』을 편찬했다.

1772년부터 1775년까지 세손[정조]의 교육을 맡았는데, 세손이 성리학에 대해 질문하자, '이이(李珥)의 학설은 참신하기는 하지만 자득(自得)이 많고, 이황(李滉)은 전현(前賢)의 학설을 존중해 근본이 있으므로 이황의 학설을 좇는다'라고 대답했다.

정조가 즉위하자 1776년에는 충청도의 목천현감(木川縣監)이 되어, 치적을 쌓았으며, 그 뒤 잠깐 더 벼슬한 뒤 고향으로 돌아가 후진 양성과 저술 활동으로 여생을 보냈다.

말년에는 정주학 이외의 이단사상(異端思想)의 배척에 앞장섰다. 서학, 특히 천주교에 대해 철저히 비판했다. 그리하여 천주교의 도전이 사회문제로 대두되자 1785년(정조 9)에 『천학고(天學考)』와 『천학문답(天學問答)』을 저술해 천주교의 내세관(來世觀)이 지닌 현실부정에 대해 비판했고, 도교나 불교, 심지어는 양명학까지도 부정하는 데에 이르렀다.

사후 정2품의 자헌대부(資憲大夫)로 광성군(廣成君)에 추봉되었고, 문숙(文肅)이란 시호가 주어졌다.

순암의 학문적 기초는 주자학에 있었다. 그가 평생 주력한 서적이 『주자대전』과 『주자어류』였다. 순암은 퇴계의 『주서절요』에 비견되는 『주자어류절요』를 저술하기도 했다. 순암은 주자학 외에도 음양·성력(星曆)·의약·복서·병법·노장철학·불학에 이르기까지 두루 섭렵했다. 특히 퇴계를 존숭하여 '퇴도이부자(退陶李夫子)' 또는 '이자(李子)'로 칭했고, 사단칠정설에 심취했다.

순암은 성호의 영향을 받아 한국인의 주체적 입장에서 『동사강목』을 저술했다. 『동사강목』은 단군에서 시작한다. 단군의 역사가 일부 강단사학자들에게 부정되었던 것에 비하면 새로운 느낌이 든다.

1785년에 저술한 『천학고』와 『천학문답』은 천주교 배척을 위한 논리적인 무장이었다. 이기양·권철신 등이 양명학에 관심을 가졌으므로, 서찰을 보내 그 이단성을 경계했다.

안정복의 저술은 20여 편이 전하며, 『잡동산이(雜同散異)』, 『사론(史論)』 등은 일정한 형식을 갖춰 정리한 저술은 아니지만, 안정복의 경학관이나 역사관을 이해하는 데 도움이 되는 자료이다.

제5절
홍대용의 과학과 철학

홍대용(洪大容: 1731~1783)의 자는 덕보(德保), 호는 홍지(弘之)·담헌(湛軒)이다.

김원행(金元行)에게 배웠고, 박지원(朴趾源)과 교유했다. 여러 번 과거에 실패한 뒤 1774(영조 50)년에 천거되어 세손익위사시직(世孫翊衛司侍直)이 된 뒤 여러 벼슬을 거쳐 1780년 영천군수를 지냈다.

담헌은 1765년 초 북경(北京)을 방문하여 서양 과학과 천주학을 알게 되었다. 『담헌서(湛軒書)』는 북경에서 돌아온 뒤 10여 년 사이에 쓴 것이 대부분이다. 그의 북경 방문 때의 내용은 「연기(燕記)」 속에 상세히 남아 있다. 「연기」는 연암 박지원의 『열하일기』에 영향을 주었다.

「유포문답(劉鮑問答)」은 천주교와 천문학에 대해 기록한 것이고, 『의산문답(醫山問答)』은 서양 과학에 관해 기록한 것이다. 담헌은 지전설·생명관·우주무한론을 바탕으로 중국 중심주의에서 벗어났을 뿐만 아니라, 인간중심주의에서도 벗어났다. 담헌은 또한 계급과 신분적 차별에 반대하고, 교육의 기회가 균등하게 주어져야 하며, 재능과 학식에 따라 일자리가 주어져야 한다는 혁신적인 주장을 했다. 그는 서양 과학의 근본이 정밀한 수학과 정교한 관측에 근거하고 있음을 간파하고 『주해수용(籌解需用)』이라는 수학책을 썼으며, 여러 가지 천문관측기구를 만들어 농수각(籠水閣)이라는 관측소에 보관하기까지 했다.

담헌도 반계나 성호와 마찬가지로 주자학을 착실하게 연마한 학자였다. 주자학 본래의 목적은 욕심을 없애는 데 있었지만, 당시 정치에 이용되어 왜곡된 주자학은 욕심을 채우기 위한 수단으로 전락했다. 담헌은 이점을 신랄하게 비판한다.

아아! 슬프다. 진리가 없어진 지 오래되었다. 공자가 돌아간 뒤 제자백가들이 공자의 뜻을 어지럽혔고, 주자학이 말기에 이르러 학자들이 주자의 뜻을 왜곡시켰다. 주자의 업적을 높이면서도 본질을 잊어버렸고, 주자의 말을 익히면서도 주자의 뜻을 잃어버렸다. 정학을 붙잡는다는 것은 잘난 체하려는 과시욕에서 나왔고, 비뚤어진 학설을 물리친다는 것은 남을 이기려는 승리욕에서 나왔으며, 인으로 세상을 구한다는 것은 권력을 유지하려는 권력욕에서 나왔고, 지혜로운 마음으로 몸을 보존한다는 것은 자기만 위하려는 이기심에서 나온 것이다. 이 네 가지 마음이 서로 어우러져 진실과 본뜻은 날로 없어지고 천하의 거대한 흐름이 날로 헛것으로 향해 달음질치게 되었다.[27]

　주자학의 말기란 중국 명나라의 말기이기도 하지만, 담헌이 살았던 당시를 지칭한다. 당시의 조선은 노론이 주자학을 정권 유지의 수단으로 삼았다. 그들이 겉으로 주자학을 높이는 이유는 과시욕·승리욕·권력욕·이기심의 네 가지 욕심을 채우기 위해서였다. 그들이 주자학을 높이면 높일수록 세상은 점점 타락해간다. 담헌이 공부하는 주자학과 권력자들이 이용하는 주자학은 전혀 달랐다. 정치에 이용되는 주자학의 잘못을 경학 연구를 통해 공격했다가 실패했고, 양명학으로 공격했다가 실패한 사실을 담헌은 알고 있었다. 세상은 많이 바뀌었다. 중국에 다녀온 담헌은 세상이 이미 과학 시대에 접어들었다는 것을 알았다. 세상이 바뀌었는데도 주자학으로 집권하고 있는 세력은 요지부동이었다.

　집권자들은 권력을 유지하기 위해 모화사상을 고취하기도 했다. 그들의 모화사상은 명나라를 존중하고 청나라를 무시하는 것이었다. 그들은 중국 명나라 때까지 이어오던 주자학의 맥이 중국에서는 멸절되었지만, 조선에서 이어지고 있으므로, 조선이 소중화라는 이론으로 전개하기도 했다. 그러나 담헌은 조선에서 연구되는 주자학이 허울만 주자학일 뿐 실상은 욕심을 채우기 위한

----

27. 嗚呼哀哉 道術之亡 久矣 孔子之喪 諸子亂之 朱門之末 諸儒汨之 崇其業而
亡其眞 習其言而失其意 正學之扶 實由矜心 邪說之斥 實有勝心 救世之仁
實有權心 保身之哲 實由利心 四心相仍 眞意日亡 天下滔滔 日趍於虛(『湛軒
書』內集 권4, 〈醫山問答〉).

수단으로 변했으므로, 담헌의 판단에 따르면, 소중화는 성립하지
않는다.

　담헌은 북경에 가서 서양의 과학이론을 접했다. 그가 터득한
천문학·지구과학 등의 이론은 오늘날 사람보다 못하지 않았다.
서양의 과학이론을 가지고 돌아온 담헌에게는 아직도 리발 기발
을 따지면서 정권 다툼을 하는 권력자들이 가소로웠다.

　　하늘이 운행하는 것과 땅이 회전하는 것은 그 형세가 마찬가
　　지며 나누어 말할 필요가 없다. 오직 9만 리를 한 바퀴 도는데
　　빠르기가 이와 같다. 저 성계(星界)에서 지구까지의 거리는 겨우
　　반경(半徑) 밖에 되지 않는데도 오히려 몇 천만 억인지도 알 수
　　없거늘, 더구나 성계 밖에도 또 별들[星辰]이 있음에랴? 공계(空
　　界)도 다함이 없으면 별들도 또한 다함이 없으니, 그 한 바퀴를
　　말한다 하더라도 먼 거리는 이미 한량이 없다. 하루 동안에 그
　　도는 빠름을 생각해본다면 번개나 포탄의 빠름으로도 여기에
　　견줄 수 없다.[28]

　더구나 우주 끝에서 보면 지구도 먼지 같이 작은 것이고, 중국
은 지구 안에서도 작은 곳인데, 아직도 명나라를 받들고 소중화
를 이야기하는 권력자들을 보면 한심한 생각도 든다.

------

28. 其天運地轉 其勢一也 無用分說 惟九萬里之一周 飇疾如此 彼星辰之去地
　　纔爲半徑 猶不知爲幾千萬億 況星辰之外 又有星辰 空界無盡 星亦無盡 語
　　其一周 遠已無量 一日之間 想其行疾 震電炮丸 擬議不及(『湛軒書』內集 권
　　4, 〈醫山問答〉).

지구 세계를 태허(太虛)에 비교한다면 미세한 티끌만큼도 안 되며, 저 중국을 지구 세계와 비교한다면 십수분의 1밖에 되지 않는다. 전 지구로써 별의 도수[宿度]에 나누어 붙인다면 혹 할 말이 있으려니와, 한쪽에 있는 구주(九州)로써 여러 별세계에 억지로 배합시켜 나누기도 하고 합치기도 하여 재앙과 상서를 엿보다니 그 허망하고도 또 허망함을 말할 나위도 없다.[29]

지구가 티끌 먼지보다 작다는 것을 알았어도 담헌은 허무주의에 빠지지 않았다. 허무주의에 빠지는 것은 욕심 때문이다. 담헌은 욕심 많은 사람이 자기도 망가뜨리고 지구도 망가뜨린다는 것을 알았다.

남녀가 육체로 교접하매 기혈(氣血)이 소모되고, 기교한 꾀가 본심을 해치매 정신에 울화(鬱火)가 생겼다. 안으로 기갈(飢渴)의 걱정과 밖으로 한서(寒暑)의 괴로움이 있게 되매, 풀잎을 먹고 물을 마셔서 기갈을 채웠으며, 나무로 둥지를 틀고 토굴을 파서 움을 만들어 한서를 방비했다. 이렇게 되자 온갖 물(物)은 각각 제 몸을 위하기에 이르렀으니, 백성의 투쟁이 시작되었다. 풀잎을 먹고 물을 마심이 너무 박하다 하여 함부로 사냥하고 고기 잡으매, 조수(鳥獸)와 어별(魚鼈)이 제대로 살 수 없게 되었고,

29. 夫地界之於太虛 不啻微塵爾 中國之於地界 十數分之一爾 以周地之界 分屬宿度 猶或有說 以九州之偏 硬配衆界 分合傅會 窺覘灾瑞 妄而又妄 不足道也(『湛軒書』內集 권4,〈醫山問答〉).

둥우리와 움집이 누추하다 하여 좋은 저택을 지으매 초목(草木)과 금석(金石)이 형체를 보전할 수 없게 되었다. 고량진미(膏粱珍味)로 입맛을 맞추자 장부[臟胃]가 약해졌고 베와 비단으로 몸을 따습게 하자 지절(肢節)이 해이하게 되었다. 동산을 만든다, 정자를 짓는다, 못을 판다는 일이 생기자 땅 힘이 줄어들고, 성냄과 원망함과 저주(咀呪)하는 더러운 기(氣)가 오르자 하늘 재앙이 나타나게 되었다. 이에 용맹스럽고 지혜롭고 욕심 많은 자가 그중간에 나서 제 마음과 같은 자를 몰아 이끌고 각각 우두머리 노릇을 하매, 약한 자는 일만 수고로웠고, 억센 자는 이권을 누렸다. 각각 갈라서 점령한 강토를 아울러 차지하려고 눈을 부릅뜨고 주먹을 벌리면서 육박을 하므로 백성이 제대로 살수 없게 되었다. 교(巧)한 자가 재주를 부려 살기(殺氣)를 도발시켰다. 쇠를 불리고 나무를 쪼개어 흉기(凶器)를 만들었다. 날카로운 칼과 창, 혹독한 활과 화살로 성(城)을 뺏고 땅을 다투매 쓰러진 시체가 들을 메웠다. 생민의 재앙이 이에 이르러 극에 달했다.[30]

---

30. 男女形交 精血耗竭 機巧攻心 神火焦熬 內有飢渴之患 外有寒暑之苦 嚙草飲水 以充飢渴 巢居穴處 以御寒暑 於是萬物各私其身而民始爭矣 草水之薄而濫以佃漁 鳥獸魚鼈 不得遂其生矣 巢穴之陋而侈以棟宇 草木金石 不得葆其體矣 膏粱適其口而臟腑脆矣 布帛暖其體而支節解矣 園囿臺樹陂塘之役作而地力損矣 忿怒怨詛淫穢之氣昇而天災現矣 於是勇智多欲者生於其間 驅率同心 各占雄長 弱者服其勞 强者享其利 割裂疆界 睢旰兼幷 治兵格鬪 張拳肉薄 民始傷其生矣 巧者運技 挑發殺氣 鍊金剒木 凶器作矣 刀戈之銳 弧矢之毒 爭城爭地 伏尸原野 盖生民之禍至此而極矣(『湛軒書』內集 권4, 〈醫山問答〉).

담헌은 한때 주자학에 심취하여 수양에 힘써 욕심을 극복했다. 욕심이 없는 사람에게는, 욕심으로 인해 고통을 받아 비참하게 살고 있는 사람들의 참상이 눈에 들어온다. 담헌은 서양의 과학으로 새로운 눈이 열렸지만, 과학의 발달로 인해 세상이 파멸의 길로 달려간다는 것도 알았다. 욕심의 위험성을 염려하는 담헌의 철학은 노장철학에 가깝다. 담헌은 당시 사회의 부조리를 개혁할 대안을 내놓았다. ① 양반이라도 노동을 해야 하고, ② 과거제를 통해 신분·문벌에 구애됨이 없이 학식과 능력 위주로 인재를 등용해야 하고, ③ 각 면 단위까지 학교를 설치하여 8세 이상의 모든 아동을 교육해야 하고, ④ 간쟁을 전담하는 기관을 없애고 모든 백성에게 공적인 발언권을 부여해야 한다고 하는 것이다.[31]

지구가 망가져 가는 지금에도 사람들은 욕심을 채우느라 여념이 없는데, 하물며 당시 권력에 눈먼 사람들이 담헌의 말에 귀 기울일 턱이 없다. 담헌의 노력은 메아리 없는 절규가 되고 말았다.

제6절
박지원의 이용후생

박지원(朴趾源: 1737~1805)의 자는 미중(美仲)·중미(仲美), 호는 연암(燕巖)·연상(煙湘)·열상외사(洌上外史)이다. 서울 서쪽 반송방(盤松坊) 야동(冶洞)에서 출생했다.

---

31. 최영성, 『한국유학통사 중』(심산, 2006), 761쪽 참조.

1752(영조 28)년에 『맹자(孟子)』, 『사기(史記)』 등을 공부했다. 연암은 한 번 과거에 실패한 뒤 과거나 벼슬에 뜻을 두지 않고 오직 학문과 저술에만 전념했다. 1768년 백탑(白塔) 근처로 이사한 뒤, 박제가(朴齊家)·이서구(李書九)·서상수(徐常修)·유득공(柳得恭)·유금(柳琴)·홍대용(洪大容)·이덕무(李德懋)·정철조(鄭喆祚) 등과 교유했다. 그 뒤 결국 황해도 금천(金川) 연암협(燕巖峽)으로 은거했다. 1780(정조 4)년 북경으로 사신 가는 삼종형 박명원(朴明源)을 따라 북경·열하를 여행하고 돌아온 뒤, 견문을 정리해 『열하일기(熱河日記)』를 간행했다. 1786년에 선공감감역에 제수된 뒤, 여러 관직을 거쳐, 1800년 양양부사를 끝으로 관직에서 물러났다. 저서로 『열하일기』, 『과농소초(課農小抄)』, 『한민명전의(限民名田議)』, 『안설(按說)』 등을 남겼다. 연암은 청나라의 문물을 적극적으로 수용해야 함을 서술하고, 서학에도 관심을 가졌다. 실학파들의 공통된 사유는 도덕과 경제 중에서 먼저 경제를 살린 이후에 도덕을 챙기자는 것이었다. 말하자면, 정덕·이용·후생 중에서 이용후생을 먼저 챙긴 뒤에 정덕(正德)을 이루는 방법이다. 이용후생을 위해 연암은 정치·경제·사회·군사·천문·지리·문학 등의 각 분야에 걸쳐 이론을 전개했다. 특히 경제 부문에서는 토지개혁정책·화폐정책·중상정책(重商政策) 등을 제창했다.

연암은 「양반전(兩班傳)」, 「허생전(許生傳)」, 「민옹전(閔翁傳)」, 「광문자전(廣文者傳)」, 「김신선전(金神仙傳)」, 「역학대도전(易學大盜傳)」, 「봉산학자전(鳳山學者傳)」 등의 단편소설을 썼는데, 모두 『연암집(燕巖集)』에 수록되었다.

1910(순종 4)년에 좌찬성에 추증되고, 문도공(文度公)이라는 시호

를 받았다.

연암은 다른 실학자와 마찬가지로 정덕·이용·후생 중에서 이
용후생을 먼저 한 뒤에 정덕을 해야 한다고 주장한다.

> 기물의 사용이 편리하게 된 뒤에라야 삶을 윤택하게 할 수 있
> 고, 삶을 윤택하게 한 뒤에라야 덕을 바르게 할 수 있다. 기물의
> 사용이 편리하게 되지 않고서도 삶을 윤택하게 하는 것은 드문
> 것이니, 자기의 삶을 윤택하게 하지 못한다면 어찌 도덕을 바르
> 게 할 수 있겠는가?[32]

정덕보다 이용후생을 우선해야 한다는 것은 실학에 심취하는
선비들의 공통된 주장이었다. 이용후생을 제대로 추진하기 위해
서는 당시 권력자들의 잘못된 학문관을 바로잡아야 했으므로,
그 전의 사람들이 혹은 경학 연구를 가지고, 혹은 양명학을 가지
고, 혹은 실사구시의 이론을 가지고 왜곡된 주자학을 비판해왔지
만, 모두 실패로 끝났다. 이에 연암은 청나라 문물의 수용을 시도
했다.

> 우리를 저들과 비교해본다면 정말이지 한 치의 나은 점도 없
> 다. 그런데도 단지 머리를 깎지 않고 상투를 튼 것만을 가지고,
> 자기가 세상에서 제일인 체하면서 "지금의 중국은 옛날의 중

---

32. 利用然後 可以厚生 厚生然後 正其德矣 不能利其用 而能厚其生鮮矣 生既
不足以自厚 則亦惡能正其德乎(『燕巖集』권11, 『熱河日記』〈渡江錄〉

국이 아니다"라고 말한다. 그 산천은 비린내와 노린내투성이라고 나무라면서, 그 인민을 개나 양이라고 욕하고, 그 언어는 오랑캐 말이라고 모함하면서, 중국 고유의 훌륭한 법과 아름다운 제도마저 배척해 버린다. 그렇다면 장차 어디에서 본받아 행하겠는가.[33]

연암은 숭명배청에 사로잡혀 있는 당시 집권세력의 잘못된 풍조를 신랄하게 비판한다. 연암이 본 것은 청나라에 들어와 있는 서양의 과학·천문학 등의 학문과 서양의 문물이었다. 연암은 과학·기술의 도입과 통상무역의 강화를 주장한 북학파의 영수이다. 그런 만큼 중상론의 구체적인 방안의 하나로 우선 화폐의 통용을 주장했으며, 은의 국외유출 방지와 그 대책으로 은화의 주조를 주장했다. 물자교류 및 경제발전에서 교통이 차지하는 비중을 절대적인 것으로 판단하여 수레·선박 등 교통수단의 개발을 주장했다. 교통의 발달이 상품유통을 촉진하고 재화를 분산시켜 백성의 경제적 후생을 증대시킬 수 있다고 판단했기 때문이다. [34]

연암은 또한 서얼차별의 문제점에 대해 자세히 서술하고, 서얼차별 폐지를 강력하게 주장했다.

---

33. 以我較彼固無寸長 而獨以一撮之結 自賢於天下 曰今之中國 非古之中國也 其山川則罪之以腥羶 其人民則辱之以犬羊 其言語則誣之以侏離 幷與其中國固有之良法美制而攘斥之 則亦將何所倣而行之耶(『燕巖集』 권7, 〈北學議序〉)
34. 최영성, 『한국유학통사』(심산, 2006), 768쪽.

제7절
이덕무의 주자학적 고증학

이덕무(李德懋: 1741~1793)의 자는 무관(懋官), 호는 형암(炯庵)·아정
(雅亭)·청장관(靑莊館)·영처(嬰處)·동방일사(東方一士)·신천옹(信天翁)
등이다.

박학다식하고 문장에 능했으나 서자였기 때문에 크게 등용되
지는 못했다. 약관에 박제가(朴齊家)·유득공(柳得恭)·이서구(李書九)
와 함께 『건연집(巾衍集)』이라는 사가시집(四家詩集)을 내었다. 특히
박지원(朴趾源)·홍대용(洪大容)·박제가·유득공·서이수(徐理修) 등
과 깊이 교유해 많은 영향을 받았다.

그는 고염무(顧炎武)·주이존(朱彝尊) 등의 고증학에 심취했으며,
1778(정조 2)년에 서장관(書狀官)으로 연경(燕京)에 들어가 청나라 석
학들과 교류했다.

형암의 명성이 정조에게까지 알려져 1779년에 박제가·유득공·
서이수와 함께 초대 규장각 외각검서관이 되었고, 정조의 사랑과
신임을 받아 1781년 내각검서관이 되었다. 그 뒤 여러 벼슬을 거쳐
1791년 사옹원주부가 되었으나, 1793년에 병사했다. 정조가 생시의
업적을 기념해 장례비와 『아정유고(雅亭遺稿)』의 간행비를 내어주
었고, 1795년에 아들 이광규(李光葵)를 검서관으로 임명했다.

저서로 『관독일기(觀讀日記)』, 『이목구심서(耳目口心書)』, 『영처시
고(嬰處詩稿)』, 『영처문고(嬰處文稿)』, 『예기고(禮記考)』, 『편찬잡고(編
纂雜稿)』, 『기년아람(紀年兒覽)』, 『사소절(士小節)』, 『청비록(淸脾錄)』,
『뇌뢰낙락서(磊磊落落書)』, 『앙엽기(盎葉記)』, 『입연기(入燕記)』, 『한

죽당수필(寒竹堂隨筆)』, 『천애지기서(天涯知己書)』, 『열상방언(洌上方言)』, 『협주기(峽舟記)』 등 16종이 있다.

형암은 고증학적 방법의 경전연구를 중시하면서도 송·원 시대의 주자학을 병행해야 함을 강조했는데, 그 이유가 매우 의미 있다.

> 한·당의 학자들은 형이하학적인 면의 연구는 자세하지만, 형이상학적인 면의 연구는 전혀 없다. 반면 송·원 시대의 학자들은 형이상학적인 면의 연구에 상세하면서 형이하학적인 면의 연구에는 간혹 빠트린 것이 있다. 경서를 읽는 자는 한·당 시대의 연구와 송·원시대의 연구 중 어느 하나도 빠트리면 안 된다.[35]

학문을 나무 가꾸기에 비유하면, 형이상학은 뿌리를 가꾸는 것에 해당하고, 형이하학은 줄기와 가지와 잎을 가꾸는 것에 해당한다. 뿌리 가꾸기에 치중하는 사람은 줄기와 가지와 잎도 가꾸지만, 간혹 소홀할 수가 있다. 그러나 줄기와 가지와 잎 가꾸기에 치중하는 사람은 뿌리 가꾸기를 하지 않는다. 한·당 시대의 학자들은 형이하학에 치중하면서 형이상학적인 연구는 전혀 하지 않았지만, 송·원 시대의 학자들은 형이상학적인 연구에 치중하면서 간혹 형이하학적인 연구에 소홀하기는 했어도 완전히 빠트리지는 않았다. 따라서 한·당 시대의 유학과 송·원 시대의 유학을 병행하지 않고 어느 하나에만 주력하면 안 된다.

---

35. 漢唐之儒 詳於名物度數 至於心性理氣 則全然蔑如也 宋元之儒 詳於心性理氣 至於名物度數 則或有闕如也 讀經書者 漢唐註疏 宋元訓詁 不可偏廢也(『靑莊館全書』 권8, 〈禮記臆二〉 大學).

제8절
유득공의 역사의식

유득공(柳得恭: 1748~1807)의 자는 혜보(惠甫)·혜풍(惠風)이고, 호는
영재(泠齋)·영암(泠庵)·고운당(古芸堂)이다.

27세 때인 1774(영조 50)년에 사마시에 급제하여 생원이 되고,
32세 때인 1779년에 규장각검서(奎章閣檢書)가 되었다. 그 뒤 제천·
포천·양근 등의 군수를 거쳐 말년에는 풍천부사를 지냈다. 저서
로는 『경도잡지(京都雜志)』, 『영재집(泠齋集)』, 『고운당필기(古芸堂筆
記)』, 『앙엽기(盎葉記)』, 『사군지(四郡志)』, 『발해고(渤海考)』, 『이십일
도회고시(二十一都懷古詩)』 등이 있다.

영재는 두 차례의 연경행을 통해 융성한 청조 문화를 직접 봄
으로써, 중국의 문화를 수입해야 한다고 역설했다.

영재는 31세 때인 1778년에 『이십일도회고시(二十一都懷古詩)』를
지었는데, 한백겸의 『동국지리지』를 읽다가 느낀 바 있어, 단군조
선의 왕검성으로부터 고려의 송도에 이르기까지 4천여 년에 걸쳐
우리 민족이 세운 나라의 21개 도읍지에 관해, 도읍을 정한 내력
과 번영한 내용을 읊은 43편의 장편 칠언시이다. 거듭되는 역사의
수레바퀴 속에서 우리 역사의 지난 모습을 각 왕도를 통해 조명
함으로써 민족의 발전과 생동의 원천으로 삼고자 한 영재의 역사
의식이 잘 드러나 있다.

37세 때인 1784(정조 8)년에는 『발해고』를 저술하여 발해사 정
리의 선구적인 업적을 남겼다. 후일 홍석주의 「발해세가」, 한치윤
의 『해동역사』, 정약용의 『아방강역고』에 실린 「발해고」, 서상우

의 『발해강역고』 등의 저술에 큰 영향을 끼쳤다.

영재는 『발해고』의 서문에서, 발해가 고구려의 후계자인데 고려시대 역사가들이 통일신라를 남조, 발해를 북조로 하는 남북국사를 편찬하지 않음으로써, 국세(國勢)를 떨치지 못했다고 지적하고, 이로 인해 토문강 북쪽과 압록강 서쪽 지역의 우리 옛 땅을 되찾을 수 있는 명분을 영원히 잃게 되었다고 하면서, 고려가 마침내 약한 나라가 된 것은 발해의 옛 땅을 찾지 못했기 때문이라고 탄식했다. 이는 발해를 한국사의 체계에 포함하여 발해와 통일신라시대를 '남북국시대'로 인식해야 한다는 이론적 근거를 제시한 것으로서, 민족의 기상을 드높임과 동시에 주체적 각성을 요구하는 실학 정신의 발로였다. 발해고와 사군지는 표리관계에 있다.[36]

제9절
박제가의 북학 강조

박제가(朴齊家: 1750~1805)의 자는 차수(次修)·재선(在先)·수기(修其)이고, 호는 초정(楚亭)·정유(貞蕤)·위항도인(葦杭道人)이다. 19세를 전후해 박지원·이덕무·유득공 등과 교유했다. 1776년(정조 즉위년)에 이덕무·유득공·이서구(李書九) 등과 『건연집(巾衍集)』이라는 사가시집(四家詩集)을 내어 문명을 청나라에까지 떨쳤다. 1778년 사은사 채제공(蔡濟恭)을 따라 이덕무와 함께 청나라에 가서 청나라 학자

---

36. 최영성, 『한국유학통사』(심산, 2006), 788~789쪽 참조.

들과 교유했고, 돌아와 청나라에서 보고 들은 것을 정리해 『북학의(北學議)』를 저술했다. 1777년 정조의 서얼허통절목(庶孼許通節目)을 발표함에 따라, 1779년 3월에 이덕무·유득공·서이수(徐理修) 등의 서얼 출신과 함께 규장각 검서관직(檢書官職)에 임명되었다.

1794년 2월에 춘당대 무과(春塘臺武科)를 보아 장원으로 급제했다.

저서로는 『북학의(北學議)』, 『정유집(貞蕤集)』, 『정유시고(貞蕤詩稿)』, 『명농초고(明農草藁)』 등이 있다.

초정의 대표 저술인 『북학의』는 제1차 연행에서 얻은 견문을 책으로 엮은 것인데 내·외편으로 구성되어 있다. 내편은 주로 수레·배·성·벽돌·궁실·도로·교량·우마 등 생활 주변에 있는 기구·시설 등의 문제를 다루었으며, 외편은 전답·농잠총론·과거론·관제·녹제·재부론·장론(葬論)·병론 등의 정책과 제도에 관한 문제를 주로 다루었다.[37]

초정은 「진북학의(進北學議)」에서 북학의 필요성을 다음과 같이 역설한다.

> 필부도 앙갚음을 하려면 상대방이 차고 있는 날카로운 칼을 보고 그것을 빼앗으려고 하는데, 지금 당당한 천승의 나라로서 천하에 대의를 펴고자 하면서도, 중국의 법을 한 가지도 배우지 않고 중국 선비를 한 사람도 사귀지 않아, 우리 백성으로 하여금 애를 쓰면서도 효과가 없게 하고, 곤궁과 굶주림으로 말미암아 스스로 그만두게 하고 말았다. 백배의 이로움을 버리고

---

37. 위의 책, 776쪽.

실행하지 않으니, 중국에 있는 오랑캐를 물리치기는커녕 우리나라의 야만적인 것도 다 변혁하지 못할까 염려된다.[38]

초정은 철저한 북학론자로서 누구보다도 용감하고 일관되게 북학을 부르짖어, 당시에 이미 중국풍의 우두머리라는 뜻으로 당괴(唐魁)로 일컬어졌다. 그의 북학론은 중국의 문물제도를 배워 우리의 현실을 개혁하고자 한 것이었다. 그는 지나치게 중국 중심으로 흘러, 조선의 잘못된 점을 말할 때는 반드시 중국을 배우지 않았기 때문이라고 결론지었다. 더욱이 중국어를 문자의 근본이라 하여

우리나라는 지역적으로 중국과 가깝고 음성이 대략 같으니, 온 나라 사람들이 모두 우리말을 버린다고 해도 안 될 것이 없다. 그런 뒤라야 오랑캐라는 말을 면하게 될 것이며, 우리나라 수천 리에 주·한·당·송의 풍기가 저절로 일어날 것이니, 어찌 크게 상쾌한 일이 아니겠는가.

라고 한 것이라든지, 우리 돈을 만들지 말고 중국 돈으로 통용하자고 한 것 등은 지나치다고 아니할 수 없다.[39]

노론 집권자들이 명나라에 대한 지나친 존경심을 표한 반면, 초정은 청나라에 대한 지나친 존경심을 가지고 있었다. 노론 집권

---

38. 위의 책, 778쪽.
39. 위의 책, 782쪽 참조.

자들의 치우침이 클수록 그 반발계수 또한 그만큼 큰 법이다. 초
정은 지나치게 청나라에 경도되었다.

이전의 실학파들은 주자학을 철학적 바탕으로 하면서 시급한
민생의 문제를 해결하기 위한 대안을 찾았으나, 초정에 이르러서
는 학문의 바탕도 주자학에서 벗어난 감이 있다.

제10절
정약용의 실학 집대성

정약용(丁若鏞: 1762~1836년)의 자는 미용(美鏞)이고, 호는 다산(茶山)
·사암(俟菴)·여유당(與猶堂)·채산(菜山)이며, 양근 땅 마현재에서
태어났다.

제1항 다산의 생애와 저술 동기

다산은 16세가 되던 1776년에 성호의 학문을 접하고, 성호의 저
술을 통해 성호의 영향을 많이 받았다. 다산은 1783년 진사시(進
士試)에 합격한 뒤 성균관 등에서 수학했고, 1789년에 대과에 급
제하여 벼슬길에 올라 10년 동안 정조의 총애를 받아 여러 벼슬
을 두루 거쳤다.

1793년에는 수원성을 쌓으면서 기술적인 문제를 해결하여 큰
업적을 쌓았다. 이 시기에 그는 이벽(李檗)·이승훈 등과 접촉하며

천주교의 교리를 익혔다.

다산은 정조(正祖)의 신임을 받아 관직 생활이 순탄했으나, 정조 사후에, 청년기에 접했던 천주학이 문제가 되어 장기간 유배 생활을 했다.

다산은 백성들의 비참한 삶을 너무 잘 알고 있었다. 다산은 백성의 비참한 삶의 모습을 시로 표현하기도 했다. '용산리'라는 제목의 시는 아전이 용산리에 들이닥쳐 소를 빼앗아 가는 광경을 읊은 것이다. 『여유당전서』 시문집 제1집 권5에 실려 있다.

용산리	龍山吏
아전들이 용산 마을 들이닥쳐서	吏打龍山村
소를 뒤져 관리에게 넘겨주나니	搜牛付官人
그 소 몰고 멀리멀리 가는 모습을	驅牛遠遠去
집집마다 문에 기대 바라만 보네	家家倚門看
사또님 노여움만 막으면 그만이지	勉塞官長怒
약한 백성 고통을 그 누가 알까	誰知細民苦
유월에 느닷없이 쌀 색출하니	六月索稻米
수 자리 생활보다 더욱 고달파	毒痛甚征戍
좋은 소식은 끝내 오지를 않고	德音竟不至
수많은 생명이 다 죽게 생겼는데	萬命相枕死
가난한 백성들 참으로 불쌍하다	窮生儘可哀
죽은 자가 차라리 마음 편하리	死者寧晏矣
남편 없어 홀로 된 외로운 여인	婦寡無良人

實事求是 創始
牧民經世大聖

丁若鏞先生肖像

정약용

자식도 손자도 없는 고독한 영감	翁老無兒孫
멀어지는 소를 보며 눈물이 주르륵	泫然望牛泣
떨어지는 눈물이 옷깃을 다 적시네	淚落沾衣裙
마을의 모양새가 이 꼬락서닌데	村色劇疲衰
아전 놈 왜 안 가고 앉아 있을까	吏坐胡不歸
쌀독이 바닥난 지 이미 오래니	瓶罌久已罄
무슨 수로 저녁밥 지어 먹을까	何能有夕炊
죽치고 앉아서 남 못살게 구는 놈	坐令生理絶
동네마다 목이 메어 우는 사람뿐	四隣同鳴咽
소를 잡아 권문에 갖다 바치면	脯牛歸朱門
그것으로 좋은 점수 따게 된다니	才謂以甄別

　당시 백성들의 삶이 얼마나 고달팠는지 너무도 생생하다. 다산의 시 중에 더욱 슬픈 시가 또 있다. 젊은이의 아버지는 돌아가셨고, 갓난아이는 아직 피도 마르지 않았는데, 돌아가신 아버지와 피도 안 마른 갓난아이까지 세 남자를 모두 군적에 올려놓고 군포(軍布)를 뜯어간다. 젊은이는 더는 참지 못하고 방에 들어가 자기의 음경을 잘라버렸다. 그것이 아이를 낳은 원수라서 그랬다. 그 상황을 다산은 '애절양(哀絶陽)'이라는 제목의 시로 표현했다. 『여유당전서』 시문집 제1집 권4에 실려 있다.

| 양물을 자름에 슬퍼하며 | 哀絶陽 |

| 갈밭 마을 젊은 아낙 끝이 없는 통곡 소리 | 蘆田少婦哭聲長 |

현문 보고 통곡하고 하늘에다 울부짖네	哭向縣門號穹蒼
전쟁 나간 지아비가 못 돌아올 순 있어도	夫征不復尚可有
양물을 잘랐단 말 들어본 적 아예 없어	自古未聞男絶陽
시아버지 상 당했고, 아인 아직 핏덩인데	舅喪已縞兒未澡
아버지 아들 손자가 군적에 다 올랐네	三代名簽在軍保
달려가서 호소해도 문지기가 호랑이라	薄言往愬虎守閽
이정이 으르렁대며 마구간 소 몰아가고	里正咆哮牛去皁
칼을 갈아 방에 들자 자리에는 피가 가득	磨刀入房血滿席
자식 낳은 그 물건이 한이 되어 그랬다네	自恨生兒遭窘厄
무슨 죄를 지었길래 잠실 음형 당했는가	蠶室淫刑豈有辜
민땅 자식 거세한 것도 참으로 슬픈 것을	閩囝去勢良亦慽
자식 낳고 또 낳음은 하늘이 주신 이치	生生之理天所予
하늘 닮아 아들 되고 땅 닮아 딸이 되지	乾道成男坤道女
불깐 말 불깐 돼지도 서럽다 할 것인데	騸馬豶豕猶云悲
대 이어갈 생민이야 무슨 말을 더하리요	況乃生民恩繼序
부호들은 일 년 내내 풍악을 두드리며	豪家終歲奏管弦
낟알 한 톨 비단 한 치 안 바치고 사는데	粒米寸帛無所捐
똑같은 우리 백성 왜 그리도 차별할까	均吾赤子何厚薄
객창에서 거듭거듭 시구편을 외워보네	客窓重誦鳲鳩篇

이렇게 처참한 모습을 본 다산은 견딜 수가 없다. 속절없이 『시경』의 「시구」라는 제목의 시를 읊으며 참담한 마음을 달래 본다.

뻐꾸기	鳲鳩

뽕나무 위 뻐꾸기 일곱 마리 새끼 있네	鳲鳩在桑 其子七兮
멋쟁이 우리 님은 그 거동이 한결같애	淑人君子 其儀一兮
그 거동이 한결같고 그 마음이 단단하네	其儀一兮 心如結兮

뻐꾸기는 뽕나무 새끼들은 매화나무	鳲鳩在桑 其子在梅
멋있는 우리 님은 비단실로 띠를 했네	淑人君子 其帶伊絲
비단 실로 띠를 하고 오색 구슬 고깔 썼네	其帶伊絲 其弁伊騏

뻐꾸기는 뽕나무 새끼들은 대추나무	鳲鳩在桑 其子在棘
어지신 우리 님은 거동이 어울리네	淑人君子 其儀不忒
어울리는 거동으로 온 나라를 구하셨네	其儀不忒 正是四國

뻐꾸기는 뽕나무 새끼들은 개암나무	鳲鳩在桑 其子在榛
아름다운 우리 님은 나라 사람 구하셨네	淑人君子 正是國人
나라 사람 구했으니 만수무강하셔야지	正是國人 胡不萬年

다산은 꿈을 꾸었다. 이 세상을 지상낙원으로 만드는 한국인의 꿈을 꾸었다. 예로부터 한국인들에게는 꿈이 있다. 자기가 천사처럼 되는 꿈이고, 이 세상을 천국으로 만드는 꿈이다. 세상을 천국으로 만드는 꿈은 물밑에 잠겼다가 여건이 되면 수면 위로 고개를 내민다. 지상천국의 꿈을 실현할 수 있는 여건은 성스러운 임금과 현명한 신하가 동시에 출현할 때 이루어진다. 다산은 정조

를 만났다. 성스러운 임금과 현명한 신하가 만난 것이다. 꿈을 향한 다산의 가슴이 뛰기 시작했다. 다산은 정조와 한마음이 되어 불철주야 꿈을 향해 달렸다. 그런데 어쩐 일인가. 건장하던 정조가 갑자기 승하했다. 청천벽력이었다. 다산은 억장이 무너졌다. 다산은 슬픔을 추스를 새도 없이 바로 귀양길에 올라야 했다. 귀양살이하는 동안 다산은 백성들의 참상을 보았다. 정조만 살아계셨더라면, 이런 일은 없었을 것이다. 만약 있더라도 바로 해결할 수 있다. 그러나 지금은 할 수 있는 것이 하나도 없다. 다산은 처절한 심정을 임금 정조를 향해 넋두리라도 해보는 수밖에 없다. "왜 그냥 가셨나요? 이 백성들을 어찌하려고요. 만수무강하셨어야지요." 다산이 「시구」라는 시를 읊는 것은 정조에 대한 넋두리였다. 나뭇가지에 앉아 있는 올빼미도 새끼 낳아 행복하게 살아가는데, 백성들 사는 꼴은 왜 이 모양인가! 정치는 왜 하는 것인가? 넋두리를 늘어놓아도 속만 탈 뿐, 후련해지지 않는다.

세월은 흐른다. 모든 꿈을 접고, 무너지는 가슴을 술로 달래며 평생을 허송할 수는 없다. 백성들의 참상이 점점 더 심해질 것인데, 몰라라 할 수가 없다. 어떻게 해야 할까? 해결책은 잘못된 정치를 막고, 제대로 된 정치방안을 제시하는 것뿐이다. 잘못된 정치를 막는 방법 중에 다산이 할 수 있는 것은 정치 집권자들이 정치의 수단으로 삼고 있는 주자학을 비판하는 것밖에 없다.

그 이전에도 주자학을 공격하는 학풍이 있었다. 그 이전의 주자학 비판자들은 주자학을 연구하면서 정치집권의 수단이 된 부분만 공격했다. 다산이 보기에 그런 방식의 공격은 강력할 수 없다. 공격의 효과를 높이기 위해서는 주자학 전체를 공격해야 한다. 그 일은 녹록하지 않다. 다산은 오랜 유배 기간에 주자학을 넘어서기 위해 경전을 연구했다. 다산은 그 방대한 결과물들을 정리하여 육경사서(六經四書)의 연구서로 저술했다. 육경사서의 저술은 주자학을 넘어서기 위해 연구된 것이었다. 다산의 또 하나의 과제인, 제대로 된 정치방안을 제시하는 것은 『경세유표(經世遺表)』, 『목민심서(牧民心書)』, 『흠흠신서(欽欽新書)』 등의 저술로 마무리했다. 그 외에도 다산은 지리, 의학, 예술의 내용을 정리하여 저술로 남겼다.

다산은 1818년 57세 되던 해에 유배에서 풀려나 생을 마감할 때까지 고향에 은거하면서 유배지 강진에서 마치지 못했던 저술 작업을 완성했다.

제2항 다산학의 성립

위대한 학문은 혼자의 힘으로 순식간에 만들어질 수 없다. 이전 사람들의 다양한 업적을 이어받아 정리하고 거기에 자기의 이론을 가미해야 비로소 큰 학문이 체계를 갖출 수 있게 된다. 다산도 이전 학자들의 업적을 이어받았지만, 그중에서 가장 많이 영향 받은 학자가 성호 이익의 사상과 업적이었다.

1. 성호의 영향

다산은 16세부터 성호의 저작물을 깊이 연구했고, 많은 영향을 받았다.

성옹(星翁) 의 저작은 거의 1백 권에 가깝습니다. 스스로 생각해보면 우리가 천지의 웅대함과 일월의 밝음을 알게 된 것은 다 이 선생님에게 힘입었습니다.[40]

성호는 경전연구의 목적을 실용 추구에 두었다. 성호는 경전연구의 목적을 다음과 같이 설명했다.

경전을 궁리하는 것은 실용을 위해서이다. 경전을 해설하면서 천하만사에 뜻을 두지 않는다면, 다만 읽을 줄만 아는 것일 뿐이다.[41]

성호의 경전연구 태도는 다산에게 영향을 주었다. 당시의 집권자들이 경전을 읽으면서도 그 내용을 정치에 반영하지 않는 것을 본 다산은 성호의 경전연구 방법을 따를 수밖에 없었다. 다산이 중형 정약전(丁若銓)에게 보낸 글에서 경전을 연구하는 목적을 실생활에 적용하기 위한 것이라고 한 것을 보면 성호의 경전연구 방법이 다산에게 이어졌음이 증명된다.

2. 천주학의 영향

다산은 24세가 되던 1784년에 큰형수의 동생인 이벽(李檗:

---

40. 星翁文字 殆近百卷 自念吾輩能識天地之大日月之明 皆此翁之力(『與猶堂全書』 1집 20권, 「문집」 序).
41. 『星湖僿說』, 「經史門·誦詩」, "窮經將以致用也 說經而不措於天下萬事 是徒能讀耳."

1574~1785)을 통해 천주교 교리 내용을 들었고, 그 뒤 이벽에게 천주학에 관한 책을 얻어 읽고 깊은 감명을 받았다. 다산은 주자학이 정치에 이용되면서 생긴 폐해들에 대해 익히 알고 있었으므로, 주자학에 매료되지 않았던 것으로 보인다.

단군조선시대 이전부터 한국인들에게는 하늘과 사람이 하나로 이어져 있다는 사상이 내려오고 있으므로, 하늘과 떨어져 살아야 하는 처지에 놓인 한국인은 한이 맺힌다. 한국인이 한을 푸는 확실한 방법은 하늘과 이어져 있는 본래의 모습을 회복하는 것이다. 초기의 한국인들은 동굴에서 마늘과 쑥을 먹으며 한을 풀었다. 후대로 내려와서는 불교의 가르침을 통해서도 풀었고, 유교의 가르침을 통해서도 풀었다. 한국인들이 주자학에 심취하게 된 이유 중의 하나는 주자학에 하늘과 하나인 본래의 모습으로 돌아가는 방법이 들어 있었기 때문이다. 다산은 주자학에 심취하지 않았으므로, 한을 풀 방법이 없었다. 그러던 중에 이벽에게 천주학의 내용을 들었다. 천주학은 다산에게 잠재해 있는 한을 풀게 해주었다. 다산은 천주학에 매료될 수밖에 없었다.

천주학과 유사성이 높은 경전을 꼽으라면 단연 『중용』이다. 다산은 이벽에게 들은 내용을 훗날에 정리하여, 『中庸講義補』를 저술했는데, 그 세주(細註)에 이벽의 설을 '이덕조(李德祚)의 견해' 혹은 '광암(曠菴)의 설'로 소개했다.

제3항 경학을 통한 주자학 비판

1. 다산의 경학

다산은 주자학에서 벗어나 경학을 통해 실제에 도움이 되는 방안을 찾는 데 주력했다. 다산이 아들에게 다음과 같은 글을 보낸 적이 있다.

> 반드시 먼저 경학으로 기초를 닦고 그런 뒤에 과거의 역사서를 섭렵하여 그 득실과 치란의 근원을 보아야 한다. 또 모름지기 실용적인 학문에 유념하여 옛사람의 경세제민에 관한 글을 즐겨보아야 한다.[42]

    다산의 경전 연구는 노론 학자들에 의해 왜곡된 주자학의 병폐를 극복하는 방안을 찾기 위한 것이었다. 주자학을 이용하는 정치인들은 민생을 외면했으므로 다산이 민생의 회복을 위한 방안으로 찾은 것이 경학이었다. 글 읽는 군자가 민생을 외면하면 군자라 할 수 없다.

> 마음에 항상 만백성을 윤택하게 하고 모든 사물을 기르려는 뜻을 가져야 한다. 그런 연후라야 비로소 글 읽는 군자가 될 수 있다[43]

---

42. 必先以經學立著基址 然後涉獵前史 知其得失理亂之源 又須留心實用之學 樂觀古人經濟文字(『與猶堂全書』 1집 권21, 「文集」 書).

경학은 수기안인(修己安人)의 학이다. 수양을 통해 인품이 완성된 사람은 저절로 사람을 사랑하고 만물을 아낀다. 당시의 집권자 중의 대부분은 욕심을 채우기 위해 학문을 했다. 그들은 주자학을 바탕으로 한 모범답안을 만들어 놓았다. 모범답안지를 외워서 과거에 통과하고 나면 욕심 채우는 일을 시작한다. 그들이 욕심을 채운다는 것은 백성들을 고달프게 한다는 것을 의미한다. 그들이 지방의 관리가 되면 백성들에게 터무니없는 세금을 징수한다. 그들의 학문은 출세를 위한 관문일 뿐이므로, 수양을 위한 내용이 들어 있지 않다. 사람들이 욕심을 채우려고 학문을 하면 학문의 폐해가 그만큼 커진다. 다산은 학문의 폐해를 너무나 많이 목격했으므로, 백성을 사랑하는 마음이 없는 사람은 학문하면 안 된다는 것을 강조한다. 다산은 주자학의 자리에 경학을 올려놓았다. 다산이 말한 경학은 주자에 의해 해석되기 이전의 유학이다. 경학을 통해 인품을 완성하고, 정치를 통해 백성을 사랑하는 정책을 펼치는 것이 배우는 자의 마땅한 도리이다.

> 육경과 사서로써 수기하고 일표이서(一表二書)로써 천하·국가를 다스리니, 본말을 갖추었다[44]

다산의 경학에는 육경과 사서 외에도 소학(小學)·수양론·예학

---

43. 此心常存澤萬民育萬物底意思 然後方做得讀書君子(『與猶堂全書』1집 권21, 「文集」書).
44. 六經四書以之修己 一表二書 以之爲天下國家 所以備本末也(『與猶堂全書』1집 권16~18, 「自撰墓誌銘」).

·경세론에 이르기까지 광범위하게 포함되었다.

　다산이 경학을 연구하는 기본 방식은 경전의 내용을 근거로 하여 경전의 구절을 해석하는 것이다. 만약 경전 중의 어떤 구절의 내용이 의미가 확실한 다른 구절의 내용과 어긋난다면, 그 구절은 의심해야 한다.

　　무릇 믿을 만한 경문에 어긋남이 있음은 모두 믿을 수 없는 것이다.[45]

　경전 구절의 의미를 이해하는 제일 좋은 방법은 경전에 있는 다른 구절의 의미를 통해서 이해하는 것이다. 경전의 주석에는 왜곡된 것이 많으므로, 먼저 정확하게 이해하지 않은 채 다른 사람의 주석을 참고하면, 경전의 내용을 왜곡하기 쉽다. 다산은 주자의 경전 주석에도 오류가 많다고 보았다. 그러므로 먼저 경전 자체를 연구하여 확실한 내용을 밝혀놓지 않으면 경전을 읽는 사람들이 다른 주석에 휘둘려 경전의 내용을 오해하게 된다. 이를 방지하기 위한 것이 경학을 연구한 다산의 목적이다.

　　잘못된 것이 드러나지 않는다면, 옳은 것이 확실해지지 않으므로, 여러 주석자의 설명 중에서 경전의 뜻을 어지럽히는 것과 제대로 밝히는 것을 둘 다 드러내어 비교하고 밝혀서 후세의 군자가 공평하게 듣고 아울러 살펴서 오직 옳은 것을 구할 수

45. 凡有乖於可信之經文者 實不可信(『與猶堂全書』 2집 권6, 『孟子要義』 권2).

있게 하는 것이 나의 뜻이다.[46]

다산의 경전 연구 업적은 방대하고 세밀하다. 많은 주석을 참조하여 철저한 논증을 거쳤다. 한 예로 다산의 『매씨서평(梅氏書評)』의 저작 과정을 보면 그의 치밀한 연구를 짐작할 수 있다. 다산이 많은 옛 경전을 통해 『매씨상서(梅氏尙書)』가 위작임을 밝힌 『매씨서평』은 그의 문헌연구 방법의 대표적인 성과물이다.

다산이 『매씨서평』을 집필하게 된 동기는 성균관에 재학할 때로 거슬러 올라간다. 다산은 『매씨상서』에 있는 증보된 25편이 동진의 매적(梅賾)이 한나라 때의 학자 공안국(孔安國)의 주가 붙어 있는 『상서공안국전(尙書孔安國傳)』에 들어 있는 것을 발견하고 이를 조정에 헌상했다고 하는 것에 의문을 가졌다. 그 뒤 1792년 희정당(熙政堂)에서 정조가 「상서조문(尙書條問)」 수백여 조를 내놓고 그중에서 특히 금문과 고문 구별에 의문을 제기하면서부터 『매씨상서』의 진위 문제에 관심을 가졌다. 하지만 본격적인 분석 작업은 강진 유배지에서 이루어졌다. 그러나 강진 유배지의 특성상 문헌의 부족함과 열악함으로, 이미 청나라의 염약거가 『매씨상서』가 위서임을 밝혀 『상서고문소증』을 저술한 사실을 몰랐다. 이는 뒷날 유배지에서 돌아온 뒤 홍석주, 홍현주 형제로부터 염약거의 저서를 전해 받아 보고 나서 확인했다. 염약거는 폭넓은 문헌 고증을 통해 자세하게 비판했다. 다산은 1827년 염약거의 『상

---

46. 然彼非不章 此是不立 故其于諸家之說 凡足以亂經旨者 與足以發經旨者 皆兩著而交顯之 使後之君子公聽竝觀 而唯是是求 亦余志也(『與猶堂全書』 3집 권1, 「喪禮四箋」 〈喪禮四箋序〉).

서고문소증』을 자세하게 확인한 후 새로이 위고문(僞古文) 25편에 대해 편마다 자세하게 검토 연구했다. 그가 참고한 자료는 십 삼 경과 역대의 역사서, 송나라 때 오역의 『서비전』, 주자의 『어류』, 원나라 오징의 『서찬언』, 명나라 오작의 『상서고이』, 청나라 최 술의 『고신록』, 염약거의 『상서고문소증』등, 방대한 자료를 동원 하여 1834년 『매씨서평』에 대하여 2차 수정을 했다. 그리고 뒷 날 자세하게 살펴보고 100개의 문장을 초록하여 염약거의 견해 를 수정하고, 자신의 견해를 더하여 『염씨고문소증초(閻氏古文疏證 抄)』를 편찬하여 『상서』의 고증학적 연구를 더욱 심화했다. 『매씨 서평』에서 다산은 주자학을 비판하고 실학적인 내용을 전개했다.

2. 경학을 통한 주자학 비판

다산이 경학을 연구한 제일 목적은 주자학 비판에 있었다. 다산 의 비판은 당시 학자들의 공리공론으로 일관하는 주자학 연구 방 법에 집중한다.

> 이기설은 동으로도 갈 수 있고 서로도 갈 수 있다. 흰색이 될 수도 있고, 검은색이 될 수도 있다. 왼쪽으로 끌면 왼쪽으로 기 울고 오른쪽으로 끌면 오른쪽으로 기울어진다. 온 세상 사람들 이 서로 다투고 자손에게 전해지면서도 또한 끝을 볼 수가 없 다. 인생은 일이 많으니 형과 나는 이것을 할 겨를이 없다.[47]

---

47. 理氣之說 可東可西 可白可黑 左牽則左斜 右挈則右斜 擧世相爭 傳之于孫 亦 無見竟 人生多事 兄與我不可爲時也(『與猶堂全書』1집 권19, 「文集」, 〈答李 汝弘〉).

다산은 당시의 학풍이 공자의 뜻과 멀어져 이기설과 사단칠정론 등에 치우쳐 있음을 비판한다.

> 공자의 도는 수기치인일 따름이다. 요즘의 학문하는 사람은 아침저녁으로 힘써 공부하는 것이 다만 이기설, 사단칠정론변, 하도와 낙서에 대한 수, 태극설, 원회설뿐이다. 이런 것들이 수기에 해당하는가? 치인에 해당하는가?[48]

다산은 당시의 학풍이 공자의 수기치인 정신과 멀어져서 이기설, 사단칠정론, 태극설 등을 입으로만 논란하는 폐해를 비판한다. 다산의 비판은 공리공론으로 일관하는 당시의 잘못된 학풍에 한한다. 수기치인에서 벗어난 이론들은 공리공론일 수밖에 없다. 이기설, 사단칠정론 등의 발단은 퇴계에게서 비롯되므로, 사단칠정론 등을 비판한 다산이 퇴계도 비판할 것으로 생각되지만, 그렇지 않았다. 퇴계의 사단칠정론은 철저한 수양 과정에서 나온 결과물이었다. 퇴계는 철저한 수양을 통해 성인의 경지에 이르렀다. 다산은 퇴계를 스승으로 모시면서 퇴계를 담기 위해 최선을 다했다.

> 아! 선생은 경천위지(經天緯地)하는 학문을 완성하고, 옛 성인을 계승하여 후학에게 이어주는 위대한 사업을 이루신 분이다. 당시 조정에 있던 문무백관들은 선생의 바깥 모습만 보았으므로,

---

48. 孔子之道 修己治人而已 今之爲學者 朝夕講劘 只是理氣四七之辨 河圖洛書之數 太極元會之說而已 不知此數者 於修己當乎 於治人當乎(『與猶堂全書』 1집 권17, 「文集」 贈言).

선생의 심오한 학문과 빼어난 도덕을 조금도 엿보지 못했을 것
이지만, 선생은 오히려 모자라는 사람처럼 처신하시며, 포부를
알아주지 않음을 한탄하지 않았으니, 겸손하고 겸손한 군자이
시다. 선생이 아니면 내 누구에게 귀의하겠는가![49]

이를 보면 다산의 주자학 비판의 대상이 공리공론을 일삼는 당
시의 주자학자들에게 국한된 것임을 알 수 있다. 다산은 「오학론(五
學論)」 첫 번째 글에서 당시의 주자학들을 다음과 같이 비판한다.

성리학은 도와 자신을 알아서 스스로 타고난 바른 도리를 실
천하기 위해서 하는 것이다. 그런데 요즈음의 성리학자들은 리
(理), 기(氣), 성(性), 정(情), 체(體), 용(用)을 말하면서 리는 같고
기는 다르다거나 기는 같고 리는 다르다 하며, 마음은 선하여
악이 없다거나 마음은 선한데 악이 있다고 하며, 세 줄기 다섯
가지, 천 가지 만 잎사귀로 갈라져, 털끝같이 미세한 것을 가르
고, 명주같이 가는 실을 쪼개며, 번갈아 성을 내고, 서로 고함질
러 평생토록 다툼을 끝내지 못하고, 대를 이어가며 원한을 풀
지 못한다.[50]

---

49. 嗟夫 先生以經天緯地之學 繼往開來之業 當時在朝諸公 猶夫在門墻之外 其
宗廟百官之盛 宜不能窺其一二 而先生猶以空疎自處 而不恨其不知抱負 謙
謙君子 微先生吾誰與歸(『與猶堂全書』 1집 권22, 〈陶山私叔錄〉).
50. 性理之學 所以知道認己 以自勉其所以踐形之義也 今之爲性理之學者 曰理
曰氣 曰性曰情 曰體曰用 理同氣異 氣同理異 心善無惡 心善有惡 三幹五椏
千條萬葉 毫分縷析 交嗔互嚷 畢世而不能決其訟 傳世而不能解其怨(『與猶
堂全書』 1집 권11, 〈五學論〉).

당시의 주자학자들은 리(理), 기(氣), 성(性), 정(情), 체(體), 용(用) 등의 개념들을 미세하게 분석하고 복잡하게 엮어서 대를 이어 다투면서 결말을 보지 못했다. 머리로 따지기만 하고 가슴으로 내려오지 않는 철학은 공리공론이다. 가슴으로 내려오지 않은 철학은 자신의 삶에 도움이 되지 않고, 남들에게 공감을 주지도 못한다. 가슴으로 내려오지 못하는 철학은 수기의 학문이 될 수도 없고, 치인의 학문이 될 수도 없다. 당시의 집권자들이 일삼는 주자학은 수기와 치인의 기능을 상실했다.

　　다산이 어정쩡하게 주자학을 비판하면 사문난적으로 지목되어 곤란을 당할 수 있으므로, 아무도 반박할 수 없을 정도로 치밀하지 않으면 안 된다. 다산의 주자학 비판은 경전의 내용에 관한 주자의 해석을 근거로 치밀하게 진행한다. 주자는 『대학』의 장을 나누어, 경(經)과 전(傳)으로 분류하고, 원문의 순서도 일부 바꾸었으며, 격물치지에 관의 설명 부분이 누락 되었다고 판단하고 그 부분에 해당하는 문장을 지어서 끼워 넣었는데, 이에 대해 다산은 옛 경전 어디에서도 그 근거를 찾을 수 없으므로, 주자의 개인 의견일 뿐이라고 비판한다. 또한 주자가 『대학』을 주해하면서 『대학』을 증자가 지었다고 주장했는데, 이는 도통의 맥을 잇기 위한 설명일 뿐, 전혀 근거가 없다고 논박한다.

　　다산은 주자가 『대학』의 기본구조를 삼강령(三綱領)과 팔조목으로 분류한 것, 친(親)이라는 글자를 신(新)으로 바꾼 것, 격물치지를 '사물의 이치를 궁구하여 그 극처가 이르지 않음이 없고자 함'으로 해석한 것 등에 대해 옛 경전을 근거로 하나하나 비판을 가했다.

다산의 『중용강의보(中庸講義補)』는 다산의 경학 입문서이며, 다산 경학의 정수이다. 다산은 『중용강의보』에서 천명(天命)으로 시작하는 『중용』 첫 구절의 내용을 모두 사람을 기준으로 이해한다. 말하자면 천명의 '성'은 사람의 성을 말하고 솔성의 '도'는 사람의 도이며, 수도의 교는 사람의 가르침으로 설명한다. 다산은 주자가 『중용』의 수장에서 유학의 기본 개념인 명(命)·성(性)·도(道)·교(敎)를 설명하면서 늘 인(人)과 물(物)을 함께 언급한 것에 대해서도 비판한다. 다산은 주자의 만물일체설은 죽어서 동물이나 식물로 환생하여 삶이 반복된다고 하는 불교의 윤회설과 같다고 비판한다.

다산은 『중용』, 『논어』, 『주역』 등의 경전을 통해 다양한 고증의 방법으로 주자학을 비판했다. 방대한 체계를 갖춘 주자학을 비판하는 일은 쉽지 않다. 다산은 유배 기간에 경학 연구에 집중하여 주자학 비판을 거의 완성했다. 그러나 비판만 하는 것만으로는 부족하다. 대안을 제시하지 않은 비판은 비판을 위한 비판이 되어, 오히려 사태를 더 복잡하게 할 뿐 도움이 되지 않는다.

다산은 경학 연구와 병행하여, 현실을 바로잡을 수 있는 『경세유표』, 『목민심서』, 『흠흠신서』를 저술했다. 이를 사람들은 일표이서(一表二書)라 한다.

제4항 다산 실학의 내용

다산 실학은 일표이서에 압축되어 있다. 다산이 제시한 일표이서의 내용은 오늘날의 제도로 보면 입법·행정·사법에 해당한다. 입법은 정치·교육·경영 등 나라 경영을 위한 제반 사항을 새로운 상황에 맞게 고치는 것이다. 『경세유표』의 내용이 이에 해당한다. 『목민심서』는 행정관이 지켜야 할 마음가짐과 행동지침에 관한 것이다. 『목민심서』는 주로 지방관의 경우를 설명해놓았지만, 중앙의 행정관에게도 적용할 수 있을 것으로 보인다. 『흠흠신서』는 사법을 담당하는 사법관으로서의 마음가짐과 법을 집행하는 지침에 관한 것이다. 과거에는 행정기관과 사법기관을 엄격하게 분리하지 않았지만, 행정기관과 사법기관이 해야 할 내용은 정확히 구분되어 있었다.

입법·행정·사법은 어느 것 하나 중요하지 않은 것이 없지만, 단추를 끼우는 것에 비유한다면, 입법이 첫 번째 단추이고, 행정이 두 번째 단추이며, 사법이 세 번째 단추이므로, 다산이 제일 심혈을 기울인 것은 『경세유표』이다.

법을 함부로 만들면 안 된다. 잘못된 법을 만들어도 안 되고, 잘못된 법을 고수해도 안 된다. 봄에는 봄옷을 입어야 하고, 여름에는 여름옷을 입어야 하며, 가을에는 가을 옷을 입어야 하고, 겨울에는 겨울옷을 입어야 하듯이, 법과 제도는 새로운 상황에 따라 새롭게 개혁해야 한다. 계절에 따라 옷을 바꿔 입어야 하지만, 옷을 입어야 하는 이유가 변함이 없듯이 법과 제도를 만드는 이유도 변함이 없다.

옷을 입는 이유는 살기 위해서이고, 법과 제도를 만드는 이유도 살기 위해서이다. 삶에 지장이 있는 옷을 입으면 안 되듯이, 삶에 해로운 법과 제도를 시행하면 안 된다.

제대로 된 삶은 참되고 행복한 삶이고, 잘못된 삶은 헛되고 불행한 삶이다. 법과 제도는 헛되고 불행한 삶을 참되고 행복한 삶으로 바꾸기 위해서 만든다. 그런데 문제는 참되고 행복한 삶이 어떤 것인지 알기 어렵다는 데 있다. 참되고 행복한 삶은 하늘의 뜻에 따르는 삶이고, 자연의 흐름에 충실한 삶이다. 자연이 하늘이고 하늘이 자연이다. 사계절의 흐름은 사람들이 알기 때문에 계절에 맞는 옷을 입을 줄 안다. 겨울에 여름옷을 입으면 헛되고 불행하지만, 겨울옷을 입으면 참되고 행복하다. 역사에도 사계절처럼 흐름이 있다. 역사의 흐름은 알기 어려우므로, 흐름에 맞는 법과 제도를 만든다는 것은 쉽지 않다. 역사의 흐름은 하늘의 뜻을 깨우친 사람이라야 알 수 있다. 하늘의 뜻을 깨우친 사람은 성인들이지만, 성인 중에서 공자와 맹자는 임금이 아니었으므로 법과 제도를 만들지 못했다. 성인으로서 임금이 되어 법과 제도를 만든 사람은 요·순과 우·탕·문무이므로, 다산은 요·순과 우·탕·문무의 법과 제도에서 원리를 터득하여 오늘에 맞는 법과 제도를 만들어야 한다는 것을 알았다. 다산의 『경세유표』는 이러한 원리로 저술되었다.

다산은 처음에 『경세유표』의 이름을 『방례초본(邦禮艸本)』이라 붙였다. 법이라는 말을 쓰면 강압적인 느낌이 들기 때문에 예라는 글자를 썼다. 다산은 다음과 같이 『방례초본』의 서문을 썼다.

여기에 논한 것은 법이다. 법이면서 명칭을 예라 한 것은 무엇 때문인가? 선왕(先王)은 예로써 나라를 다스렸고, 백성을 지도했다. 그런데 예가 쇠해지자 법이라는 명칭이 생겼다. 법은 나라를 다스리는 것이 아니며, 백성을 지도하는 것도 아니다. 천리(天理)에 비추어서 합당하고 인정에 시행해도 화합한 것을 예(禮)라 하며, 위엄으로 겁주고 협박으로 괴롭혀 백성들이 벌벌 떨며 감히 범하지 못하도록 하는 것을 법이라 이른다. 선왕은 예를 법으로 삼았고, 후왕(後王)은 법을 법으로 삼았으니, 이것이 같지 않음이다. (…) 생각건대, 우리 효종 대왕은 공법(貢法)을 고쳐서 대동법(大同法)으로 했고, 또 우리 영종대왕[英祖]은 노비법(奴婢法)과 군포법(軍布法)을 고치고, 한림천법(翰林薦法)도 고쳤다. 이것은 모두 천리에 합당하고 인정에 화협(和協)하여, 사시(四時)가 변하지 않을 수 없는 것과 같았다. 그런데 그때 반발하던 신하들의 발언이 뜰에 가득했고, 기세를 올려 힘껏 간하여 임금의 소매를 잡아끌고 대궐 난간을 부러뜨리던 옛사람처럼 한 자가 있기까지 했다. 그러나 그 법을 시행한 지 수백 년 후에 낙(樂)을 누리고 덕(德)을 받아 비로소 백성의 뜻이 조금 안정되었다. 만약 효종·영조 두 임금이 근거 없는 논의에 미혹되어서, 시일만 보내고 끝내 고치지 않았더라면 그 법의 이해득실은 마침내 천고(千古)에 밝혀지지 않았을 것이다. 영조가 균역법(均役法)을 제정할 때 저지하는 자가 있었는데, 영조가 말하기를, "나라가 비록 망한다 해도 이 법을 고치지 않아서는 안 된다" 했다. 아아, 이것은 대 성인의 정대한 말씀으로 속된 임금으로서는 아무리 애를 쓰더라도 입 밖에 낼 수 없는 말이 아니었던가. 그러므로 법을 고치고 관직을 정리하는 것을 춘추필법에서 귀하게 여겼으니, 반드시 왕안석의 일이라 하여 나무라는 말은 용렬한 사람의 속된 말이므로. 현명한 임금이 관심

가질 바가 아니다. 지금에 와서도 그 일을 저지하는 자는 반드시, "조종(祖宗)께서 제정한 법의 변경을 논의할 수 없다"라고 한다. 그러나 조종의 법은 나라를 창건하던 초기에 만든 것이 많다. 그때에는 천명을 아직 환하게 알지 못하고 인심도 아직 안정되지 못했으며, 공을 세운 장수와 정승이 거칠었고, 억센 무인(武人)이 많았으며, 여러 벼슬아치 중에도 간사한 사람이 많았다. 각자 제 사심으로 제 몸에 이익이 될 것만 구하다가 조금이라도 만족하지 못하면 반드시 무리 지어 일어나서 소란을 피웠다. 이런 까닭에 착한 임금과 어진 신하가 장막 속에서 비밀스럽게 계획할 때, 왼쪽으로 쳐다보고 오른쪽으로 돌아보며, 앞이 걸리고 뒤가 당겨서 끝내는 아무 일도 하지 못하고 그만두었다. 무릇 일을 할 수가 없었던 것은 그런 이유 때문이며, 그렇게 하는 것이 원망을 적게 하는 방법으로, 적당하지 못한 것이 있더라도 나 자신만을 위한 것은 아니었다. 무릇 국가를 창건한 초기에는 법을 능히 고치지 못하고 말속(末俗)을 그대로 따르는 것을 큰 도리로 삼았으니, 이것이 예나 지금이나 공통된 병통이다. 그래서 우리나라 법은 고려법을 따른 것이 많았는데, 세종(世宗) 때에 와서 조금 줄이고 보탠 것이 있었다. 그 후 임진왜란 이래로 온갖 법도가 무너지고 모든 일이 어수선했다. 군영(軍營)을 여러 번 증설하여, 나라의 경비가 탕진되고 전제(田制)가 문란해져서 세금을 거두는 것이 공평하지 못했다. 재물이 생산되는 근원은 힘껏 막고 재물이 소비되는 구멍은 마음대로 뚫었다. 이리하여 오직 관서(官署)를 혁파하고 인원 줄이는 것을 구급(救急)하는 방법으로 삼았다. 그러나 이익 되는 것이 되[겨나 말[斗]만큼이라면 손해 되는 것은 산더미 같았다. 관직이 정비되지 않아서 정사(正土)에게 녹(祿)이 없고, 탐묵(貪墨)한 풍습이 크게 일어나서 백성이 시달림을 받았다. 가만히 생각해보면 터럭 하나만큼이라도 병통 아닌 것이 없으니, 지금 고치지 않으면 반드시 나라가 망한 다음이라야 그칠 것이다. 이러하니 어찌 충신과 지사가 팔짱만 끼고 방관할 수 있을 것인가. 『주역』에, "생각이 제 위치를 벗어나지 못한다" 했고, 군자는, "그 자리에 있지 않으면 그 정책을 논하지 않는다" 했으니, 죄에 연루된 신하로서 감히 나라의 법[邦禮]을 논하겠는가. 그렇기는 하다. 그러나 반계(磻溪) 유형원(柳馨遠)이 법을 고치자고 논의했어도 죄가 되지 않았고, 그의 글도 나라 안에 간행되었으니 다만 이용되지 않았을 뿐이었으며, 그가 말한 것은 죄가 되지 않았다 (『여유당전서』 제5집 정법집(政法集) 제1권 경세유표, 「방례초본인(邦禮艸本引)」).

다산은 백성들의 피폐해진 삶을 목격했다. 이대로 가면 나라가 망한다. 서둘러 법과 제도를 바꾸지 않고 이대로 가면 나라 망하는 것은 명약관화하다. 그러나 법과 제도를 바꾸는 것은 참으로 어렵다. 효종과 영조 때 법과 제도를 고쳤는데, 그때 사리사욕을 챙기려는 신하들이 결사반대했다. 지금의 신하들은 그때의 신하들보다 더욱 거칠다. 이렇게 가다가는 나라가 망하지 않고는 배길 수가 없다. 원래 법과 제도를 고치는 일은 그럴 수 있는 위치에 있지 않은 사람이 나설 수 없다. 그렇다고 망해가는 나라를 보고만 있을 수도 없다. 다산은 다급했다. 반계 유형원도 법 제정을 논의했지만, 벌 받지 않았다. 다산은 용기를 내어 단안을 내렸다. 오늘의 실정에 맞는 법과 제도를 정리해 놓기라도 하자. 운이 좋으면 뒤에 훌륭한 임금이 나와 이 법과 제도를 실행할 수 있을 것이고, 나라도 망하지 않을 것이다.

다산이 옛 성왕이 만든 법과 제도를 연구하여 새로운 법과 제도를 만든 것이 『경세유표』이다. 다산은 먼저 오늘날 헌법에 해당하는 법과 제도의 큰 틀을 확정한 뒤, 그에 따른 구체적인 법과 제도를 자세하게 정리했다.

『목민심서』는 지방관의 마음가짐과 행동지침에 대해 자세하게 정리한 것이다. 지방의 현령이나 군수들의 문제점을 너무나 잘 아는 다산이었다. 백성들의 삶에 지대한 영향을 미치는 것이 바로 그들이었다. 『목민심서』는 처음 발령받고 난 뒤에 어떤 마음가짐으로 어떻게 행동해야 하는지를 설명하고 다음에 지방으로 가서 해야 할 구체적인 행정 방법, 흉년에 대처하는 법, 임기를 마칠 때의 마음가짐과 행동방법 등에 관해 자세하게 설명했다. 그 내용은 오늘날의 관리들에게도 좋은 지침이 된다. 오늘날 행정을 맡은 관리들이 『목민심서』에 있는 지침대로만 행정 한다면 최고의 관리가 될 수 있을 것이다.

다산은 사법의 중요성을 매우 잘 알고 있었다. 살인사건이 일어났을 때, 조사 과정을 거쳐 범인을 처형하는 과정이 성의 없이 형식적으로 진행되는 것을 자주 보았다. 법을 정확하게 집행하지 않으면 백성의 억울함을 풀어줄 수 없다. 이를 위해 다산은 『흠흠신서』의 집필에 착수하여, 1819(순조 19)년에 완성했고, 1822년에 편찬했다. 내용은 「경사요의(經史要義)」, 「비상전초(批詳雋抄)」, 「의율

차례(擬律差例)」, 「상형추의(詳刑追議)」, 「전발무사(剪跋蕪詞)」로 이루어져 있다. 「경사요의」에서는 법철학에 해당하는 것으로, 법의 원리를 경전과 역사서에서 찾아 설명했다. 「비상전초」는 청나라에서 발생한 살인사건의 사례를 들어 살인사건이 일어났을 때의 대응방법을 제시했다. 「의율차례」에서는 중국의 모범적인 판례를 들어 참고하도록 했다. 「상형추의」에서는 정조가 심리했던 살인사건 중에서 142건을 골라 재판의 진행 과정을 요약했다. 「전발무사」에서는 다산이 곡산부사와 형조참의로 재직 중 다루었던 사건, 직간접으로 관여했던 사건, 유배지에서 문견(聞見)했던 사건 등을 소개했다.

제5항 다산의 인간론

주자학 전체를 꿰뚫는 주제어는 성즉리(性卽理)이다. 성이 리(理)이며 하늘마음이므로, 성을 회복하여 성으로 살기만 하면 하늘과 하나가 된다는 것이 주자학의 대전제이었다. 다산이 주자학을 비판하려면 성즉리설을 부정하지 않으면 안 된다. 다산은 주자학자들이 성론을 중심으로 다투는 것을 비판한다.

요즘 사람들은 심섬(心性) 두 글자를 가지고 큰 싸움거리로 만든다. 어떤 이는 '심(心)이 크고 성이 작다'라고 말하고, 어떤 이는 성이 크고 심이 작다고 말하기도 한다. '심이 성과 정을 통솔한다[心統性情]'라고 말할 때는 심이 크다고 말하고, '성은 리이

고 심은 기다'라고 말할 때는 성이 크다고 말한다. 심이 크다고
하는 사람들은 정신과 몸이 묘하게 합한 것을 중심으로 하여,
다만 하나의 마음이 있는 것으로 말한 것이고, 성이 크다고 말
하는 사람은 성이라는 글자를 대체와 법신으로 일컫는 것으로
여겼다. 만약 반드시 하나의 글자를 빌려서 대체를 온전하게 일
컫는다면 심이 오히려 가깝고 성은 불가하다. 성이라는 글자는
마땅히 꿩의 성·사슴의 성·풀의 성·나무의 성 등과 같이 '마
음의 좋아하는 기능'으로 이름을 지은 것이다. 높고 광범위한
설로 만들면 안 된다.[51]

다산은 당시의 집권자들이 주자학으로 다투는 것에 염증을 느
끼고 있었다. 그들의 말은 일관되지 않고 오락가락한다. 심통성정
을 말할 때는 심이 크다고 하다가, 성을 리라고 할 때는 성을 크게
본다.

맹자가 말하는 대체나 불교에서 말하는 법신은 존재의 본질
을 말하는 것인데, 집권자들은 성을 신성시하여 성을 대체로 보
고 법신으로 보았지만, 다산은 이를 부정했다. 다산에 따르면, 심
과 성 중에서 대체에 해당하는 것은 성보다 오히려 심에 해당한
다. 다산은 성을 성질로 이해한다. 소의 성질·사자의 성질·나무의

---

51. 今人以心性二字 作爲大訟 或云心大而性小 或云性大而心小 謂心統性情則心
爲大 謂性是理而心是氣則性爲大 以心爲大者 主神形妙合 只有一心而言之
也 以性爲大者 把此性字 以爲大體法身之專稱也 然若必欲假借一字 以爲大
體之專名 則心猶近之 性則不可 性之爲字 當讀之如雉性鹿性草性木性 本以
嗜好立名 不可作高遠廣大說也(『與猶堂全書』 2집 권2, 「心經密驗」).

성질이라고 할 때의 성질이 성이다. 소는 풀을 뜯어 먹고 싶어 하는 성질이 있고, 사자는 사슴고기를 먹고 싶어 하는 성질이 있다. 만물의 성질이 각각 다른 까닭은 하늘이 다르게 살도록 명령했기 때문이다.

> 하늘이 나에게 성을 부여할 때 덕을 좋아하는 정과 선을 가릴 줄 아는 능력을 주었다. 이 성이 비록 내게 있으나, 그 근본은 하늘의 명령이다. 사람들은 자기의 본성을 알면서도 본성에 게을리한다. 한 번만 미루어 살펴보면 성이 본래 하늘이 준 것으로 밝고 밝은 천명임을 알 수 있다. 이 성이 하고 싶어 하는 것을 어기고 성이 부끄러워하는 바를 행하면, 이는 천명을 무시하고, 천명을 거스르는 것이므로, 죄가 하늘에 통한다.[52]

다산은 하늘이 준 성을 따라 사는 것이 참되게 사는 것이고, 거슬러 사는 것은 잘못 사는 것이므로, 죄가 된다고 보았다. 다산은 성을 하늘의 명령이라고 이해함으로써 '천명지위성'이라는 중용의 대전제와 맹자의 성선설을 다 해결했다. 다산은 하늘이 사람에게 성을 줄 때 선을 좋아하고 악을 싫어하도록 명령해 놓았으므로, 본성적으로 사람은 선을 좋아하게 되어 있다고 설명한다.

---

52. 天賦我性 授之以好德之情 畀之以擇善之能 此雖在我 其本天命也 凡人認作自己本性 所以慢之 一番推究 認得此性本係天賦 玆乃赫赫天命 違此性之所欲 行此性之所愧 此是慢天命逆天命 罪通于天矣(『與猶堂全書』 2집 권3, 「中庸自箴」〈天命之謂性〉).

사람의 성은 선을 좋아하고 선을 즐거워한다. 그 증거로는 두 가지가 있다. 하나는 현재 나타나는 것에서 확인할 수 있고, 다른 하나는 나타나는 효과를 통해서이다. 도적이 욕심에 빠져서 악한 일을 하는데, 그것을 모르는 사람이 청렴하고 깨끗한 사람이라고 칭찬하면 기뻐하는 것은 그의 성이 선을 즐거워한다는 것을 알 수 있다. 창기가 욕심에 빠져 악한 일을 하는데, 꾸짖는 사람이 나타나 음란하고 더럽다고 욕하면 부끄러워하는 것은, 그의 성이 악을 싫어하는 것을 알 수 있다. 이것이 지금 바로 나타나는 증거이다.[53]

사람은 사는 방법이 다 다르다. 하늘이 사람에게 선을 좋아하도록 성을 입력시켜 놓았으므로, 사람들이 다 선을 좋아하지만, 선을 하는 방법은 사람마다 다 다르다. 다산은 사람의 성이 다르고 만물의 성 또한 각각 다르다고 논증했으므로, 다산에 따르면 성이 리가 될 수는 없다. 성즉리설이 부정되면 주자학은 이론적으로 무너지게 되어 있지만, 권력의 아성을 튼튼하게 쌓아놓은 집권자들은 다산의 이론을 받아들이지 않는다. 이에 다산은 더 강력한 방법으로 주자학을 비판한다. 그것은 주자학이 불교에서 나왔다는 것을 증명하는 것이다.

---

53. 人性嗜善樂善 厥證有二 其一卽見在之徵驗 其一卽畢竟之功效也 盜賊陷溺 而爲惡 人有不知者 譬之以廉潔則悅 其性之樂善如是也 娼妓陷溺而爲惡 人 有切責者° 罵之以淫穢則愧° 其性之惡惡如是也° 諸如此類° 是見在之徵驗也 (『與猶堂全書』1집 권19, 「文集」〈答李汝弘〉).

단지 '본연(本然)'이란 두 글자는 원래 『수능엄경』의 '여래장의 본성이 맑고 깨끗함이 본래부터 그러하다'라는 말에서 나왔는데, 본연이란 말을 성에다 잘못 붙였으니, 어쩐지 불편하다. 사람의 성이 두 가지로 나오는 것은 분명하다. (…) 『상서』에서는 "천성을 헤아리지 않는다"라고 했고, (…) 『주역』에서는 "이치를 궁구하고 성을 다 발휘해서 명에 이른다"라고 했으며, 공자는 "성은 서로 가깝다"라고 했고, (…) 『맹자』는 '성선'이라 했고, "마음을 다하면, 성을 알고, 성을 알면 하늘을 안다"라고 했다. 이것이 지금 사람들이 말하는 본연지성이지만, 본연이란 두 글자는 뜻이 맞지 않는다. 천명의 성이라고 하는 것만 못하다.[54]

본연이란 말은 원래 유교의 경전에는 없었다. 본연이란 말은 불교에서 들어온 말이다. 다산이 본연이란 말이 불교에서 나왔다는 증거를 찾은 것은 엄청난 위력을 가질 수 있다. 이를 밝혀낸 다산의 말에는 힘이 실린다. 본연지성 운운하는 것은 공리공론이라고 공격해도 반박하기 어렵다.

오늘날 사람들은 '성(性)'이라는 글자를 높여서 마치 하늘처럼 큰 것으로 받들며, 태극 음양 설과 혼합하고 본연 기질의 설과

---

54. 但本然二字 原出首楞嚴經如來藏性淸淨本然語 差屬未安 然人性有二出則明矣(…)商書曰不虞天性(…)易曰窮理盡性 以至於命 孔子曰性相近也(…)孟子曰性善 曰盡其心者知其性 知其性則知天矣 此今所謂本然之性 而本然二字 其義不端 不如仍謂之天命之性也(『與猶堂全書』 2집 권32, 「梅氏書評」〈閻氏古文疏證百抄〉).

섞어, 아득하고 심원한 것으로 여기고, 황홀하고 자랑스러운 것으로 여기며, 가늘게 나누고 명주처럼 갈라서 하늘과 사람이 밝히지 못한 비밀을 궁구한 듯이 여기나, 결국 날로 쓰고 늘 행하는 도리에는 아무 소용이 없으니, 무슨 도움이 되겠는가! 이것을 따져 보지 않을 수 없다.[55]

당시 권력을 잡은 주자학자들은 성을 높여 신성시하지만, 사람의 일상생활에는 아무 도움도 되지 않는다.

다산에 따르면, 성은 하늘에서 주어진 고유한 존재 원리이다. 모든 존재에는 선을 좋아하고 악을 싫어하도록 입력되어 있는데, 그것이 성이다. 성을 따르면 선이 되지만, 성을 거스르면 욕심이 된다. 성은 맹자가 말하는 대체이고 욕심은 소체이다.

대체를 따르는 것은 성을 따르는 것이고, 소체를 따르는 것은 욕심을 따르는 것이다. 도심은 항상 대체를 기르고자 하나 인심은 항상 소체를 기르고자 한다. 천명을 즐거워하고 천명을 아는 것은 도심을 기르는 것이고, 자기의 욕심을 극복하여 예로 돌아가는 것은 인심을 제압하여 굴복시키는 것이다. 이것에서 선악이 갈라지게 된다."[56]

---

55. 今人推尊性字 奉之爲天樣大物 混之以太極陰陽之說 雜之以本然氣質之論 眇芒幽遠 恍忽夸誕 自以爲毫分縷析 窮天人不發之秘 而卒之無補於日用常行之則 亦何益之有矣 斯不可以不辨(『與猶堂全書』 2集 2卷 〈心經密驗〉).

56. 從其大體者 率性者也 從其小體者 循欲者也 道心常欲養大 而人心常欲養小 樂天之命 則培養道心矣 克己復禮 則制伏人心矣 此善惡之判也(『與猶堂全書』 2집 권6, 『孟子要義』).

사람의 마음에는 성과 욕심이 있다. 성은 대체이고 욕심은 소체이다. 대체를 따르는 것이 선이고, 욕심을 따르는 것이 악이다. 선악의 갈림길에서 인간이 선택할 수 있는 권리를 다산은 '자주권' 혹은 '마음의 권한' 등으로 불렀다.

> 하늘은 사람에게 자주권을 주었으니, 선을 원하면 선을 하게 되고, 악을 원하면 악을 하게 된다. 유동적이어서 고정되어 있지 않지만, 그 결정권이 자기에게 있으므로, 금수의 고정된 마음과는 같지 않다. 선을 하면 자기가 공을 세우게 되고, 악을 하면 자기가 죄를 짓는다. 이는 마음이 가진 권한이지 '성'이 아니다."[57]

성은 하늘에서 주어진 것이므로 자기 임의로 바꿀 수 있는 것이 아니다. 오직 자기에게 있는 것은 선과 악 중에서 하나를 선택할 수 있는 선택권뿐이다. 선을 하면 공을 세워 참된 삶을 살게 되지만, 악을 하면 죄를 지어 벌을 받게 된다.

사람이 선을 선택하여 따르면 참된 삶을 살게 되지만, 한두 번의 선으로 되는 것은 아니다. 지속해서 선을 해서 오래 쌓여야 효과가 나타난다.

사람이 오늘 선한 일을 하고 내일 한 가지 의로운 일을 하여, 의

---

57. 天之於人 予之以自主之權 使其欲善則爲善 欲惡則爲惡 游移不定 其權在己 不似禽獸之有定心 故爲善則實爲己功 爲惡則實爲己罪 此心之權也 非所謂性也(『與猶堂全書』 2집 권5, 『孟子要義』).

를 쌓고 선을 쌓은 것이 오래되면 마음이 넓어지고 몸이 편해지며, 얼굴이 맑아지고 덕스러운 기운이 등 뒤까지 흘러넘치며, 호연지기가 점점 자라서 지극히 강하고 지극히 큰 기운이 천지 사이에 가득 차게 된다. 이렇게 되면 부귀가 그를 유혹하지 못하고, 빈천이 그의 지조를 바꾸지 못하며, 위엄과 무력으로 그를 굴복시키지 못하니, 이를 초목에 비유하면 바로 싹이 나서 무성하게 되고 번성하여 아름다워지는 것과 같다.[58]

다산이 말하는 인간완성은 선을 행하고 의로운 일을 지속하는 것으로 압축된다. 이는 실천을 통해서 가능하다. 다산이 말하는 수양론은 실천론과 하나로 통합된다. 말하자면, 다산에게는 실천이 수양이고, 수양이 실천이다. 다음의 문장을 보면 더욱 확실하다.

옛날의 학문은 일하는 데 주력했고, 일하는 것으로서 마음을 다스렸다. 지금의 학문은 마음 기르는 데 주력하여, 마음을 기르다가 일을 망가뜨리는 데 이른다. 홀로 자기 몸을 착하게 하려면 지금의 학문으로도 좋지만, 천하를 아울러 구제하고자 하려면 옛날의 학문이라야 가능하다.[59]

---

58. 人今日行一善事 明日行一義擧 集義積善 積之至久 則心廣體胖 晬面盎背 而浩然之氣 與之滋長 至剛至大 塞乎天地之間 於是富貴不能淫 貧賤不能移 威武不能屈 譬諸草木 是乃苗茂蕃鮮者耳(『與猶堂全書』 2집 권19, 「文集」 『孟子要義』).

59. 古學用力在行事 而以行事爲治心 今學用力在養心 而以養心至廢事故也 欲獨善其身者今學亦好 欲兼濟天下者古學乃可(『與猶堂全書』 2집 권6, 『孟子要義』).

학문의 목적 중에 제일 중요한 것은 인품을 완성하는 것이다. 다산은 일을 통해 인품을 완성하는 방법을 제시한다. 사심에 빠지지 않고 마음을 집중하여 일하면 그 자체가 수양이 된다. 마음을 가다듬는 것에만 주력하면 일을 망친다.

다산은 성의 개념을 선을 좋아하고 악을 싫어하는 성향으로 정의함으로써, 주자학의 핵심 이론인 성즉리설을 부정했지만, 다산의 학설에 해결되지 않은 걸림돌이 하나 있다. 그것은 맹자가 설명한 인의예지에 관한 것이다. 맹자는 인간의 성에 갖추어져 있는 본질을 인의예지로 설명하고, 인인예지가 감정으로 발현한 것을 측은지심, 수오지심, 사양지심, 시비지심으로 설명했다. 성은 하늘마음이므로 인간의 의식으로 파악할 수 없지만, 인의예지가 발휘된 사단을 통해서 미루어 알 수 있다고 맹자는 설명했다. 다산은 성을 인의예지를 갖추고 있는 하늘마음으로 이해하지 않았으므로, 성에 인의예지가 갖추어져 있다는 맹자의 설명을 받아들일 수 없다. 이에 다산은 독특한 이론으로 이 문제를 해결했다. 다산은 인의예지가 성에 갖추어져 있는 것이 아니라, 사단을 실천한 결과 이루어지는 도덕으로 설명한다.

인의예지의 이름은 일을 행한 후에 이루어진다. 그러므로 사람을 사랑한 후에 인이라 하니, 사람을 사랑하기 전에는 인이란 이름이 성립하지 않으며, 나를 선하게 한 다음을 의라 하니, 나를 선하게 하기 전에는 의란 이름이 성립하지 않는다. 손님과 주인이 서로 절하고 읍한 뒤에 예란 이름이 성립되며, 사물이 분명하게 변별된 다음에 지(智)라는 이름이 성립된다. 어찌 인의

예지라는 네 개의 열매가 탕탕하게 마치 복숭아 씨앗, 살구 씨
앗처럼 사람의 마음에 잠복 되어 있다고 하겠는가?"[60]

다산은 인의예지의 사덕이 인간의 성에 갖추어져 있는 것이 아
니라, 사람이 사랑을 실천했을 때 드러나는 모습이 인이고, 착해
진 뒤에 드러나는 모습이 의이며, 손님과 주인이 읍하며 절하는 모
습이 예이고, 사물이 잘 분별하는 모습이 지혜로운 것으로 설명한
다. 다산의 설명은 전통적인 해석을 뒤집은 것이다. 다산은 『논어』
「극기복례」 장을 예로 들어 자신의 설이 정당함을 밝힌다.

안연이 인(仁)을 묻자, 공자는 극기복례를 인이라고 대답했다.
이것은 인이라는 것이 사람의 노력으로 이루어지는 것이지, 삶
이 시작될 때 하늘이 하나의 인 덩어리를 만들어 사람의 마음
에 꽂아준 것이 아님을 밝힌 것이다.[61]

극기복례란 자기의 사욕을 이겨서 예로 돌아간다는 뜻이다. 돌
아간다는 것은 후천적으로 만드는 것이 아니라 원래의 모습으로
되돌아간다는 뜻이다. 공자가 말한 예는 후천적으로 만드는 것이
아니라 본래 있었던 질서의 상태이다. 다산은 극기복례를 이룬 뒤

60. 仁義禮智之名 成於行事之後 故愛人而後謂之仁 愛人之先 仁之名未立也 善
我而後謂之義 善我之先 義之名未立也 賓主拜揖而後禮之名立焉 事物辨明
而後智之名立焉 豈有仁義禮智四顆 磊磊落落 如桃仁杏仁 伏於人心之中者
乎(『與猶堂全書』 2집 권5, 『孟子要義』).
61. 顏淵問仁 子曰克己復禮爲仁 明仁之爲物 成於人功 非賦生之初 天造一顆仁
塊 插于人心也(『與猶堂全書』 2집 권5, 『孟子要義』).

의 모습을 인이라고 설명했지만, 예로 돌아간다는 말에 이미 예(禮)의 본래성이 전제되어 있으므로 다산의 설명에는 무리가 따른다.

다산은 망할 위기에 처한 나라를 구해야 했고, 참담한 백성을 구해야 했다. 그러기 위해서는 나라를 위기에 빠뜨리고 백성을 참담하게 내모는 집권자들의 정치를 막아야 했고, 그들이 정치의 수단으로 삼고 있는 주자학을 극복해야 했다. 다산의 연구는 이미 목적이 정해져 있었다. 다산은 경학을 정리하여 주자학을 극복하기 위해 혼신의 힘을 다했고, 위대한 업적을 이루었다.

그러나 다산학은 미리 정해진 목적에 맞게 맞춘 결과 논리적으로 무리가 생기는 것을 피할 수 없었다. 다산학이 대중성을 얻기 어려운 이유는 논리적인 문제보다도 한국인의 정서에 기인한다. 한국인들의 삶을 떠받치고 있는 판은 형상판이다. 한국인들은 긴 역사 속에서 한 번도 판을 바꾼 적이 없다. 형상판에서 살아가는 한국인들의 삶에 전제된 기본 사상은 하늘과 사람이 하나로 이어져 있다는 천인무간사상이다. 한국인들은 하늘처럼 되지 않으면 한이 맺힌다. 한국인들에게는 하늘처럼 되기 위한 갈증이 있다. 한국인의 갈증을 해갈시켜 주지 못하는 철학은 대중성을 얻기 어렵다. 다산의 철학에는 하늘과 하나 되기 위한 수양철학이 들어있지 않다. 다산이 설명하는 수양은 삶 속에서 성을 따르는 것으로 귀일한다. 성을 따르는 것은 선을 하고 악을 싫어하는 삶을 사는 것이다. 성을 충실하게 따르면 착한 사람이 될 수는 있어도, 하늘처럼 된다고 보장하기는 어렵다. 이러한 문제점의 해결책을 다산은 천주학에서 찾았다.

제6항 다산의 천주학

다산은 이벽을 통해 천주학을 접한 뒤 『천주실의(天主實義)』를 통해 본격적으로 천주학을 공부했다. 『천주실의』는 마테오리치가 저술한 것으로, 『천주실의』에서는 천주교의 '천주'와 고대 중국의 '상제'를 같은 의미로 보고, 유학을 보완하는 의미로 설명하기도 했다.

다산은 상제의 내용을 천주교에서 설명하는 천주와 같은 의미로 설명한다.

> 상제란 무엇인가? 상제는 천지와 신들과 인간 밖에서 천지와 신들과 인간과 만물을 창조하고 주재하며 안양하는 존재이다. 상제를 하느님이라 하는 것은 왕을 나라님이라 하는 것과 같다. 저 푸르고 푸른 형체 있는 하늘을 가리켜 상제라고 해서는 안 된다.[62]

다산은 상제란 창조물 밖에서 만물과 귀신들까지도 창조하는 존재로서 창조한 이들을 주재하고 안양하는 하느님으로 정의한다. 하느님을 천(天)이라 하지 않고 제(帝)라 한 까닭은 물질적 존재를 가리키는 것이 아니기 때문이다. 윗글은 『천주실의』 1편에 붙인 제목인 「천주가 하늘과 땅과 만물을 창조하고 그것을 주재하

---

62. 上帝者何 是於天地神人之外 造化天地神人萬物之類 而宰制安養之者也 謂帝爲天 猶謂王爲國 非以彼蒼蒼有形之天指之爲上帝也(『與猶堂全書』 2집 권36, 「春秋考徵」〈先儒論辨之異〉).

며 양육함을 논함[論天主始制天地萬物而主宰安養之]」에 있는 내용과
일치한다. 다산의 상제에 대한 설명은 은나라 때의 상제에 대한
설명과도 유사하지만, 천주교의 천주와 더욱 유사하다.

위대한 상제는 형체도 없고 기질도 없으나 매일 우리를 굽어보
시고 천지를 통어하시니, 만물의 조상이요 백신의 으뜸이다. 환
하고 밝게 위에서 임하시는 까닭에 성인은 이에 조심조심 하늘
을 밝게 섬기는 것이다.[63]

다산이 『중용』 16장의 '귀신'에 대해 설명한 것도 바테오리치
의 견해와 일치한다.

상제의 실체는 형체가 없고 기질도 없으며 귀신과 더불어 덕을
같이 하므로 귀신이라 한다. 그 감응하여 굽어보는 것으로 말
한 까닭에 귀신이라 한다.[64]

다산은 귀신을 상제의 속성으로 보았다. 마테오리치는 태극을
하느님과 같은 존재로 볼 수 없다고 설명한다.

---

63. 惟其皇皇上帝 無形無質 日監在玆 統御天地 爲萬物之祖 爲百神之宗 赫赫
明明 監之在上 故聖人於此 小心昭事(『與猶堂全書』 2집 권33, 「春秋考徵」
卷1〉).
64. 上帝之體 無形無質 與鬼神同德 故曰鬼神也 以其感格臨照而言之 故謂之鬼
神(『與猶堂全書』 2집 권3, 「中庸自箴」).

고대 중국의 군자들이 천지의 하느님을 공경했다는 말은 들었으나 태극을 높이 받들었음에 대해 듣지 못했습니다. 태극이 하느님이며 만물의 시조라면 옛 성인들이 무엇 때문에 그런 이론을 숨기고 말하지 않았겠습니까.[65]

다산이 태극이기(太極理氣)를 중심으로 논의하는 주자학의 체계를 비판하기 위해서는 태극에 관한 마테오리치의 설명이 매우 효과적이었을 것이다. 다산은 정조의 질문에 마테오리치의 태극 개념으로 답변했다.

태극도는 감괘(坎卦)와 리괘(離卦)의 두 괘를 합해 놓은 것에 불과합니다. (…) 반드시 모든 이치의 근본이 되지 않습니다. 그런데 후세의 유자들이 말하는 '리(理)'는 신의 천박한 식견으로 헤아릴 수 없습니다.[66]

다산은 '기'를 스스로 존재하는 것으로 보고, '리'를 기대어 붙어 있는 것으로 보았다.[67] 다산은 '변방사동부승지소(辨謗辭同副承旨疏)'에서 서학에 몰입한 기간을 7년여 정도로 고백한 바 있다. 다산은 자기의 학문에서 채울 수 없는 하늘을 향한 갈증을 천주학

65. 『천주실의』 2편, 82쪽.
66. 蓋太極圖不過合坎離兩卦者(…)不必爲萬理之本 而後儒之言理者 非臣淺見 所可蠡測(『與猶堂全書』 2집 권4, 「中庸講義補」).
67. 氣是自有之物 理是依附之品 而依附者必依於自有者(『與猶堂全書』 2집 권4, 「中庸講義補」).

에서 채울 수 있었지만, 유학의 자리를 천주학으로 대치하기에는 윤리적인 면에서 한계가 있었다. 다산이 천주학을 수용하는 데 걸림돌이 된 것은 천주학의 윤리문제 때문이었다. 당시의 천주학에서 부모 섬기는 것을 하느님 섬기는 것보다 하위에 두는 것과 제사를 금지하는 것을 다산은 용납할 수 없었다. 실제로 제사 문제를 둘러싸고 사건이 터졌다.

정조14(1790)년 말에 특별사행(特別使行)을 따라 북경에 동행했던 윤유일이 북경교주에게 미신이나 제사 문제에 대해 궁금한 것을 질문하는 서신을 전달했다. 이에 대해 북경교주는 교황청이 결정한 '제사를 지내서는 안 되며 조상의 신주를 보존해서도 안 된다'라는 답변서를 가져와 조선 천주교인들에게 전달했다. 다음 해인 1791년 신해년에 호남의 윤지충과 권상연이 조상 제사를 거부하고 부모님의 위패와 사당을 불태운 사건이 일어났다. 당시, 윤지충과 권상연은 사형을 당했고 그들이 살던 전라도 진산군은 5년 동안 현으로 강등되었다.

노론 집권자들이 천주학에 몸담았던 다산을 공격했을 때, 다산은 정조 21(1797)년에 '변방사동부승지소'를 올려 천주학에 대한 자신의 견해를 진술했다.

허명만 사모하다가 실제로 화를 당한다는 것은 신을 두고 이른 것입니다. 그 책 속에 윤리를 해치고 천리에 어긋나는 말은 진실로 이루 다 헤아릴 수 없이 많고 또한 감히 전하의 귀를 더럽힐 수 없으나, 제사를 폐하는 말은 신이 전에 본 책에서는 본 적이 없습니다. 갈백이 다시 살아나니, 시달(豺獺)도 놀랄 것입니다. (…) 신해년의 진산사건이 불행히 근래에 나왔으니, 신은 이 일이 있은 이래로, 분개하고 애통하여 마음속에 맹세해서 원수같이 미워하고 흉측한 역도처럼 성토했는데, 양심이 이미 회복되자 이치가 자명해졌으므로, 전 일에 흠모한 것을 돌이켜 생각하니, 하나같이 허황하여 괴이하고 망령되지 않은 것이 없었습니다.[68]

천주학의 한계를 알게 된 다산이 하늘을 향한 갈증을 해갈하는 방법으로 찾아낸 것은 결국 고대의 상제였다.

제7항 고대의 천과 상제로의 회귀

다산은 상제를 '천의 주재'로 규정하고, 천은 상제의 호칭으로 보았다.[69] 중국 주나라 때는 하늘과 상제라는 용어가 함께 쓰였다. 천주학에서 말하는 상제는 고대 경전에 보이는 하늘·상제와 매우 유사하므로, 다산은 윤리적 문제가 심각한 천주학의 상제보다는 고대에 받들었던 하늘·상제를 알고 섬기는 것이 더 좋은 방법이라고 생각했다. 다산은 하늘과 상제의 성격을 다음과 같이 표

68. 慕虛名而受實禍 臣之謂矣 其書中傷倫悖理之說 固不可更僕數之 亦不敢汚穢天聽 而至於廢祭之說 臣之舊所見書 亦所未見 葛伯復生 犲獺亦驚(…)辛亥之變 不幸近出 臣自玆以來 憤恚傷痛 誓心盟志 疾之如私仇 討之如兇逆 而良心旣復 見理自明 前日之所嘗欣慕者 反而思之 無一非荒虛怪妄(『與猶堂全書』 1집 권9,「文集」辨謗辭同副承旨疏).
69. 天之主宰爲上帝 其謂之天(『與猶堂全書』 2집 권5,「孟子要義」).

현한다.

> 『시경』에 있는, "밝고 밝게 아래에 있고 빛나고 빛나게 위에 있
> 다." "거룩하신 상제는 백성들의 임금이다." "하늘의 상제는 우
> 리를 버리지 않으신다." "하늘이 백성을 인도하심은 나팔 피리
> 소리처럼 온화하시다." "하늘은 밝으시어 나와 함께 나고 들며,
> 하늘은 환하셔서 나와 함께 노니신다." "하늘의 위엄을 두려워
> 하여 길이 목숨을 보전한다." "하늘의 노여움을 잘 살펴 놓지
> 않아야 한다" 등의 말을 보면 옛 성인이 하늘을 말한 것이 이처
> 럼 참되고 진실하며 자세하고 확실하다.[70]

하늘은 하늘 아래에서 사람과 떨어져 있지 않으면서 동시에 하
늘 위에 존재한다. 하늘이 있는 곳은 상·하·좌·우로 나누어지지
않으므로, 잠시도 우리와 떠나 있을 때가 없다. 언제나 함께 있으
면서 온화하게 인도하고 달래준다. 그렇지만 하늘의 명령을 어기
면 용서받지 못한다. 따라서 사람은 하늘과 함께하면서 하늘의
뜻에 따라서 살아야 참되게 사는 것이다. 참되게 살기 위해서는
먼저 하늘의 뜻을 알아야 한다. 하늘의 뜻을 알고 따르기 위한 노
력이 수양이다. 다산은 주자학을 비판했으므로 주자학을 통한 수
양을 하늘과 상제를 알고 섬기는 방법으로 대치했다.

---

70. 詩云明明在下 赫赫在上 詩云蕩蕩上帝 下民之辟 詩云昊天上帝 則不我遺
　　詩云天之牖民 如壎如篪 詩云昊天曰明 及爾出王 昊天曰旦 及爾游衍 詩云
　　畏天之威 于時保之 詩云敬天之怒 無敢戱豫 先聖言天 若彼其眞切分明(『與
　　猶堂全書』2집 권6,「孟子要義」〈盡心章〉).

하늘을 아는 것(知天)이 수신의 근본이다. 수신은 하늘을 아는 것을 근본으로 삼는다.[71]

하늘을 알면 하늘을 섬겨야 하고, 하늘을 섬기면 하늘을 알 수 있다."[72]

다산의 수양철학은 하늘을 알고 섬기는 것으로 압축된다. 하늘을 섬긴다는 것은 하늘의 일을 한다는 뜻이다. 하늘의 일을 하는 것은 하늘이 시키는 일을 하는 것이다. 하늘의 일을 하기 위해서는 먼저 하늘이 시키는 것을 알아야 한다. 다산은 하늘의 뜻을 알고 섬기는 방법을 다음과 같이 제시한다.

1. 마음을 통해서 하늘을 알고 따른다

하늘은 사람에게 직접 말을 하지 않고 몸짓으로 보여주지도 않으므로 하늘을 알기 어려운 듯하지만, 하늘의 명령이 마음에 들어와 있으므로 마음을 통해서 알 수 있다.

하늘은 말로 차근차근 명령할 수 없다. 할 수 없는 것이 아니다. 하늘의 목구멍과 혀는 도심(道心)에 들어와 있다. 도심에서 경고하는 것은 하늘이 명령하고 경계하는 것이다.[73]

---

71. 『與猶堂全書』 2집 권3, 「중용자잠」. "知天爲修身之本者." "修身以知天爲本."
72. 『與猶堂全書』 2집 권6, 「맹자요의 2」. "知天則事天 事天則知天."
73. 天不能諄諄然命之 非不能也 天之喉舌 寄在道心 道心之所儆告 皇天之所命戒也(『與猶堂全書』 2집 권3, 「中庸自箴」).

하늘의 뜻은 도심을 통해서 전달된다. 하늘마음이 사람의 본마음이다. 하늘마음에서 일어나는 것은 본마음에서 일어난다. 본마음이 도심이다. 도심의 움직임을 살피면 하늘의 뜻을 알 수 있다.

하늘의 명령은 남은 듣지 못하나, 자기는 똑똑히 들을 수 있으니, 이보다 자세하고 이보다 엄할 수 없다. 하나하나 알려 주고, 자세하게 깨우쳐 주는 듯하다. 어찌 다만 차근차근 말해주는 것뿐이겠는가! 일이 잘못되면 도심이 부끄러워한다. 부끄러워하는 마음이 드는 것은 하늘이 차근차근 말해주는 것이다. 행한 것에 잘못이 있으면 도심이 뉘우친다. 뉘우치는 마음이 드는 것은 하늘이 차근차근 말해주는 것이다.[74]

하늘은 잠시도 쉬지 않고 나에게 명령한다. 그 명령은 도심을 통해서 전달된다. 부끄러운 마음이 드는 것은 나의 잘못을 꾸짖는 것이고, 뉘우치는 마음이 드는 것은 해서 안 될 짓을 한 것에 대한 경고이다. 도심은 양심이다. 하늘의 깨우침은 양심의 소리이다. 양심의 소리를 듣는 것이 하늘의 소리를 듣는 것이다.

하늘은 나에게 우레나 바람으로 경고하지 않는다. 나의 마음을 통해 세밀하고 친절하게 일러 준다. 가령 일순간 갑자기 남에게 상처 주고 사물을 해치려는 마음이 싹틀 때는 마음 한구석에

---

74. 人所不聞 而已獨諦聽 莫詳莫嚴 如詔如誨 奚但諄諄已乎 事之不善 道心愧之 愧之發 諄諄乎天命也 行有不善 道心悔之 悔恨之發 諄諄乎天命也(『與猶堂全書』 2집 권3, 「中庸自箴」).

서 따뜻하게 "잘못이 모두 너에게서 시작되는 거야"라고 타이르는 것을 느낄 수 있다. 군자가 경계하고 조심하며 두려워하는 까닭이 여기에 있다.[75]

평소에 마음을 가라앉혀서 양심의 소리를 듣는 습관이 되면, 하늘이 늘 조용하고 차분하게 타일러 주는 것을 알 수 있다. 남에게 좋지 않은 짓을 하려는 순간, 하늘은 네가 잘못하고 있다고 깨우쳐 준다. 그것이 양심의 소리다. 양심은 계속 말을 하지만, 양심의 소리를 듣는 습관이 되지 않으면 점점 들리지 않게 된다. 군자는 하늘의 뜻에 따라 사는 사람이다. 군자는 양심의 소리를 듣기 위해 늘 귀를 곤두세우고, 조심한다. 그리고 늘 양심의 소리를 놓쳐서 잘못을 저지를까 두려워한다.

하늘의 깨우침을 알아들어서 양심을 지키며 사는 것이 하늘의 뜻을 따르는 수양 중의 첫째이지만, 수양이 철저해지기 위해서는 하늘을 믿는 마음이 있어야 한다. 하늘을 믿지 않으면, 하늘의 뜻을 따를 생각을 할 수 없다. 그러므로 하늘을 따르기 위해서는 먼저 하늘을 믿는 마음이 있어야 한다. 과거 동양인들은 교과서의 첫 글자가 하늘[天]이었기 때문에, 하늘을 이해하기 쉬웠지만, 오늘날 사람들은 하늘을 배우지 않으므로, 하늘을 알지도 못하고, 믿지도 않는다. 하늘을 모르면 수양의 필요성을 느끼기 어렵다.

---

75. 天之儆告我者 不以雷不以風 密密從自己心上丁寧告戒 假如一刻驀有傷人害物之志 萌動出來時 覺得一邊有溫言以止之者曰咎皆由汝 君子之戒愼恐懼 寔在此也(『與猶堂全書』2집 권3,「中庸自箴」).

삶의 한계에 부딪혀 몸서리치는 고통을 당하며, 자기의 한계를 넘어서려고 발버둥칠 때, 비로소 하늘이 얼굴을 내밀고 다가온다.

> 상제가 굽어보심을 믿지 않는다면 홀로 있을 때 삼가지 않는다.[76]

양심의 소리는 혼자 있을 때 가장 잘 들린다. 혼자 있을 때 마음을 가다듬어야 하늘의 소리를 듣고 하늘처럼 살 수 있다. 혼자 있을 때가 수양을 할 수 있는 제일 좋은 때이므로, 그때를 놓치지 않고 수양을 해야 한다.

참된 삶을 회복하기 위한 제일 좋은 방법은 마음을 통해서 들려오는 하늘의 소리를 듣고 따르는 것이지만, 하늘의 소리를 듣기 위해 노력하지 않은 사람에게는 쉬운 방법이 아니다. 이 경우 하늘의 소리를 듣는 간접적인 방법이 있다. 바로 『주역』을 통해서 아는 방법이다.

2. 주역을 통해서 하늘의 마음을 알고 따른다

다산은 『역론(易論)』에서 주역이 바로 순수하게 하늘의 명령을 듣는 학문임을 강조한다.

> 옛사람들은 천지신명을 섬김으로써 상제를 섬겼고, 점괘를 뽑아서 천명을 들었다. (…) 하지만 지금의 사람들은 평소 신을 섬

---

76. 不信降監者 必無以愼其獨矣(『與猶堂全書』 2집 권3, 「중용자잠」).

기지 않다가, 오직 일을 당해서 성패를 알기 위해 점괘를 뽑는다. 이는 하늘을 업신여기고 신을 모독하는 것이다.[77]

다산은 주역이 만들어진 목적을 성인이 하늘의 명을 듣고 그 뜻에 순응하기 위해서라고 설명한다.[78] 그러므로 하늘을 섬기지 않는 자는 점괘를 뽑으면 안 된다. 점괘를 뽑는 것은 하늘의 뜻을 따르기 위한 것이므로, 욕심을 채우기 위해 점괘를 뽑으면 안 된다.[79] 다산은 점괘를 뽑을 때의 자세에 대해 다음과 같이 제한을 두고 있다.

① 이미 착한 마음을 베푼 것에 대해서는 괘를 뽑지 않아야 한다.

② 착한 마음으로 처리한 일이라 하더라도 주어진 상황이 매우 까다로워 일이 성사될 것 같지 않다고 판단되면 괘를 뽑지 않아야 한다.

③ 착한 마음으로 처리한 일이 아니어서 윤리를 해치고 기강을 무너뜨리고 있음에도 불구하고 요행을 바라는 마음으로는 괘를 뽑지 않아야 한다.

④ 오직 착한 마음으로 처리한 일이지만, 전혀 앞날의 일이

---

77. 古人事天地神明 以事上帝 故卜筮而請命(…)今人平居旣不事神 若唯臨事 卜筮而探其成敗 則慢天瀆神甚矣(『與猶堂全書』 2집 권18, 「易學緖言」〈卜筮通義〉).

78. 易 何謂而作也 聖人 所以請天之命 而順其旨者也(『與猶堂全書』 2집 권48, 『周易四箋』〈易論〉).

79. 凡不事天者 不敢卜筮(『與猶堂全書』 1집 권20, 「文集」〈答仲氏〉).

예측되지 않아 대처할 방안을 찾지 못해 고민하고 있을 때 괘를 뽑아야 한다.[80]

다산이 위에서 설정한 조건은 매우 까다롭다. 잘못된 마음으로 괘를 뽑는 것은 하늘을 업신여기고 신을 모독하는 것이므로, 괘의 효능을 기대할 수 없다. 오직 순수하게 하늘의 명령을 따르기 위해 괘를 뽑을 때만 효과가 있다.

3. 의례를 통해 하늘을 섬긴다

옛날 성현들이 하늘의 뜻을 따르는 삶의 방법 중의 대표적인 것이 의례이다. 옛 성현들의 의례는 지금도 남아 있으므로, 그 의례를 따라 행하면 그것이 하늘의 뜻을 따르는 것이 된다.

> 예란 선왕이 하늘의 도를 받들어서 사람의 정을 다스리는 것이다. 그러므로 그것을 잃는 자는 죽고 그것을 얻는 자는 산다. (…) 이 때문에 예는 반드시 하늘에 근본하고 땅에서 본받으며 귀신에서 실험한 뒤에, 상(喪)·제(祭)·사(射)·어(御)·관(冠)·혼(婚)·조(朝)·빙(聘)에 정착한 것이다. 성인이 예로써 보여 주었으므로, 천하·국·가가 바르게 될 수 있는 것이다."[81]

---

80. 夫事之出於公正之善 足以必天之助之成 而予之福者 聖人不復請也 事之出於公正之善 而時與勢有不利 可以必其事之敗 而不能受天之福者 聖人不復請也 事之不出於公正之善 而逆天理傷人紀者 雖必其事之成 而徵目前之福 聖人不復請也 唯事之出於公正之善 而其成敗禍福 有不能逆睹而縣度之者 於是乎請之也(『與猶堂全書』 2집 권40, 『周易四箋』〈易論〉).

예란 성인이 하늘의 뜻을 따르는 방식을 표현해 놓은 것이므로, 성인이 만들어 놓은 예를 진심을 다해 실천하면 결과적으로 하늘의 뜻을 따른 것이 된다.

경학을 완성하여 주자학을 비판했고, 실학으로 바람직한 대안을 제시했으며, 하늘의 뜻에 따라 사는 방법도 정리했다. 이로써 다산의 일은 일단락되었다.

다산의 일생은 처절했다. 참담해진 백성을 구해야 했고, 기울고 있는 나라를 붙잡아야 했다. 다산에게는 우물쭈물할 시간이 없었다. 다산이 할 수 있는 것은 오직 하나, 잘못된 정치를 바로잡는 것뿐이었다. 정치를 바로잡기 위해 정치판에 뛰어드는 것은 호랑이를 잡으려고 호랑이 굴에 들어가는 격이다. 달걀로 바위를 치면, 달걀만 박살난다. 그렇다고 가만히 있을 수도 없다. 다산이 할 수 있는 것은 정치인들의 정치수단인 주자학을 타파하는 것뿐이다. 다산은 주자학의 타파를 위해 기력을 다 쏟아 부었다. 경학을 정리했고, 나라를 살릴 수 있는 새로운 대안도 제시했다. 가장 중요한 한국인의 수양철학을 옛 상제를 되살려서 해결했다.

안타깝게도 다산의 노력은 열매 맺지 못했다. 하늘이 다산의 소원을 들어주지 않아서 그런 것일까? 하늘이 한국에 시련을 주느라 그런 것일까?

다산의 수양철학에 한 가지 아쉬움이 있다면, 수양의 방법에

---

81. 夫禮 先王以承天之道 以治人之情 故失之者死 得之者生(…)是故夫禮必本
　　於天 殽於地 列於鬼神 達於喪祭射御冠婚朝聘 故聖人以禮示之 故天下國家
　　可得而正也(『禮記』「禮運」).

서 찾을 수 있다. 공자는 옛것을 알면 앞날에 대비할 수 있는 새로운 방안을 찾을 수 있다고 했다. 하나라의 문물제도를 가감해서 은나라의 문물제도가 만들어졌고, 은나라의 문물제도를 가감해서 주나라의 문물제도가 만들어졌다고도 했다. 상제를 모시던 옛날의 수양철학을 가감해서 주자학의 수양철학이 나왔으므로, 미래의 수양철학은 주자의 수양철학을 가감해서 만들어야 했다. 다산은 그렇게 할 여유가 없었다. 기울어진 나라를 붙잡기 위해서는 주자학을 부정하지 않으면 안 되었기 때문이다.

다산의 울부짖음은 메아리 없는 절규로 끝나고, 100년도 못 가서 나라가 망했다.[82]

제11절
김정희의 금석학

김정희(金正喜: 1786~1856)의 자는 원춘(元春)이고, 호는 추사(秋史)·완당(阮堂)·예당(禮堂)·시암(詩庵)·과노(果老)·농장인(農丈人)·천축고선생(天竺古先生) 등이다.

1819(순조 19)년에 문과에 급제하여 암행어사·예조 참의·설서·검교·대교·시강원 보덕 등을 거쳤고, 훗날 병조참판·성균관 대사성 등을 역임했다.

---

82. 다산 정약용에 관한 기술은 심순옥 박사의 학위논문 『다산 실학의 성립과 상제관 연구』(성균관대학교, 2020)를 참조했고, 원문을 그대로 인용한 부분도 있음을 밝힌다.

阮翁小峽爲許小癡筆　先生送孫辛室公
屬族人永熟藏之　先生風骨在海內千秋雖

先生騎鯨後八十八年甲子夏吳世昌恭題

김정희

1834년 추사는 10년 전 윤상도의 옥사에 연루되어 1840년부터 1848년까지 9년간 제주도에 유배되었고, 1851년 친구인 영의정 권돈인(權敦仁)의 일에 연루되어 다시 함경도 북청으로 유배되었다가 2년 만에 풀려났다. 그 뒤 추사는 과천에 은거하면서 학문과 참선에 몰두했다.

추사는 어린 나이에 박제가(朴齊家)의 제자가 되었고, 그로 인해 그는 청나라의 고증학(考證學)에 주력했다. 24세 때 부친을 따라 연경에 체류하면서, 옹방강(翁方綱)·완원(阮元) 등의 유학자와 접했고, 금석학과 문자학을 익혔다. 귀국 후에 금석학 연구에 몰두하여, 북한산순수비(北漢山巡狩碑)를 발견했고『예당금석과안록(禮堂金石過眼錄)』,『진흥이비고(眞興二碑攷)』와 같은 역사적인 저술을 남겼다. 그의 '실사구시설(實事求是說)'은 완원의 영향을 받았다. 그밖에 다양한 분야에 걸쳐 수많은 학자의 학설을 섭렵했고, 음운학·천문학·지리학 등에도 조예가 깊었으며, 불교에도 관심이 많았다. 용산의 저택 경내에 화엄사(華嚴寺)라는 가족의 원찰(願刹)을 두고 어려서부터 승려들과 교유하면서 불전(佛典)을 섭렵했으며, 특히 백파(白坡)와 초의(草衣), 두 스님과 가까이 지냈다. 말년에 수년간 과천 봉은사(奉恩寺)에 기거하면서 선지식(善知識)의 대접을 받았다. 추사는 서예 분야에서 뛰어난 실력을 발휘했다.

그의 문집은 네 차례에 걸쳐 출판되었는데, 최종본이 1934년에 간행된『완당선생전집』이다.

제 4 부

주자학의 재연

제1장

■

실학의 한계

중국의 실학은 형하판에서 이루어진 사상이므로 과학사상과 궤를 같이한다. 실학자들이 과학을 받아들이는 것은 자연스럽다. 중국의 실학은 과학을 받아들이는 그릇의 역할을 충분히 할 수 있었다.

그러나 한국의 실학은 그렇지 않았다. 한국의 실학은 형상판에서 성립되었으므로, 철저한 물질주의 철학으로 자리 잡을 수 없었고, 서양의 과학사상을 받아들이는 그릇의 역할을 제대로 할 수 없었다. 최한기의 과학사상이 있긴 했지만, 최한기는 시대의 흐름을 주도하는 단계에까지 이르지 못했다.

중국의 실학은 원래 물질주의 철학이므로 한국에서는 제대로 정착하기 어렵고, 대중성을 확보하기도 어렵다. 한국의 실학은 주자학 비판을 위한 수단으로 등장한 것이므로, 주자학과의 싸움이 끝나면 수명을 연장하기 어렵다. 한국의 실학은 대중성을 확보하기 어려운 점에서 주자학을 이길 수 없었다. 한국의 주자학은 정치에 이용됨으로써 폐해가 컸던 것도 사실이지만, 민간에 폭넓게 뿌리내려 많은 사람의 정신적 지주가 되었으므로, 주자학을 이긴다는 것은 어려운 일이었다.

한국의 실학이 민생의 안정을 목표로 등장했지만, 정치적 실권을 장악하지도 못했고, 민생을 안정시키는 데도 실패했다. 한국의 실학은 대중성을 확보하지도 못하고, 민생도 해결하지 못했으며, 서양의 과학사상을 받아들이는 그릇의 역할도 하지 못했으므로, 역사의 무대에서 물러설 수밖에 없었다. 실학이 물러난 자리에는 다시 주자학이 되돌아 왔다. 주자학의 폐해보다도 민간에 뿌리내린 힘이 더 컸기 때문이다. 되돌아온 주자학은 정치에 이용되는 주자학의 연장이 아니라, 재야의 학자들에게 순수하게 연구되는 주자학이었다.

제2장

■

주자학의 재연

한국의 주자학은 중국의 주자학에서 중시했던 격물치지 중심의 이기설을 수용하지 않았다. 한국의 주자학은 격물치지로 전개되는 우주론을 건너뛰고 심성론에 집중했다. 퇴계와 율곡은 자신의 심성론을 이기설의 핵심 개념인 '리'와 '기'의 개념으로 정리했다. '리'와 '기'는 심성론의 내용을 설명하기 위해 사용된 개념일 뿐이었다. 말하자면, '리'와 '기'는 심성론을 포장한 포장지로 사용된 것이었다.

상품을 보면 제일 먼저 포장지가 눈에 들어온다. 사람들은 포장지에 쓰인 글자만 보고 상품의 내용을 판단한다. 조선 후기에 주자학을 재연(再燃)시킨 주자학자들도 자기의 철학을 리와 기의 개념으로 포장했다. 포장을 제대로 하지 않으면 상품의 가치를 알리기 어렵다. 퇴계와 율곡의 포장지가 대표적인 포장지였으므로, 후기의 주자학자들은 대부분 퇴계와 율곡의 포장지를 사용했다. 포장지가 상품의 내용물은 아니다. 상품의 포장지에 쓰인 글자를 상품의 내용물로 착각하면 안 된다. 포장지의 글자만 가지고 상품의 내용물로 정리하는 것은 잘못이다.

'리'와 '기'의 개념은 조선 후기 주자학의 포장지에 쓰인 개념이므로, '리'와 '기'의 개념으로 조선 후기 주자학을 설명하는 것은 포장지만 설명하는 것이 되므로 잘못이다.

'리'와 '기'의 개념은 동전의 양면과 같다. '리' 없는 '기'가 없고, '기' 없는 '리'가 없다. 100원짜리 동전의 앞면에 있는 이순신 장군의 상을 보고 100원짜리 동전이라 해도 되고, 뒷면에 있는 100이라는 숫자를 보고 100원짜리 동전이라 해도 된다. 이순신 장군의 상이 보이도록 동전을 가지고 있는 사람도 있고, 100이라는 숫자가 보이도록 동전을 가지고 있는 사람도 있다. 동전에 보이는 것은 전혀 달라도 같은 100원짜리 동전이다.

조선 후기의 주자학자 중에는 '리'라는 글자를 포장지의 전면에 내세우는 학자도 있고, '기'라는 글자를 포장지의 전면에 내세우는 학자도 있다. 후대의 학자들이 '리'라는 글자를 전면에 내세운 학자를 주리파, '기'라는 글자를 전면에 내세운 학자를 주기파로 분류하는 것은 잘못이다. 맨 처음 조선의 주자학을 주리파 주기파로 분류한 학자는 일본의 다카하시 도루(高校亨)였다. 첫 단추를 끼우는 것은 매우 중요하다. 첫 단추를 잘못 끼우면 그다음의 단추도 계속 잘못 끼운다. 다카하시가 조선의 주자학을 주리파 주기파로 정리한 것은 첫 단추를 잘못 끼운 것이다. 다카하시는 동경대학을 졸업한 뒤, 서울대학의 전신인 경성제국대학 교수가 되어 한국사상을 폭넓게 연구했기 때문에, 학계에 끼친 그의 영향력은 매우 크다. 그가 잘못 끼운 첫 단추의 영향은 아직도 이어지고 있어서, 지금도 한국 주자학의 계보를 주리파 주기파로 분류하는 학자가 있다.

한국인의 정서 속에 깊이 뿌리박고 있는 것 중의 하나는 '하나

사상'이다. 『천부경』의 내용은 하나에서 시작하여 하나로 끝이 난다. 하나는 모든 것을 내포하고 있는 하나다. 이순신 장군의 상을 보고 100원짜리 동전이라 할 때는 100이라는 숫자가 뒷면에 있고, 100이라는 숫자를 보고 100원짜리 동전이라 할 때는 이순신 장군의 상이 뒷면에 있다. 조선의 주자학자가 리 일원(一原)을 말할 때는 거기에 기가 내포되어 있고, 기 일원을 말할 때는 거기에 리가 내포되어 있다. 이를 살피지 않고 주리 주기로 양분하는 것은 잘못이다. 늦은 감이 있지만 지금이라도 다카하기가 잘못 끼운 첫 단추를 풀고 다시 끼우는 작업을 해야 한다.

주자학자들의 철학 내용을 이기설 중심으로 설명하는 것은 잘못이다. 이기설 속에 들어 있는 철학의 알맹이를 찾아내지 않고 이기설로 설명하고 말면, 수박의 겉만 핥는 격이 된다. 이기설 중심으로 철학의 내용을 설명하려 하면, 철학이 공리공론으로 흐르고 말 위험성이 있다. 이기설을 중심으로 한국의 주자학을 설명하면 대중성을 확보하기 어렵다.

제1절
임성주의 주자학

임성주(任聖周: 1711~1788)의 자는 중사(仲思)이고, 호는 녹문(鹿門)이다. 충청북도 청풍에서 태어났으며, 이재(李縡)의 문인이다. 1733(영조 9)년에 사마시에 합격했으며, 1750년 세자익위사세마(世子翊衛司洗馬)가 되고 시직(侍直)에 승진했으나 곧 사직하고, 1758년 공주의 녹문(鹿門)에 은거했다. 1776년 정조가 즉위한 뒤 동궁을 보도(輔導)하고 지방관을 지내다가 다시 녹문에 은거하여 학문연구로 여생을 보냈다. 저서로는 『녹문집(鹿門集)』이 있다. 시호는 문경(文敬)이다.

학계에서는 녹문의 학설을 주기론, 또는 기일원론 등으로 설명하기도 하지만, 반드시 그렇게 볼 수는 없을 것 같다.

가만히 생각해보니, 우주 사이의 위아래 전체가 안팎이 없고, 처음과 끝도 없이 빈틈없이 가득 차서 퍼져 있으면서 무수한 조화를 부리며 수많은 사람과 만물을 낳는 것은 오직 이 하나의 기일 뿐이다. 다른 것이 비집고 들어갈 수 있는 조그만 틈도 없다. '리'라는 글자를 어디에 배치하겠는가![1]

위의 문장만 얼핏 보면 녹문이 기일원론자로 보이기도 한다. 오직 우주 공간에는 기만 있을 뿐, 기 외에는 아무것도 없는 것처럼 생각된다. 호수에는 빈틈없이 물이 가득 차 있다. 물 이외에 조금의 빈틈도 없다. 그 물에서 수많은 얼음덩어리가 만들어져 나온다. 호수 밖에서 호수를 바라보고 있으면 그렇게 보인다. 어머님을 바라보고 있으면 어머님의 몸 밖에는 보이는 것이 없다. 자녀를 기르면서 온갖 집안일을 하지만, 모두 어머님의 몸이 하는 일이

---

1. 蓋竊思之 宇宙之間 直上直下 無內無外 無始無終 充塞彌漫 做出許多造化 生得許多人物者 只是一箇氣耳 更無些子空隙 可安排理字(『鹿門集』 권19, 〈鹿廬雜識〉).

다. 아무리 몸을 뒤져봐도 마음이 들어갈 자리가 없어 보인다. 그러나 사실 마음이 없으면 자녀를 기르는 일도 온갖 집안일을 하는 것도 다 불가능하다. 마음은 몸을 뒤져서 찾아낼 수 있는 물건이 아니므로, 없는 것같이 보이지만, 몸이 움직이는 것은 마음이다. 마음을 중심으로 보면 마음을 중심으로 모든 것을 설명할 수 있다. 100원짜리 동전의 100이라는 숫자가 있는 면만 보고 동전 전체라고 해도 되지만, 이는 이순신 장군의 상만 보고 동전 전체라고 하는 것과 차이가 없다. '오직 하나의 기일 뿐이다'라는 말은 오직 '하나의 리일 뿐이다'라고 하는 말과 차이가 없다. 녹문은 리를 부정하지 않았다. 청나라 때의 학자가 리를 부정하고 오직 기만 존재하는 것으로 본 것과는 다르다.

그렇게 만드는 것이 없이 저절로 그러하여, 스스로 하나의 텅 비고 둥글며 왕성하고 큰 것이 있으니, 끝없이 넓고 크며, 안팎이 없고, 나누거나 구분할 수도 없으며, 가장자리도 없고 사이도 없으며, 시작도 없고 끝도 없으면서 전체가 환한 상태로 융합하여, 생명의 의지로 가득하며, 흐르고 움직여 쉼이 없고, 만물을 낳는 것을 이루 다 헤아릴 수 없다. 그 본체를 '하늘'이라 해도 되고, '원기'라 해도 되며, '호연지기'라 해도 되고, '태허'라 해도 된다. 생명의 의지를 '덕'이라 해도 되고, '원'이라 해도 되고, '천지의 마음'이라 해도 된다. 흐르고 움직여 쉼이 없는 것을 '도'라 해도 되고, '건'이라 해도 되며, 헤아릴 수 없는 것을 '신'이라 해도 된다. 그렇게 만드는 것이 없이 저절로 그러한 것을 '명'이라 해도 되고, '제'라 해도 되며, '태극'이라 해도 된다.

요컨대 모두 이 텅 비고 둥글며 왕성하고 큰 것을 분별하여 이름을 붙인 것일 뿐이므로, 사실은 모두가 하나다.[2]

    달리는 자동차만 보면 자동차 외에는 보이는 것이 없으므로, 자동차를 기준으로 하지 않고 다른 본질을 설명할 수 없지만, 자동차 안에 들어가 보면 자동차를 운전하는 기사가 있다. 기사가 운전하지 않으면 자동차가 달리지 않으므로, 기사를 중심으로 달리는 자동차의 실체를 설명할 수도 있다. 달리는 자동차에서 자동차와 기사는 떨어져 있은 적이 없다. 언제나 함께 있으므로 기사를 중심으로 전체를 설명할 수도 있고, 자동차를 중심으로 전체를 설명할 수도 있다. 기사와 자동차가 분리되지 않은 상태로 존재하므로, 본래의 모습은 언제나 하나이다. 언제나 하나이지만, 달리는 모습을 설명할 때는 자동차라 해도 되고, 달리게 하는 주체를 중심으로 말할 때는 기사라 해도 된다. 녹문은 우주 만물의 본질을 분리되지 않은 하나로 설명한다. 그 하나의 본질은 수많은 특징을 가지고 있으므로, 그 특징에 따라 천, 원기, 호연지기, 태허, 덕, 원, 천지지성, 도, 건, 신, 명, 제, 태극 등으로 다양하게 부를 수 있지만, 모두 하나를 두고 부르는 호칭일 뿐이다.

    녹문의 설명에서 보면 녹문에게 한국 고유의 '하나사상'이 표

---

2. 莫之然而然 自有一箇虛圓盛大底物事 塊然浩然 無內外 無分段 無邊際 無始終 而全體昭融 都是生意 流行不息 生物不測 其體則曰天 曰元氣 曰浩氣 曰太虛 其生意曰德 曰元 曰天地之心 其流行不息則曰道曰乾 其不測曰神 莫之然而然則曰命 曰帝 曰太極 要之 皆就這虛圓盛大物事上 分別立名 其實一也 (『鹿門集』권19, 〈鹿廬雜識〉).

출되어 있음을 알 수 있다. '하나사상'이 제일 잘 설명된 문헌은 『천부경』이다. 녹문이 『천부경』을 읽었을 수도 있지만, 읽지 않았더라도 한국인의 유전자를 통해 전해오는 '하나사상'이 이기론을 통해 표출된 것으로 볼 수 있다. 한국인의 '하나사상'은 '너=나'로 표현되어 '네 마음이 내 마음, 내 마음이 네 마음, 우리 마음 한마음'이라는 노랫말로 표현되기도 하고, 먹색 하나로 모든 것을 표현하는 문인화로 표현되기도 하며, 백자나 청자 등의 도자기의 색으로 표현되기도 한다. 한국인의 '하나사상'을 이해하지 못하면 녹문의 이기설은 난해할 수 있지만, '하나사상'으로 보면 쉽게 이해할 수 있다.

한국 고유사상에서 보면 하나에서 천지인 세 요소가 나오고 천지인 각각에 또 세 요소가 있다. 하늘에는 하늘의 마음인 성과 하늘의 말씀인 명과 하늘의 몸인 정이 있다. 이를 이기설에 적용하면 하늘의 마음인 성이 리이고, 하늘의 말씀인 명과 하늘의 몸인 정은 기에 속한다. 하늘의 마음이 무한하고 무궁하듯이, 하늘의 기 또한 무한하고 무궁하다. 하늘의 마음도 하나이고 하늘의 기 또한 하나이다. 각각 하나이지만 함께 있다. 하늘의 마음이 하나이면서 모든 존재에 다 들어 있으므로 이일분수(理一分殊)로 설명할 수 있다. 하늘의 몸 또한 하나이면서 모든 존재의 몸으로 나누어지므로, 리(理)와 마찬가지로 기일분수(氣一分殊)로 설명할 수 있다. 호수의 물이 하나이지만, 모든 얼음덩어리로 만들어지는 것을 보면 쉽게 이해할 수 있다.

지금 사람들은 매양 이일분수를 리는 같지만, 기가 다르다는 것으로 인식하여, 하나인 리가 하나인 기와 짝이 되어 드러나는 것임을 도무지 모른다. 진실로 기가 하나가 아니면 무엇으로부터 리가 반드시 하나임을 알겠는가. 이일분수는 리를 주로 하여 말한 것이니, 분이라는 글자는 당연히 리에 속해야 한다. 그러나 만약 기를 주로 하여 말할 것 같으면, 기일분수라 해도 불가할 것이 없다.[3]

사람들이 기일분수를 모르게 된 이유는 주자학자들이 하늘을 리로 정의한 데 연유한다. 하늘을 리로만 보면, 기를 하늘의 요소로 볼 수 없으므로, 리는 통하지만 기는 통하지 않는 것이 된다. 이로 인해 사람들이 기가 하나로 통해 있다는 사실을 망각하게 되어 많은 혼선이 생겼다. 기가 하나로 통해 있다는 것을 이해하지 못하면, 호수의 얼음덩어리가 하나의 물에서 만들어졌다는 사실도 설명할 수 없게 된다.

사람에게 리에 해당하는 본성이 있고, 기에 해당하는 몸이 있듯이, 하늘에도 리에 해당하는 하늘마음이 있고, 기에 해당하는 하늘의 몸이 있다. 하늘의 몸이 맹자가 말하는 호연지기이다. 하늘마음인 리가 만물의 성으로 퍼져 있으므로 이일분수(理一分殊)이듯이, 하늘의 호연지기가 만물의 몸에 관통하고 있으므로 기일분수이다. 『삼일신고』에서 설명하는 하늘의 세 요소를 알면 쉽게

---

3. 今人每以理一分殊 認作理同氣異 殊不知理之一 卽夫氣之一而見焉 苟非氣之一 從何而知其理之必一乎 理一分殊者 主理而言 分字亦當屬理 若主氣而言 則曰氣一分殊 亦無不可矣(『鹿門集』 권19, 〈鹿廬雜識〉).

이해할 수 있지만, 맹자의 호연지기에 관한 설명만 이해해도 녹문의 기일분수를 이해할 수 있다. 녹문이 맹자의 호연지기에 관한 설명을 높이 평가한 이유도 여기에 있다.

맹자가 말한 호연지기는 하늘과 땅 사이에 가득 차 있고, 예나 지금이나 흘러 움직이며, 음양에서 보면 음양에 가득하고, 오행에서 보면 오행에 가득하며, 사람과 만물에서 보면 사람과 만물의 몸에 가득하다. 비유하면 물고기가 물 가운데 있을 때 배 속에 물기가 가득한 것과 같다. 율곡선생이 "담일청허한 기가 있지 않은 곳이 많다"라고 했는데, 내가 생각해보니 그렇지 않은 것 같다. 비록 치우치고 막히고 나쁘고 탁한 곳에서도 이 기는 관통하지 않음이 없다. 특히 형체의 막힘으로 인해 제대로 드러내어 움직이지 못할 뿐이다. 맹자가 말하기를, "곧은 마음으로 길러 해침이 없으면 천지 사이에 가득하게 된다"라고 했는데, 이 말이 지극히 좋다. 몸에 가득한 이 기가 천지의 기와 하나로 관통해 있으므로, 천지 사이에 가득하게 되는 것이다. 본래 호연지기는 기르지 않아도 되지만, 그러나 한 번 사욕에 가려져 시름시름 쭈그러지면 이른바 몸에 가득한 것이 쇠해지고 꺾여서 이지러지고 흠이 생겨 호연지기가 있음을 모르게 된다. 그러므로 비록 하늘과 하나의 기라고 하더라도 단절되어 둘이 됨을 면하지 못한다. 배우는 자는 맹자의 말처럼 계속 의롭게 행하고, 기를 길러서 몸에 가득한 본래의 기운이 가득해져 흠이 없어지면, 다시 천지와 간격이 없어진다. 이른바 천지 사이에 가득하다는 말은 다름이 아니다. 몸에 가득해지는 것이 바

로 천지에 가득해지는 것이다.[4]

　녹문의 설명은 매우 중요하다. 하늘을 리로 정의하면, 하늘과 하나 되기 위한 수양공부가 리의 회복에 치우칠 수 있지만, 호연지기를 하늘의 요소로 보면, 하늘과 하나 되기 위한 공부 중에 호연지기의 회복이 중시되어 수양공부가 다양해진다.

제2절
류치명의 주자학

류치명(柳致明: 1777~1861)의 자는 성백(誠伯)이고, 호는 정재(定齋)이다. 대산 이상정의 외증손이다. 대산의 문인인 남한조(南漢朝)·유범휴(柳範休)·정종로(鄭宗魯)·이우(李㙖) 등의 문하에서 수학했다.

　1805(순조 5)년에 문과에 급제하고, 승문원부정자가 되었다가 여러 벼슬을 거쳐 1853(철종 4)년에 가선계(嘉善階)에 오르고 병조참판에 이르렀다. 1855년 사도세자의 추존을 청하는 상소를 올렸다

---

4. 孟子所謂浩然之氣 充塞天地 流行古今 在陰陽滿陰陽 在五行滿五行 在人物滿人物 譬如魚在水中而肚裏皆這水也 栗谷先生甞云湛一淸虛之氣 多有不在 竊恐未然 盖雖偏塞惡濁處 此氣則無不透 特被形氣所局塞 不能呈露而顯行焉爾 孟子曰以直養而無害則塞于天地之間 此語極好 盖滿腔子都是此氣 而與天地之氣通貫爲一 則其塞于天地 固不待養也 然一爲私意所蔽 欲然而餒則所謂滿腔子者 衰颯虧欠 不知其所在矣 夫然則與天地雖曰一氣 亦不免於隔截而爲二 學者苟能集義養氣如孟子之言 則此滿腔子之本體 便當充拓無欠 而與天地更無間隔 盖所謂塞天地無他 只塞了腔子 便塞了天地矣(『鹿門集』 권19, 〈鹿廬雜識〉).

가 상원에 유배되었다. 이어서 지도(智島)에 안치되었다가 그해에 석방되었다.

1857년 제자들이 지어준 뇌암(雷巖)의 만우재(晩愚齋)에서 후진 양성에 전념했다. 1860년 동지춘추관사가 되었고, 이듬해 생을 마감했다.

정재는 경학(經學)·성리학·예학(禮學) 등 여러 분야에 정통하여 학문적으로 큰 업적을 남겼다. 정재는 퇴계→학봉→경당→갈암 →밀암→대산으로 이어지는 학통을 계승했으며, 문하에 이진상 (李震相)·류종교(柳宗喬)·이돈우(李敦禹)·권영하(權泳夏)·이석영(李錫 永)·김흥락(金興洛) 등 많은 학자를 배출했다.

저서 및 편저로는 『정재문집(定齋文集)』, 『예의총화(禮疑叢話)』, 『가례집해(家禮輯解)』, 『학기장구(學記章句)』, 『상변통고(常變通攷)』, 『주절휘요(朱節彙要)』, 『대학동자문(大學童子問)』, 『태극도해(太極圖 解)』, 『대산실기(大山實記)』, 『지구문인왕복소장(知舊門人往復疏章)』 등이 있다.

정재는 이기설을 전개하면서 리를 중심으로 우주 만물의 실상 을 설명한다. 이는 녹문이 기를 중심으로 우주 만물의 실상을 설명 한 것에 대한 반작용일 수도 있을 것이다. 동전의 겉면을 보고 동전 이라고 해도 되고, 동전의 이면을 보고 동전이라고 해도 된다. 리와 기가 우주 만물의 양면이라 한다면 녹문처럼 기를 중심으로 설명 하는 것이나, 정재처럼 리를 가지고 설명하는 것이 다르지 않다.

리는 살아 움직이는 것이다. 출렁출렁 유동하며 우주에 가득하 여 있지 않은 곳이 없으니, 어찌 막막하게 가만히 있기만 한 것

이겠는가. 그러므로 '천도가 유행하여 만물을 발육시킨다'라고
했으며, 또 '한 번 음이 되게 하고 한 번 양이 되게 하는 것을
도라고 한다'라고 했으며, 또 '태극이 움직여 양이 되고, 멈추어
서 음이 된다'라고 했다. 이른바 도라고 하고 태극이라 한 것은
리를 말한 것이다. 흘러 움직인다고 말한 것은 멈춤만 있고 움
직임이 없다는 것이 아니다. 음이 되게 하고 양이 되게 한다고
함은 한 번도 가만있는 것이 아니라는 것이다. 움직여 양이 되
고 멈추어 음이 된다고 하는 것은 리가 움직이기도 하고 멈추
기도 한다는 것을 바로 말한 것이다.[5]

　리가 함이 없다고 말한 것은 아무것도 하지 않는다는 뜻이 아
니다. 사람의 마음이 가만있지 않고 움직이지만, 눈에 보이는 움
직임이 없는 것처럼, 리도 가만있지 않고 움직이지만, 눈에 보이는
움직임이 없다는 뜻에서 리가 움직임이 없다고 한 것이다. 마음의
움직임이 말로 나타나서 다른 사람에게 전달되듯이 리의 움직임
도 여러 가지 방식으로 표현된다. 천도가 흘러 움직여서 만물을
발육한다든지, 태극이 움직여 양이 된다고 하는 것이 모두 리의
움직임을 표현한 것이다. 정재는 '리는 함이 없다'라고 말한 뜻을
후대의 사람들이 리를 아무것도 하지 않는 죽은 물건처럼 오해할
것을 염려하여 리의 움직임을 강조했다.

------

5. 大抵是理活物也 洋洋乎流動充滿 無乎不在 是豈漠然無爲者哉 故曰 天道流
行 發育萬物 又曰 一陰一陽之謂道 又曰 太極動而生陽 靜而生陰 夫其所謂道
也太極也 卽理之謂也 曰流行則非有靜而無動也 曰陰之陽之 則非一於無爲也
曰動而生陽 靜而生陰 則又直言之動靜也(『定齋集』권19, 〈理動靜說〉).

제3절

이항로의 주자학

이항로(李恒老: 1792~1868)의 자는 이술(而述)이고, 호는 화서(華西)이다. 경기도 양평 출신이다.

3세 때 『천자문』을 떼고, 6세 때 『십구사략(十九史略)』을 읽고 「천황지황변(天皇地皇辨)」을 지었다. 12세 때 신기령(辛耆寧)에게서 『서전(書傳)』을 배웠다. 1808(순조 8)년에 성균관 재생의 시험에 합격하자, 고관이 자기 아들과 친하도록 회유하므로, 격분하여 끝내 과거에 응하지 않고 학문에만 전념했다.

화서의 학문과 인격을 흠모한 청년들이 많이 모여들었으나, 세속을 피해 사찰을 옮겨 다니며 사서삼경과 성리학연구에 주력했다. 1840년(헌종 6) 휘경원참봉에 제수되었으나 사양했고, 그 뒤에도 지방수령 등에 제수되었지만, 고사하고 향리에서 연구와 강학에만 힘쓰니, 문하에서 최익현(崔益鉉)·김평묵(金平默)·류중교(柳重教) 등이 수학했다. 1864(고종 1)년 조두순(趙斗淳)의 천거로 장원서별제(掌苑署別提)에 임명되었고, 같은 해에 전라도도사(全羅道都事), 사헌부 지평(持平)·장령(掌令) 등에 임명되었으나 노환(老患) 때문에 관직에 나아가지 못했다.

1866년 병인양요가 일어나자 동부승지의 자격으로 입궐하여 흥선대원군에게 주전론을 건의하기도 했다. 그 뒤 공조참판으로 승진되고 경연관(經筵官)에 임명되었으나, 대원군의 비정(秕政)을 비판한 병인상소와 만동묘(萬東廟) 재건 상소 등으로 인해 대원군으로부터 배척당했다.

저서로는 『화서집』, 『화동사합편강목(華東史合編綱目)』, 『주자대전차의집보(朱子大全箚疑輯補)』, 『화서아언(華西雅言)』 등이 있다. 시호는 문경(文敬)이다. 김평묵(金平黙), 유중교(柳重敎), 양헌수(梁憲洙), 최익현(崔益鉉), 박문일(朴文一), 유기일(柳其一), 유인석(柳麟錫) 등을 위시한 수많은 제자를 배출했다.

화서는 한 스승의 문하에서 오래 연마한 것이 아니라 혼자서 여러 경전을 공부하여 일가를 이루었다. 화서가 가장 존경한 선현은 주자와 송우암이었다. 주자와 송우암의 공통점은 춘추대의를 앞세워 오랑캐의 압박으로부터 나라를 지키려는 것이었는데, 이것이 서양문화의 충격으로부터 나라를 구해야 한다는 화서의 생각과 일치했기 때문이다. 후일 조선이 위기에 몰렸을 때 호국을 위해 위정척사를 주창한 인물들이 대부분 그의 문도에서 나왔다. 화서는 서양문화를 오랑캐 문화로 보았다. 서양문화를 받아들이면 사람이 짐승이 된다고 깨우쳤다.

지금 국론이 둘로 나누어져 설전하고 있습니다. 서양의 적을 쳐야 한다는 주장은 우리 편 사람들의 주장이고, 서양의 적들과 화친해야 한다는 주장은 적들 편에 선 사람들의 주장입니다. 우리 편 사람들의 주장을 따르면 나라 안에서 사람의 옷을 입을 수 있지만, 저들의 주장을 따르면 사람이 짐승의 우리에 들어가게 됩니다. 이것이 큰 갈림길입니다. 이는 조금이라도 제정신을 가진 사람이라면 다 알 수 있으니, 하물며 현명하고 거룩한 전하께서 어찌 그들의 주장을 용납하시겠습니까? 다만 나라가 위급하게 되는 재앙이 숨 쉴 틈이 없이 밀려오고, 이익을 꾀하고 요행을 바라는 감언이설이 틈을 타고 들어오면, 전하께서 과연 바른 판단을 여일하게 지키셔서 손권이 칼로 책상을 가르듯이 일도양단하는 용기로 굳세게 결단하실 수 있을지 알수가 없습니다. 이것이 어리석은 신하의 큰 두려움입니다.[6]

화서는 힘을 앞세워 이익을 탐하는 서양의 물질주의 문화를 짐승의 문화로 여겼다. 화서는 우리나라 사람들이 서양문화를 받아들여 짐승처럼 될까 걱정이 앞서 잠을 이루지 못할 정도가 되었다. 화서의 판단이 제자들에게 이어져 훗날 위정척사 운동으로 이어졌다. 위정척사(衛正斥邪)란 우리의 바른 문화를 수호하고 비뚤어진 서양문화를 물리친다는 의미이다. 후대의 역사가들은 화서가 말한, 우리 편의 사람들을 수구파라 하고, 서양 편에 선 사람들을 개화파라 불렀다. 그리고 나라가 망한 원인을 수구파의 탓으로 돌렸다. 그러나 서구문화가 전 세계를 지배한 오늘날, 사람들의 마음이 피폐해지고 지구환경이 파괴되어, 지구가 사람이 살수 없는 지경이 된 현실 앞에서 우리는 화서의 선견지명에 감탄하지 않을 수 없다.

화서가 아무리 걱정을 해도 거대한 파도처럼 밀려오는 서구의 문화를 막을 수가 없었다. 조선은 밀려오는 서구문화를 막지 못했

---

6. 今國論 兩說交戰 謂洋賊可攻者 國邊人之說也 謂洋賊可和者 賊邊人之說也 由此則邦內保衣裳之舊 由彼則人類陷禽獸之域 此則大分也 粗有秉彝之性者 皆可以知之 況以殿下之明聖 豈容左腹之入也 但恐宗社危急之禍 迫於呼吸 而 計利徼幸之論 乘間抵隙 則未知聖明果能持之如一 剛決鎭壓 如孫討虜斫案之 勇否也 此愚臣之所大懼也(『華西先生文集』 권3, 〈辭同副承旨兼陳所懷疏〉).

을 뿐만 아니라, 나라를 잃게 되는 최악의 국면을 맞이하고 말았다.

화서가 서양의 물질주의 문화를 기(氣)에 소속시키고, 우리의 전통적 정신문화를 리(理)에 소속시킴으로써, 리를 높이고 기를 낮추는 리 중심의 철학을 전개한 것은 당연한 귀결이라고 할 수 있겠다.

사람의 마음은 리를 담고 있는 그릇과 같은 것이므로, 마음속에 있는 것이 리이고, 겉면에 있는 것이 기이다. 이 중에서 화서는 리를 강조했다. 제자 유중교가 화서에게 리를 강조하는 이유를 묻자 상황이 그렇기 때문이라고 했다. 서구의 물질문화가 기에 속하므로 물질문화를 저지하기 위해서는 기를 낮추고 리를 높일 수밖에 없다. 만약 육상산이나 왕양명의 심즉리설이 세상을 혼란하게 한다면 화서는 기의 측면을 강조했을 것이다.

제4절
기정진의 주자학

기정진(奇正鎭: 1798~1879)의 자는 대중(大中)이고, 호는 노사(蘆沙)이다. 아버지의 유언에 따라 장성 하남(河南)으로 이사했다. 1828년 향시에 응시하고, 1831년 사마시에 장원으로 합격했다. 이후 명성이 조정에 알려져 1832년 강릉참봉(康陵參奉)이 주어졌고, 1835(헌종 1)년에는 현릉참봉(顯陵參奉)이 주어졌으며, 1837년에는 천거로 사옹원주부에 임명되었으나 모두 사의를 표했다.

1842년 전설사별제(典設司別提)로 임명되었으나 취임 6일 만에 병을 핑계 삼아 사임하고 귀향했다. 얼마 뒤 여러 벼슬이 주어졌으나, 나아가지 않았다.

1866년(고종 3) 병인양요가 일어나자, 서양의 침략을 염려하여 그해 7월 「육조소(六條疏)」를 올렸는데, 위정척사(衛正斥邪)의 이론적 기초가 되었다. 이 소장이 고종에게 받아들여지면서 여러 벼슬이 주어졌으나 나아가지 않았다.

그의 저술로 「정자설(定字說)」, 「이통설(理通說)」, 「납량사의(納涼私議)」, 「외필(猥筆)」, 「우기(偶記)」 등이 있다.

그의 철학사상은 제자들과의 문답을 기록한 『답문유편(答問類編)』에도 잘 드러나 있다.

그의 학문과 사상은 손자인 기우만(奇宇萬)과 김녹휴(金錄休)·조성가(趙性家)·정재규(鄭載圭)·이희석(李僖錫)·이최선(李最善)·기삼연(奇參衍) 등의 제자에게 전수되었다. 저서로는 『노사집』, 『답문유편』이 있다.

노사도 화서처럼 서양문화의 침투를 몹시 우려했다. 노사는 병인년에 여섯 조에 달하는 상소문을 올려 서양문화의 침투를 막을 것을 주장했다.

> 이 오랑캐들은 하늘과 땅 사이에 있는 엄청나게 요사스러운 기운이라서 천지일월을 속이고, 강상윤리를 다 없애며, 이익을 좋아하는 어리석은 백성을 꼬드겨 자기들의 욕심을 마음대로 채웁니다. 계획이 성사되어 뜻한 대로 되어 하늘 아래가 다 그들의 수중에 들어갔는데, 어쩌다가 깨끗한 상태로 남아 있는 곳이 우리나라 한 곳이니, 저 교활한 오랑캐가 이를 눈엣가시로 여겨서 백방으로 틈을 뚫고 들어오려고 안간힘을 쓰고 있으니,

반드시 문을 열고 난 뒤에야 그치려고 할 것이니, 어찌 다른 까닭이 있겠습니까? 산골짜기만큼 큰 욕심으로 우리나라를 부용 국으로 삼고, 우리의 산과 바다를 저장 창고로 만들며, 우리의 의관을 오랑캐 의관으로 만들고, 우리의 아이들을 사냥하듯 잡아가며, 우리의 생령들을 짐승으로 만들 것입니다. 만일 문호를 개방하여 내왕하게 하면 그들이 우리나라에 들어와 아무 장애 없이 사사건건 뜻대로 경영하여 이삼년이 지나지 않아 전하의 어린 백성 중에 서양화하지 않을 자 거의 없을 것이니, 전하는 누구를 데리고 임금노릇 하시겠습니까? 기름 덩어리를 자기에게 쏟으면서 깨끗하기를 바라고, 호랑이를 끌어다 방에 들여놓으면서 물리지 않기를 바란다면 지극히 어리석은 사람도 안 된다는 것을 알 것입니다. 엎드려 바라옵건대 전하께서는 홍수를 막아 벌레들을 몰아낼 것을 단연코 자임하셔서 백관과 군민들에게 조금이라도 그들을 용납하지 않을 것임을 분명하게 알리시면, 나라의 생령들에게 일시의 복이 될 뿐만이 아니라, 만세토록 태평을 누리는 큰 바탕이 될 것입니다. 어찌 좋지 않겠습니까?[7]

---

7. 此胡乃覆載間非常妖氣 矯誣天地日月 殄滅綱常倫理 誑誘好利之愚民 以自濟 其淫慾之私 計行意得 一天之下 盡入其轂中 差爲乾淨者 獨靑丘一片耳 彼狡 虜之情 以此爲眼中之釘 百方鑽穴隙 必欲交通而乃已 夫豈有他故哉 其無厭 之溪壑 欲附庸我國家 帑藏我山海 奴僕我衣冠 漁獵我少艾 禽獸我生靈耳 萬 一開交通之路 則彼之所營 件件如意 次第無碍 不出二三季 殿下赤子不化爲 西洋者無幾 殿下將誰與爲君乎 引油自灌而望其不汚 引虎入室而望其不噬 雖 至愚亦知其無是理 伏願殿下斷然以抑洪水驅蟲蛇自任 守之不撓 明告百官軍 民 無或有一分饒恕之意 此非徒一時宗社生靈之福 亦爲萬世開太平之一大根 基 豈不休哉(『蘆沙先生文集』 권3, 〈丙寅疏〉).

노사는 화서보다 더 강력하게 문호개방을 반대했다. 노사는 서구문화의 한계를 훤히 들여다보고 있었지만, 서구문화의 침투를 막을 수가 없었다. 노사가 염려했던 것처럼 오늘날 우리들의 의식은 서구의 것으로 채워졌다. 우리는 서구의 방식으로 정치하고 있고, 서구의 방식으로 교육받았다. 우리가 서구의 방식을 기준으로 우리의 전통을 보면 우리의 전통이 비정상적으로 보인다. 우리는 우리의 것을 부정하고 우리의 것을 비판한다. 우리는 서구문화에 힘입어 물질과학이 발달했고, 풍요롭게 살면서 문명의 이기를 한껏 누리고 있다. 조선의 멸망 원인을 수구파들 탓으로 돌리며 서구화를 일찍 서두른 일본을 부러워하기도 한다. 그러나 왠지 모르게 마음 한구석이 허전해지고, 우리 사회가 점점 각박해지고 있다. 이는 우리 사회의 문제만은 아니다. 서구문화의 한계에 부딪혀 전 지구의 사람들이 우왕좌왕하고 있다. 이런 상황이 되어서 우리는 노사의 깨우침을 생각하게 된다.

노사가 말하는 짐승은 동물을 말하는 것이 아니다. 사람의 본성을 잃어버린 사람을 깎아내려 말한 것이다. 사람과 짐승은 모든 것이 반대이다. 사람은 모두 하나인 줄 알고 한마음을 가지고 서로 사랑하며 산다. 한마음으로 사는 사람은 늘 행복하게 산다. 늙고 죽는 일도 없다. 그러나 짐승으로 살면 각각 남인 줄 알고, 욕심을 채우느라 경쟁하고 투쟁하며 산다. 욕심으로 사는 사람은 원초적으로 불행하다. 아무리 성공을 해도 외롭게 늙고 죽는다. 사람은 하늘과 하나 되는 방향으로 가지만, 짐승으로 사는 사람은 하늘을 등지고 반대의 방향으로 간다. 사람으로 사는 사람이 짐승으로 사는 사람을 보면 안타깝고 불쌍하지만, 짐승으로 사는 사람은 자신이 불쌍하다는 것을 모를 뿐만 아니라 사람으로 사는 사람을 이해하지 못한다.

짐승이 사람 되기 위해서는 욕심을 한마음으로 바꿔야 한다. 한마음이 하늘마음이고 리이므로, 리를 알고 리를 회복하는 것이 급선무다. 노사가 보기에 서양의 짐승들에게는 한마음이 없다. 그런데 문제는 우리 중에도 이미 리를 부정하는 사람들이 매우 많다는 데 있다. 노사는 서양문화의 침략을 막으면서 동시에 리를 가볍게 여기는 우리의 분위기를 빨리 바꾸어야 했다.

원래 리와 기는 늘 함께 있지만, 가치가 똑같은 것은 아니었다. 그런데 사람들이 늘 리와 기를 짝지어 '리기'라고 부른 뒤로 리와 기가 대등한 관계인 것으로 착각하게 되었다.

> 기를 리와 대등하게 취급하여 리기라 부르게 된 것은 언제부터였는가? 내가 생각하기에 이는 반드시 성인의 말이 아니다. 무엇으로 이렇게 말할 수 있는가? 리는 존귀하여 상대가 없다. 기가 어찌 리와 짝이 되는가? 리는 광활하여 상대가 없다. 기는 리 안에서 일을 하는 것이니, 이 리가 작동할 때의 손발이다. 리와 상대할 수 있는 것은 없다. 짝도 될 수 없고, 대등할 수도 없다. 대등하게 취급하는 것은 무슨 까닭인가?[8]

옛 성현들은 원래 리만 말했을 뿐, 리와 기를 짝지어 말하지 않았다.

---

8. 把氣與理對擧 喚作理氣 始於何時 愚意此必非聖人之言 何以言之 理之尊無對 氣何可與之對偶 其闊無對 氣亦理中事 乃此理流行之手脚 其於理本非對敵 非偶非敵 而對擧之何哉(『蘆沙集』 권16, 〈猥筆〉).

기가 리를 따라 발하는 것이니, 기가 발하는 것은 리가 발하는
것이다. 기가 리를 따라 움직이는 것이니, 기가 움직이는 것은
리가 움직이는 것이다. 리는 조작하거나 꿈틀거림이 없다. 발하
고 움직이는 것은 분명히 기가 그렇게 하는 것인데, 리가 발하
고 리가 움직인다고 하는 것은 무엇 때문인가? 기가 발하고 움
직이는 것은, 리에게 명령받은 것이다. 명령하는 자는 주인이고
명령받는 자는 종이다. 종이 노동을 담당하지만, 주인에게 공이
돌아가는 것은 천지의 변함없는 이치이다. 그러므로 "가는 것
이 이와 같다"라고 말할 때 다만 간다고만 말했을 뿐, 이처럼 기
를 타고 간다고 말하지는 않았다. 건도가 변화한다고 말할 때도
다만 건도라고만 말했을 뿐, 기를 타고 변화한다고 말하지 않았
다. 태극이 양의를 낳는다고 말할 때도 그렇고, "성실함은 만물
의 처음과 끝이다,"라고 말할 때도 그렇다. 주렴계는 태극도설에
서 진리를 전했는데, 처음부터 "태극이 움직여서 양이 되고, 멈
추어서 음이 된다"라고만 말하고 기(氣)라는 글자를 하나도 보
여 주지 않은 까닭은 기의 역할을 무시해서 그런 것이 아니다.
주인이 가는데 종이 어찌 가지 않을 수 있겠는가! 그 말이 빛나
고 밝고 곧고 딱 부러진다. 의심하거나 헷갈릴 것이 없다.[9]

---

9. 氣之順理而發者 氣發卽理發也 循理而行者 氣行卽理行也 理非有造作自蠢動
其發其行 明是氣爲 而謂之理發理行何歟 氣之發與行 實受命於理 命者爲主
而受命爲僕 僕任其勞而主居其功 天之經 地之義 是以言逝者如斯時 直言逝
者 未嘗言乘氣如斯 言乾道變化時 直言乾道 未嘗言乘氣變化 言太極生兩儀
時亦然 言誠者物之終始時亦然 濂溪圖說 傳法於此 故劈頭言太極動而生陽
靜而生陰 不見一氣字 非遺却氣機也 主之所向 僕豈有不逞者乎 其言光明直截
無可疑貳(『蘆沙集』 권16, 〈猥筆〉).

옛 성현이 리의 요소만 말하고 기의 요소를 말하지 않은 까닭은 리에 기가 종속되기 때문이다. 근세에 와서 리와 기를 병칭하다가 기에 리를 종속시키는 기이한 현상이 일어났다. 이를 노사는 심히 우려한다.

우리 동방에서 근세에 리를 말하고 기를 말하는 것이 어찌 그렇게 답답할까. 그 말을 보면 대체로 리와 기를 한 덩어리로 뭉뚱그려서 되어가는 대로 내맡기고, 아무런 주장이 없는 것을 리로 여긴다. 그러므로 리발(理發) 두 글자는 요즘 학자들이 금기시하는 말이 되어버렸다. 조금이라도 단락이 있거나 변화가 행해지거나 조리가 있는 것을 보면 바로 기라 한다. 누가 이것을 주장하느냐고 물으면 "기 스스로 그러할 뿐이요, 그렇게 되도록 하는 것이 있지 않다"라고 말한다. "리라는 것이 어디에 떨어져 있느냐?"라고 물으면 "기를 타고 있다"라고 말한다. 리는 앞에서는 기를 그렇게 되도록 하는 묘한 작용도 없고, 뒤에서는 기를 조종하는 힘도 없이 다만 빌붙어서 타고 있기만 할 뿐이니, 무슨 일을 할 수 있겠는가. 있어도 도움 될 것이 없고, 없어도 나쁠 것이 없으니, 살갗에 붙은 혹이나 말 꽁무니에 붙은 파리에 불과하다. 아아! 가련하도다. 그 까닭을 찾아보면 '승'이라는 글자의 의미가 그 본지를 잃은 데 말미암는다. 그러다가 결국 리가 가볍고 기가 무겁게 되는 지경이 되어, 기가 리의 지위를 빼앗아 만사의 본령이 되어야 멈추니, 한 글자의 본지를 잃은 폐해가 여기에까지 이르렀다.[10]

리발(理發)을 오답으로 처리하는 것은 노론 세력들이 모범답안을 작성하면서부터 시작되었다. 사람이 기의 가치를 높여 기를 중시하면서 사는 것은 짐승으로 사는 것이다. 노사는 사람들이 서양 오랑캐에 오염되어 짐승이 되기 전에 조선에서 이미 스스로 짐승이 되어 가고 있음을 알았다. 서양의 문화 유입을 막는 것도 중요하지만, 리의 역할을 되찾는 것이 더 중요하다. 노사가 해야 할 일이 많아졌다.

퇴계의 호발설조차도 리의 비중이 약해질 소지가 있다. 리도 발하고 기도 발한다고 하면 리와 기가 각각 동등하게 발하는 것처럼 되기 때문이다. 이에 노사는 퇴계의 호발설에서 빚어질 수 있는 내용을 보완했다.

> 아마 사단만을 가려내어 '리발'이라 일렀다면, 바깥의 칠정은 정이 다른 데로 달아난 것이니, 기발이라 해도 안 될 것은 없다. 그러나 만일 혹시라도 리발 기발의 설에 집착하여, 사칠의 근원에 두 근원이 있는 것으로 의심하게 된다면 이 어찌 주자 본래의 뜻이겠는가![11]

---

10. 我東方近世說理說氣 何其滯也 其言大槩以混淪一塊 無適莫沒主張者爲理 故理發二字 爲今日學士家一大禁避語 而纔見有段落行變化成條理則曰氣也 問孰主張是 則曰其機自爾 非有使之者 問所謂理者落在何方 則曰乘之矣 初旣無使之然之妙 末又非有操縱之力 寄寓來乘 做得甚事 有之無所補 無之靡所闕 不過爲附肉之疣 隨驥之蠅 嗚呼可憐矣 究厥端由 原於乘字失其本旨 駸駸致得理輕而氣重 直至氣奪理位 爲萬事本領而後已 一字之失其本旨 其禍乃至於此乎(『蘆沙集』권16, 〈猥筆〉).

노사가 해야 할 두 가지 일은 리를 밝혀 리의 본래자리를 되찾는 것과 서양 문화의 유입을 막는 것이었다. 노사의 노력은 수포로 돌아갔고 30년도 못 되어 나라가 망했다.

제5절
이진상의 주자학

이진상(李震相: 1818~1886)의 자는 여뢰(汝雷)이고, 호는 한주(寒洲)이다. 경상북도 성주에서 태어났다. 8세 때 부친에게 『통감절요(通鑑節要)』를 배웠고, 13세 때는 사서삼경(四書三經)을 다 읽었다. 경사(經史)·정무(政務)·문장(文章)·제도(制度)·성력(星曆)·산수(算數)·의방(醫方)·복서(卜筮)에 이르기까지 모두 섭렵하려 했으나, 이원조(李源祚)의 조언으로 성리학에 전념했다.

1857(철종 8)년 청나라에서 반란이 일어났다는 소식을 듣고, 사대의 예를 철폐하자는 취지의 상소문을 지었다.

1866년 국가제도의 개혁안을 제시한 『묘충록(畝忠錄)』을 저술했다. 1871년 대원군의 서원철폐령에 맞서 반대 운동을 벌였고, 1876년 운양호사건(雲揚號事件) 때 의병을 일으키려 했다가 화의가 성립되어 중단했다.

---

11. 蓋旣挑出四端 而謂之理發 則外此七情 乃是情之奔逸者 故謂之氣發無不可 若或執據理氣發之說 疑四七之原有二本 則是豈朱子之本意哉(『蘆沙集』 권 16, 〈偶記〉).

김홍집(金弘集)이 일본에서 『조선책략(朝鮮策略)』을 가져오자, 위정척사의 글을 지어 고을에 돌렸다.

문하에 곽종석(郭鍾錫)·허유(許愈)·이정모(李正模)·윤주하(尹冑夏)·장석영(張錫英)·이두훈(李斗勳)·김진호(金鎭祜) 등의 제자가 있는데, 이들을 '주문팔현(洲門八賢)'이라 한다. 문집으로 『한주집(寒洲集)』이 있고, 그 밖의 저서로 『이학종요(理學綜要)』, 『사례집요(四禮輯要)』, 『춘추집전(春秋集傳)』, 『직자심결(直字心訣)』 등이 있다.

한주는 이선기후(理先氣後)를 근거로 하여, 퇴계의 이기호발설을 리발일도설로 압축했다.

> 퇴계의 기가 발하고 리가 탄다는 설이나, 리가 발하고 기가 따른다는 설은 또한 기가 발할 때 리가 실지로 타고 있는 것과 리가 발할 때 기가 곧 따른다는 것을 말한 것이므로, 비록 서로 발한다고 하지만 사실은 각각 발하는 것이 아니다. 발한 곳에서 볼 수 있는 것은 기이지만, 기가 생기는 것이 역시 리에서 시작되는 것이므로, 발하는 실상을 정확하게 지적하면 정이 비록 만 가지로 발휘되지만, 어느 것이나 리에서 발하지 않은 것이 없다.[12]

퇴계의 호발설은 그의 철저한 수양공부의 과정에서 나온 설명이다. 수양공부의 핵심은 욕심을 제거하는 것이므로, 욕심을 제거하기 위해서는 욕심의 근원을 알아야 했다. 본성은 하늘마음이고

---

12. 退陶之氣發理乘理發氣隨 亦謂氣之所發而理實乘 理之所發而氣便隨也 雖云互發 實未嘗各發也 發處之可見者固氣 而氣之生又本於理 的指所發之實 則情雖萬般 夫孰非發於理者乎(『寒洲集』 권32, 〈四七原委說〉).

리이다. 본성에서 동쪽으로 가려는 의지가 발동하는 순간, 뇌에서 동쪽으로 가는 물질을 분비하면 몸이 동쪽으로 가게 된다. 이 경우는 리가 발하고 기가 본성을 따른 것이다. 뇌에서 분비되는 물질이 기이다. 그러나 본성에서 동쪽으로 가려는 의지가 발동하는 순간, 뇌에서 본성의 의지를 따르지 않고, 서쪽으로 가는 물질을 분비하면 몸이 서쪽으로 가게 된다. 서쪽으로 가는 것은 본성의 의지를 거역한 것이므로 악한 감정이다. 악한 감정이 나오도록 주도한 주체는 뇌에서 분비된 물질이므로 기이다. 기가 주도하여 악을 만드는데 본성은 아무 역할을 하지 못하고 기에 타고 있기만 했다. 이 경우를 퇴계는 기발이이승지(氣發而理乘之)라 했다. 퇴계가 기발이이승지라 한 까닭은 악의 근원을 밝히기 위한 것이었다. 악의 근원은 기임이 확실하다. 그러나 리와 기의 선후 관계에서만 보면, 본성이 동쪽으로 가고자 하는 의지가 먼저 발동한 뒤에 뇌에서 서쪽으로 가는 물질을 분비했으므로, 기발이이승지의 경우도 리발이 먼저다. 한주는 리가 발하는 것을 강조하기 위해 사실적인 면만을 따져 리발일도설을 주창한 것이다.

사람에게 가장 중요한 것은 참된 사람이 되는 것이고, 참된 삶을 회복하는 것이다. 리발 기발의 문제를 따지다가 참된 삶을 회복할 기회를 놓치면 큰일이다. 한주가 이발 기발의 문제를 따지는 것보다, 오히려 퇴계가 기발이이승지라는 설을 내놓게 된 이유를 자세히 살펴서 수양공부에 주력했어야 한다고 생각한다. 한주가 실지로 수양공부에 얼마만큼 정진했었는지는 알 수 없지만, 퇴계의 기발이이승지를 리발로 바꾼 것은 리를 경시하는 당시의 풍조를 바로잡기 위한 것이겠지만, 수양공부를 약화시킨 결과가 될 수도 있겠다는 우려가 되기도 한다. 한주는 리가 소홀하게 취급되는 당시의 분위기를 우려하여 심즉리설을 주창하기에 이른다.

> 심은 성정을 통틀어 말하는 말이지만, 심을 기라고 하면 모두가 하나로 연결된 하나의 본질과 그 본질로 말미암아 조화를 이룰 수 있는 도리가 모두 물질로 이해되고, 리는 죽은 것이 되어 없는 것처럼 될 것이다. 예로부터 성현들은 바른 도리를 중시하여 마음을 말하지 않음이 없었는데, 심을 기라고 하는 설이 행해지면 성현의 심법이 하나하나 허공(空)에 떨어지고, 학문에 핵심이 빠져, 세상의 가르침이 날로 혼란해질 것이다.[13]

마음은 성을 담고 있는 그릇이다. 성이 리이므로 마음은 리를 담고 있는 기이다. 그렇지만 마음을 기라고만 하면 사람들은 마음에 성이 없는 것처럼 착각할 가능성이 있다. 그렇게 되면 물질주의에 빠져 많은 부작용이 생긴다. 이런 문제점을 해결하기 위해 한주는 심을 리라고 하는 심즉리설을 제창한다.

> 심을 논할 때 심즉리설보다 더 좋은 것이 없고, 심즉기설보다 더 좋지 않은 것이 없다. 심즉기설은 근세의 현자에게서 나왔는데, 세상에는 이런 학문에 종사하는 학자들이 많이 나왔다. 이른바 심즉리 같은 것은 양명 따위가 미쳐서 방자하게 주장한

---

13. 心是性情之統名 而以心爲氣則大本達道 皆歸於氣 而理爲死物 淪於空寂矣 從古聖賢 莫不主義理以言心 而以心爲氣之說行則聖賢心法 一一落空 學無頭腦 世教日就於昏亂矣(『寒洲集』 권32, 〈心卽理說〉).

학설로, 우리 학문을 위하는 사람들은 그것이 도를 어지럽히는 것이라고 해서 배척하지 않음이 없었건만, 이제 모든 것이 이와 반대로 가고 있는 것은 무엇 때문인가? 옥은 천하의 보물인데, 세상에는 돌을 옥으로 여기는 자들이 있다. 형산의 옥은 돌 속에 들어 있는데, 오직 변화(卞和)만 그것이 옥인 줄 알고 안고 가서 임금에게 바쳤다. 왕이 옥공을 불러서 보였더니, 돌이라 했다. 그는 밖에 있는 돌만 본 것일 뿐, 그 속에 있는 옥을 보지 못한 것이다. 조정에 있는 사람 중에 옥과 돌을 조금 분별할 줄 아는 자도 역시 모두 돌이라 한다. 아까 돌을 보고 옥으로 여겨 돌을 옥이라 한 사람과 옥을 감싸고 있는 돌만 보고 돌이라 한 사람이 어찌 옥을 참으로 아는 자이겠는가! 옥이라고 말한 자와 돌이라고 말한 자가 잘못인 점에서는 차이가 없다. 이로써 본다면 현자가 심을 기로 여긴 것은 옥공이 돌이라 한 것이고, 세상의 학자들이 휩쓸려서 따라간 것은 조정에 있는 사람들이니, 모두 돌이라 한 자들이다. 불교에서 심을 리로 본 것은 돌을 옥으로 본 자가 옥이라 한 것이므로, 실은 심을 리라 한 것이나 심을 기라 한 것이 기만 보고 리를 보지 못한 것에서는 같다. 순이 우를 깨우치며 말하기를, "인심은 위태롭고 도심은 은밀하니, 정밀하고 한결같아야 진실로 중을 잡을 수 있다"라고 했다. 심은 하나뿐이지만, 인심이라 한 것은 심 가운데 기의 부분을 말한 것이고, 도심이라 한 것은 심 가운데 리의 부분을 말한 것이다. 인심은 보기 쉽고 도심은 밝히기 어려우니, 정밀하게 살피고 한결같이 지켜야 바른 본심이 리에 있고, 기에 있지 않음이 명확해진다. 공자가 마음이 내키는 대로 하는데도 법도에 어긋

나지 않은 것은 마음이 리이기 때문이다.[14]

　한주는 세상의 혼란을 막기 위해 심즉리설을 제창했다고 했다.
한주는 세상이 심즉기설과 양명의 심즉리설로 인해 혼란에 빠진
다고 보았다. 한주는 양명의 심즉리설을 바로잡기 위해 학자들이
노력했지만, 바로잡히지 않았다고 보았다.

　한주는 심을 돌 속에 옥이 들어 있는 것에 비유했다. 돌 속에
옥이 들어 있는 것처럼, 심은 기속에 리가 들어 있는 구조로 되어
있다. 옥이 들어 있는 돌을 보고 어떤 사람은 밖에 있는 돌을 옥
으로 착각하는 사람도 있고, 속에 있는 옥을 보지 않고 바깥의
돌만을 보고 돌이라고 하는 사람도 있다. 한주에 따르면, 심즉리
설을 주장한 양명은 바깥의 돌을 옥이라 한 사람에 해당한다. 양
명은 리를 감싸고 있는 바깥의 기를 리로 착각한 사람이고, 심즉
기를 주장한 현자는 리를 감싸고 있는 바깥의 기만 보고 기라고
한 사람이다. 이에 비해 한주는 자기가 심을 리라고 한 것은, 기에

14. 論心莫善於心卽理 莫不善於心卽氣 夫心卽氣之說 實出於近世儒賢 而世之
從事此學者多從之 若所謂心卽理 乃陽明輩猖狂自恣者之說 爲吾學者莫不斥
之爲亂道 今乃一切反之何也 夫玉天下之至寶 而世有認石而爲玉者 荊山之
玉 蘊於石中 惟卞和知其爲玉 抱而獻於王 王召玉工示之 曰石也 此見其外
之石 而不知其中之玉者也 在朝之人 稍知玉石之別者 亦皆以爲石 而獨向之
認石而爲玉者曰此玉也 此豈眞知玉者哉 其謂之玉者 卽與謂之石者 無以異
也 由是觀之 儒賢之以心爲氣 玉工之謂之石也 而世學之靡然從之者 卽在朝
之人 皆以爲石者也 禪家之以心爲理 卽認石爲玉者之謂之玉者也 其實則以
心爲理與以心爲氣 其爲見氣而不見理則一也 舜之戒禹曰人心惟危 道心惟微
惟精惟一 允執厥中 夫心一而已矣 而謂之人心者 心之從氣者也 謂之道心者
心之從理者也 人心易見 道心難明 精以察之 一以守之 則本心之正 在理而不
在氣也明矣 孔子之從心所欲不踰矩 心卽理也(『寒洲集』권32, 〈心卽理說〉).

들어 있는 리를 가리켜 말한 것이므로 가장 정확하다고 말한다.

한주는 『서경』에 있는 인심과 도심에 대해서도, 기 속에 들어 있는 리의 부분을 도심이라 하고, 바깥에 있는 기의 부분을 인심으로 설명한 뒤, 내키는 대로 해도 법도에 벗어나지 않는 공자의 마음이 심즉리이며 도심이라고 하여, 심즉리설을 입증했다.

한주는 마음이 기가 리를 감싸고 있는 구조임을 알지만, 리의 중요성을 감안하여 심즉리설을 제창한 것임을 밝혔다.

제6절
전우의 주자학

전우(田愚: 1841~1922)의 자는 자명(子明)이고, 호는 구산(臼山)·추담(秋潭)·간재(艮齋)이며, 임헌회(任憲晦)의 문인이다.

1882(고종 19)년에 선공감가감역(繕工監假監役)·선공감감역·전설사별제(典設司別提)·강원도도사, 1894년 사헌부장령·이듬해 순흥부사·중추원찬의(中樞院贊議)를 제수받았으나 모두 나아가지 않았다. 그의 명성이 널리 알려지자 1895년 박영효(朴泳孝) 등이 수구(守舊) 학자의 우두머리로 지목하여 개화하려면 그를 죽여야 한다고 여러 번 청했으나 고종은 승낙하지 않았다. 1908(순종 2)년 나라가 어지러워지자 왕등도(旺嶝島)·군산도(群山島) 등으로 들어가 나라는 망하더라도 도학(道學)을 일으켜 국권을 회복하겠다고 결심했으며, 부안·군산 등의 앞바다에 있는 작은 섬을 옮겨 다니며 학문에 전념하다가, 1912년 계화도(界火島)에 정착하여 계화도(繼華島)

라 부르면서 세상을 떠날 때까지 저술과 제자 양성에 힘썼다.

제자로는 오진영(吳震泳)·최병심(崔秉心)·이병은(李炳殷)·송기면(宋基冕)·권순명(權純命)·유영선(柳永善)·김병준(金炳駿)·김택술(金澤述) 등을 비롯하여 3,000여 명이 있다. 저서로는 『안자편(顏子篇)』, 『연원정종(淵源正宗)』, 『간재집』, 『간재사고(艮齋私稿)』 등이 있다.

간재 사상의 핵심은 성(性)을 높이는 데 있다.

공자 문하의 교육과 학문은 전적으로 성을 높이는 데 있다. 공자 외의 교육과 학문은 전적으로 심을 위주로 한다. 만약 성을 표준으로 삼으면 본원이 바르게 되어 말류가 모두 바르게 된다. 마음이 착해지기 때문에 마음이 인을 어기지 않는다. 정이 착해지므로 정이 발하여 모두 상황에 알맞게 되어 조화를 이룬다. 기가 착해지므로 그 기가 의·도와 짝이 된다. 인이라 하고, 절이라 하고, 도의라 하는 것은 모두 성이다. 만약 심을 표준으로 삼으면 본원이 어긋나서 말류가 하나도 어긋나지 않는 것이 없어서 마음이 또한 안 좋은 것이 되므로, "사람의 마음이 떠나간다."고 한다. 정자의 말에 또 이르기를, "불교는 오로지 마음을 주재로 삼기 때문에 더불어 도로 들어갈 수 없다"고 했으니, 그 내용이 남헌에게 보낸 주자의 글에 자세하게 나와 있다. 정 또한 안 좋은 것이 되면 "정이 불타올라 더욱 방탕해져서 성을 얽어매어 없앤다"고 한다. 기 또한 안 좋은 것이 되면 "기가 강해져 뜻을 움직인다"고 한다. 지금 본원을 공부하는 데로 나아가 변별하지 않고, 심이 좋은 것이라서 반드시 심을 근본으로 하여 도를 추구해야 한다고 하고, 기는 엉성한 것이라서 기를

제외하고 도를 추구해야 한다고 하는 것은 모두 말단의 논의이다.[15]

위의 간재의 말은 매우 타당한 것으로 보인다. 성(性)은 하늘의 마음이고 하늘의 명이다. 하늘의 마음을 기준으로 보면 현재의 나의 마음은 욕심이 덕지덕지 붙어 있는 몹쓸 마음이다. 그래서 간재는 성존심비(性尊心卑)라고도 하고, 성사심제(性師心弟)를 주장하기도 한다. 오늘날 사람들은 대개 자기의 마음을 기준으로 삼는다. 자기의 마음이 악한 사람은 자기만큼 악한 사람을 정상으로 생각한다. 자기보다 착한 사람을 보면 '저렇게 착해빠진 사람은 세상을 제대로 살 수 없다'라고 꾸짖고, 자기보다 악한 사람을 보면 '저런 놈 때문에 나라 꼴이 안 돼'라고 하며 비난한다. 자기 마음을 기준으로 삼는 사람은 반성하지 않기 때문에 개선되지 않는다. 반성하지 않으면 마음은 점점 더 악해지므로 대개의 사람은 살아가면서 악한 사람으로 바뀐다. 성은 하늘마음이고 성인의 마음이다. 성을 기준으로 삼는 사람은 성을 기준으로 현재의 자기 마음을 보기 때문에 자기가 잘못된 소인임을 알고 반성하며 개선

---

15. 孔門敎學 全在尊性 外家敎學 全在主心 如以性爲極 卽源頭旣正 而末流無往
不正 心也是善底 故曰心不違仁 情也是善底 故曰發而皆中節謂之和 氣也是
善底 故曰其爲氣也配義與道 曰仁曰節曰道義 皆性也 如以心爲極 卽源頭一
差 而末流無一不差 心也是不好底 故曰人心自由便放去 程子語 又曰釋氏專
認此心 以爲主宰 故不可與入道 詳見朱子答南軒書 情也是不好底 故曰情旣
熾而益蕩 梏其性而亡之 氣也是不好底 故曰氣壹則動志 今不就功夫源頭處
辨別 而或曰 心是好底 必本此然後爲道 或曰氣是粗底 必外此然後爲道 皆
末流之論也(『艮齋先生文集前篇』 권12, 〈体言〉).

한다. 그 결과 마음이 점점 착해지고, 정도 점점 착해지며, 기운도 점점 맑아진다.

간재가 주장한 대로 성을 높이고 심을 낮은 것으로 보는 태도는 매우 중요한 것으로 보인다. 제자는 스승을 본받아야 한다. 간재의 말처럼, 성을 스승으로 삼아 마음이 성을 닮아가는 것은 매우 중요하다.

간재는 나라가 망했는데, 의병을 일으키지도 않았고, 자결하지도 않았다. 선비 중에 의병을 일으킨 자도 많았고, 자결한 자도 여럿이었으므로, 간재를 비난하는 논의들이 일어났다. 의병을 일으킨 선비도 훌륭하고, 자결한 선비도 훌륭하다. 그러나 간재처럼 꿋꿋이 남아 후학을 가르치는 것도 중요하다고 생각한다.

간재의 간(艮)은 『주역』 간괘(艮卦)의 간(艮)이다. 간(艮)의 뜻은 일이 막힐 때 뒷일을 도모하며 힘을 기르는 것이다. 난관이 있을 때 모두 똑같이 행동한다면 난관을 극복하기 어렵다. 각자가 잘 할 수 있는 일을 찾아 최선을 다할 때 난관은 극복된다.

제 5 부

순수 사림의 계열

제1장

■

순수 사림으로의 회귀

조선 초기에 주자학이 관학으로 등장하면서 주자학 연구가 목적에 따라 두 양상으로 갈라졌다. 하나는 주자학 본래의 목적에 충실하여 욕심의 극복과 본심의 회복에 주력하는 순수 사림과 다른 하나는 입신출세를 목적으로 학문하여 과거를 통해 관직에 나아가는 것에 주력하는 훈구세력이었다.

윤원형의 학정으로 인해 훈구세력이 도태되고 사림이 권력을 장악하게 되자, 사림의 내부에서 사림 본연의 목적을 상실하고 권력을 장악하기 위한 투쟁에 뛰어드는 사이비 사림들이 대거 등장했다. 그들은 권력을 장악하기 위해 예설과 주자학을 무기로 삼았으므로, 주자학이 정치에 이용되어 변질되었고, 변질된 주자학으로 인해 많은 폐해가 생겨났다.

조선 후기에 권력을 장악하는 것과 무관하게 주자학을 연구하는 학풍이 재연되었지만, 그들의 연구는 이기설을 중심으로 한 이론 연구에 치우치는 경향이 없지 않았다. 학문이 이론으로 발전하면 삶과 무관하게 될 가능성이 있다. 학문은 가슴에서 출발하여 머리로 정리한 뒤 다시 가슴으로 돌아와야 한다.

조선시대 후기에는 머리로 주자학을 정리하는 학자들도 있었지만, 여전히 가슴에서 떠나지 않고 몸으로 철학하는 학자들도 있었다. 몸으로 철학하는 학자들은 주자학 원래의 목적에 충실하여 욕심의 극복과 본심의 회복에 주력했다. 그들은 순수 사림으로 회귀하여, 벼슬에 초연하면서 수양공부에 몰두했다. 벼슬에 초연한 것은 남명학의 특징이며, 수양공부에 몰두하는 것은 퇴계학의 특징이므로 순수 사림으로 회귀한 학자들은 퇴계와 남명의 학풍을 겸한 듯한 성격을 갖는다.

그들은 관직에 나아가지도 않았고, 이기설에 매달리지도 않았으므로, 학계에서 크게 주목을 받지는 못했으나, 그들의 인품이 주위의 사람들을 감화시켜, 주위 사람들의 정신적 지주가 되었다. 그들에게 감화를 받은 사람들은 선비정신으로 살았고, 나라가 위태로울 때는 구국을 위해 목숨을 바쳤다. 조선이 오백 년을 지탱할 수 있었던 것도 그들에게 힘입은 바가 크다. 그들은 고을마다 자리 잡고 있으면서 사람들을 가르쳤고, 실천을 통해 감화시켰다. 그들이 진정한 유학의 대표자들이라고 할 수도 있겠다. 그들의 수는 워낙 많아서 일일이 다 열거할 수가 없다. 그들 중에는 이름이 알려지지 않은 사람들도 많다. 이제 제5부에서는 이름이 알려진 사람 중의 일부만 소개하기로 한다.

제2장

■

초탈적 수양철학의 계보

사림의 탈을 쓰고 권력욕에 눈이 먼 사이비 사림들이 당파싸움을 일삼던 시절에도 여전히 꿋꿋하게 사림의 자리를 지킨 순수한 사림들이 있었다. 순수한 사림 중에도 크게 두 흐름이 있다. 하나는 정치에는 아예 등을 지고 오직 수양에 몰입하며 초탈원융한 삶을 사는 사람들이고, 다른 하나는 정치에 약간 관여했다가도 뜻이 맞지 않아 바로 사직하고 수양의 길로 돌아온 사람들이다. 그들은 수도자들이다. 그들을 출신 지역이나 혈통을 따져서 남인, 노론 등으로 분류하는 것은 잘못이다. 그들은 당파싸움에 휩쓸리지 않는다. 그들은 세속에 초연한 채 수양공부에 집중하는 선비였다. 그들은 정치에 나서서 큰 영향을 발휘하지 않았지만, 지방에 있으면서 인격적으로 많은 사람을 감화시켰다. 그들은 평소 정치에 초연한 모습을 보이다가도 나라가 위급할 때는 구국을 위해 목숨을 바치기도 했다. 이런 전통은 예로부터 한국에 있었다. 임진왜란 때 수도승들이 승병을 조직하여 전투에 참여한 것도 이런 전통을 이어받은 것으로 이해할 수 있다. 그러므로 한국의 유학사를 정리할 때, 학설을 중심으로 정리하는 것도 중요하지만, 그보다도 순수한 사림들의 삶을 조명하는 것이 더 중요하리라 생각한다.

지금 순수한 사림들이 몰입했던 수양공부의 발자취와 나라가 위급할 때 목숨 걸고 나섰던 행적을 더듬어 보는 것은 매우 의미 있는 일일 것이다. 순수한 사림들의 수는 이루다 헤아릴 수가 없을 정도로 많아서 다 열거할 수 없는 아쉬움이 남는다.

제1절

조임도의 수양과 삶

조임도(1585~1664)는 남명의 아들이다. 자는 덕용(德勇)이고, 호는 간송당(澗松堂)이다. 김중청(金中淸)·고응척(高應陟)·장현광(張顯光) 등을 사사했다.

부친의 언행록인 『추모록(追慕錄)』을 지었다. 1638년 『취정록(就正錄)』을 쓰고, 그 이듬해 『김라전신록(金羅傳信錄)』을 편찬했다. 1644년에 『대소헌유사(大笑軒遺事)』를 찬했으며, 사헌부지평에 증직되고, 함안의 송정서원(松亭書院)에 제향되었다. 저서로는 『간송집(澗松集)』이 있다. 송정서원 건립을 추진한 사림을 대표해서 진사 이명채(李命采)가 지어 올린 상소문에는 간송당의 학문에 대해 다음과 같이 평하고 있다.

신 등은 조임도의 평생을 대략 진술하고자 합니다. 조임도는 절개를 숨기고 몸을 온전히 한 사람으로, 세상 사람들이 일컫는 생육신 중 한 분인 조려(趙旅)의 오대 손입니다. 그는 충효의 가문에서 밝고 순수한 자질을 타고났습니다. 학문에 뜻을 둔 초기에 벌써 위기지학이 있는 것을 알아, 개연히 옛 성현처럼 되기를 기약했습니다. 부친에게 부탁해서 산골짜기에 서실을 짓고서 항상 그 안에서 정좌를 하고 경전에 잠심하여 의리를 강명했고, 정밀히 사색하고 힘껏 탐구하여 깊은 경지에 도달했습니다. 소견이 밝아지고 조예가 깊어져도 오히려 감히 자신하여 사우에게 널리 강론하지 않았습니다. 실천이 이미 독실했고, 행의가 날로 드러났습니다. 그의 글이나 말은 어느 하나도 바른 데서 나오지 않은 것이 없었습니다. 선배들은 그의 소견에 감복하고, 후생들은 그의 덕을 추모합니다. 그의 문장과 도덕은 실로 옛날의 군자에게도 부끄러움이 없으며, 높은 풍도와 우뚝한 절개는 한세상의 명현이 됩니다. 한 시대의 선비들이 추앙하는 것이 북두성이나 태산과 같을 뿐만이 아닙니다.[1]

제2절
하홍도의 수양과 삶

하홍도(河弘度: 1593~1666)의 자는 중원(重遠)이고, 호는 겸재(謙齋)이다. 어려서부터 옛 성현과 같이 되겠다는 큰 뜻을 가지고 벽에 겸괘(謙卦)의 단상도(彖象圖)를 그려놓고 스스로 '겸재'라 했다.

처음 성균관의 유생이 되어 동료들의 존경을 받았으나, 광해군의 실정을 개탄하여 벼슬길을 단념하고 고향에 돌아와 오로지 경

1.『澗松別集』권2, 李命采 製.

사(經史) 연구와 후진 양성에 힘썼다. 1623(인조 1)년 인조반정 후 유일(遺逸)로 여러 차례 불렸으나 사양하고 암천(巖泉)의 산재(山齋)에 살며 학문에만 힘썼다. 1662(현종 3)년 어사 남구만(南九萬)이 안계(安溪)로 하홍도를 방문하여 앞서 조정에서 있었던 예론(禮論)을 토의한 뒤, 그 해박한 지식에 감탄하여 현종에게 아뢰어 후한 상을 하사했으나, 소를 올려 사양하고 끝내 받지 않았다. 또한 천문학에도 조예가 깊어 일월성신(日月星辰)의 도수를 추정하여 시행되는 역법(曆法)을 시정했다. 저서로는 『겸재집(謙齋集)』이 있다. 후인들은 겸재를 '남명 후 일인자'라 평하며 존숭했다. 겸재의 문집인 『겸재집』에 실린 행록에는 아래와 같은 기록이 있다.

> 임자(1612)년 선생의 나이 20세에 관례를 행했다. 선생은 평소 정좌를 좋아했다. 비록 여러 사람과 함께 거처할지라도 항상 근엄한 자세로 사색하는 듯이 했다. 입으로는 한가한 말을 하는 것이 없었다. 한결같이 고인의 말씀으로 자신을 단속했다. 절대로 세속을 따라 휩쓸리는 법이 없었다. 처음에는 조소하는 자가 혹 있었지만, 선생은 더욱 자신을 닦고 힘써서 동요하지 않았다. 그러자 사람들이 모두 공경하고 감복하여 화락한 분위기가 되었다. 성균관에 유학하여 머물 때도 감히 허튼소리를 하거나 자신을 단속하지 않은 적이 없었다.[2]

강휘정(姜徽鼎)은 만사(輓詞)에서 다음과 같이 애도했다.

2. 『謙齋集』附錄 권12, 〈行錄〉.

평생토록 정좌하며 공부하셔서	平生靜坐着工夫
참된 본원 깊은 곳에 도달하셨네	眞實源頭向裏趨
예법을 연구하여 으뜸 자리 오르셨고	咀嚼禮經存赤幟
경 공부로 의리 밝혀 도통하셨네	磨礱敬義覓玄珠
조정에서 예물 내려 우대하시니	朝廷束帛優恩數
초야에서 소장 올려 성왕을 도우셨네	草野封章贊聖謨
오늘 구천 가셨으니 우리 도가 사라졌다	今日九原斯道殉
이제 다시 어디에서 순유 뵈올까	更從何處見醇儒[3]

제3절
이만부의 수양과 삶

이만부(李萬敷: 1664~1732)의 자는 중서(仲舒)이고, 호는 식산(息山)이다.

1678(숙종 4)년 15세 때 북청으로 유배 가는 아버지를 따라가 그곳에서 여러 해 동안 아버지를 모시며 학문을 닦았다. 그 뒤 아버지가 유배에서 풀려나 고향에 돌아왔으나 벼슬을 단념하고 오직 학문연구에만 전념했다. 이만부는 누대(累代)를 서울에서 살았으나 영남의 학자들과 친분이 있는 관계로 그곳에 이거(移居)하여 후진 양성과 풍속교화에 힘쓰며 저술 활동을 했다. 수양에 주력하는 선비들이 거의 그러하듯, 식산도 퇴계의 수양법을 높여서 정주학의 적전(嫡傳)으로 존숭했다.

---

3. 『謙齋集』附錄 권12, 姜徽鼎 撰 〈挽詞〉.

저서로 문집인 『식산문집(息山文集)』, 『역통(易統)』, 『대상편람(大象便覽)』, 『사서강목(四書講目)』, 『도동편(道東編)』, 『노여론(魯餘論)』 등이 있다.

식산은 이국춘(李國春)에게 보낸 편지에서 정좌에 대해 다음과 같이 언급하고 있다.

> 중(中)은 마음의 뿌리입니다. 중과 극은 같은 리입니다만, 말하고자 한 뜻이 다릅니다. 그러니 마땅히 그 말의 뜻을 각각 궁구해야 합니다. 정좌하면 마음이 편안하고 고요해집니다. 그러나 정좌는 앉는 모습으로 말한 것입니다. 정정(定靜)은 사물이 마땅히 가서 머물 곳을 알아 의심되거나 헷갈리는 것이 없습니다. 그러므로 마음이 저절로 고요해지고 몸이 저절로 편안해지는 것이니, 어찌 정좌의 정(靜)과 같을 수 있겠습니까?[4]

식산은 수시로 정좌의 경험을 통해 정좌의 효과를 알고 있었다. 정좌하고 있으면 마음이 고요해진다. 사람이 해야 할 목표가 확실하지 않으면 마음속에 번민이 일어나 마음이 고요해지지 않는다. 고요하다는 뜻의 글자는 같아도 의미는 다르다. 식산은 자신의 정좌 경험에 대해 다음과 같이 말한 적이 있다.

> 근래 정좌할 때 성현을 마주 대하듯이 하여 그분들이 마치 상하·좌우에 와 계신 듯이 생각되어 감히 나태하거나 게을리할

---

4. 『息山集』 권10, 〈答李致和別紙〉.

수 없었습니다. 만약 일이 앞에서 복잡하게 얽히고 꼬이면 먼저 바른 도리가 어디에 있는지를 살핀 다음 정좌했을 때의 기상과 생각으로 응접해 나갈 뿐입니다. 죽고 사는 문제나 복과 재앙의 문제는 하늘에 맡긴다면 어찌 의연한 대장부가 아니겠습니까? 어떻게 생각하시는지요?[5]

복잡하게 꼬여있는 일을 풀어내기 위해서는 두 조건을 갖추어야 한다. 하나는 알맞은 해결책을 찾는 것이고 다른 하나는 해결할 수 있는 능력을 갖추는 것이다. 어떤 어른이 길을 가다가 행패를 부리고 있는 아이들을 만났을 때, 행패를 부리지 않도록 꾸짖어서 해결했다. 이를 본 다른 어른이 똑 같은 경우의 아이들을 만나서 똑같은 방식으로 꾸짖어도 해결되지 않는 경우가 있다면, 그 이유는 해결책이 같았다 하더라도 해결능력이 달랐기 때문이다. 앞서 성공한 어른은 태권도 9단이었고, 뒤의 어른은 태권도를 하지 않았다면 해결방법이 같았다 하더라도 결과가 다르다. 사람의 삶에서 생기는 복잡한 일들을 해결하는 것도 이와 같다. 해결방안을 알아야 하고, 마음공부의 깊이가 있어야 한다. 마음공부가 깊을수록 몸에서 사랑이 번져 나온다. 몸에서 나오는 사랑의 힘이 없는 사람이 해결방안만 가지고 문제를 해결하려 하면 해결이 제대로 되지 않는다. 몸에서 무한한 사랑이 번져 나오는 사람은 다소 해결방안이 서툴러도 문제가 잘 해결된다. 사람의 마음속에는 하늘마음이 들어 있다. 하늘마음에서는 무한한 사랑이 퍼져

5. 『息山集』 권5, 〈答白鵝丈〉.

나온다. 사람의 삶에서 중요한 것은 하늘마음을 찾아 하늘마음으로 사는 것이다. 하늘마음을 회복하는 중요한 방법 중에 정좌 공부가 있다. 정좌 공부는 몸으로 하는 공부이다. 머리로 하늘마음이 무엇인지 아는 것은 머리로 하는 공부이다. 머리로 하는 공부와 몸으로 하는 공부를 동시에 진행해야 하늘마음을 알고 회복할 수 있다.

위력은 몸으로 하는 공부에서 나온다. 몸으로 하는 공부가 수양의 핵심이다.

제4절
권구의 수양과 삶

권구(權榘: 1672~1749)의 자는 방숙(方叔)이고, 호는 병곡(屛谷)이다. 갈암 이현일(李玄逸)의 문인으로, 일찍이 과거를 단념하고 유학의 전통을 지키면서 학문연구와 후진 교육에 전념했다. 병곡은 향리 안동 족적동(足積洞)에서 사창(社倉)을 열어 흉년에 빈민들을 구제했으며, 향약을 실시하여 고을에 미풍양속을 일으켰다. 1728(영조 4)년 이인좌(李麟佐)의 난으로 영남에 파견된 안무사(按撫使) 박사수(朴師洙)가 이인좌의 난에 가담할 우려가 있다 하여 서울로 압송했으나, 병곡의 인품에 감동한 영조의 지시로 곧 석방되었다. 병곡은 마음 공부를 깊이 해서 몸에서 위엄이 있었던 것으로 보인다.

병곡은 경학(經學)·예설(禮說)·성리학을 깊이 연구했을 뿐만 아니라, 천문·역수(曆數)·역학(易學)·사기(史記) 등에도 조예가 깊어

「경의취정록(經義就正錄)」, 「독역쇄의(讀易瑣義)」, 「기형주해(璣衡註解)」, 「여사휘찬의의(麗史彙纂疑義)」 등을 저술했으며, 그 밖에도 옛날 명훈(名訓)을 한글로 번역한 『내정편(內政篇)』이 있다. 저서로는 『병곡집(屏谷集)』이 전한다.

아들 권보(權綵)의 「상기근서(詳記謹書)」에는 다음과 같은 기록이 있다.

전에 어머님께서 저희들에게 말씀하시길, "내가 젊었을 때부터 지금까지 너의 부친께서 음식의 맛과 의복의 좋고 나쁨에 대해 잔소리하는 것을 들은 적이 없다"라고 하셨다. 평일에 음식을 드실 때는 정해진 양이 있었는데, 맛없는 나물 반찬도 남기지 않으셨고, 기름진 고기반찬도 더 드시지 않으셨다. 옷을 입으실 때도 새 옷 헌 옷 가리지 않으셨다. 오직 제사 지내는 날에는 웃옷을 빨게 하셨다. 거처하시는 방이 겨우 무릎을 펼 수 있을 정도여서 누추하고 좁았지만, 수리하거나 꾸미지 않으셨다. 온종일 정좌를 하셨는데, 추위하거나 더워하시지 않으셨다. 겨울에도 불을 더 때지 않으셨고, 여름에도 부채질하지 않으셨다. 전에 어느 여름날, 종이 실수로 불을 너무 많이 때어서 방의 온돌이 뜨거웠는데, 선친께서는 조그만 널빤지를 깔고 종일토록 정좌하고 계셨다. 제자 권혜가 가서 말하길, "이러다가 병나겠습니다"라고 하자, "옮겨갈 곳이 없어서 여기에 있다. 그러나 오래 앉아 있으니 더운 줄 모르겠다. 어떻게 병이 들겠느냐" 하시고 인하여 또 말씀하시길, "추위와 더위에 대처하는 방도가 있다. 마음을 가라앉히고 있으면 병이 밖에서 들어오지 않는다"

하셨다. 어느 여름에 손님이 오셨는데, 밤새 잠을 설치다가 새벽에 일어나서 묻기를, "이렇게 좁은 데서 밤새 숙면하시니, 좋은 방도라도 있습니까?" 하니, 선친께서 웃으시면서 말씀하셨다. "별다른 방도가 있지 않습니다. 오랜 습관이 돼서 그렇습니다."[6]

대산 이상정 선생은 병곡의 일상에 대해 다음과 같이 기술했다.

선생은 타고난 자질이 단정하고 장중하며 기상은 온화하고 부드러웠다. 말을 빨리하거나 안색을 급히 바꾸는 일이 없었다. 몸은 옷을 감당하지 못하는 듯이 했지만, 학문을 연구하는 공력은 매우 독실했다. 말은 입 밖으로 내지 못하는 듯이 했지만, 마음을 붙잡고 지키는 노력은 더욱 견고했다. 평상시 거처할 적에는 온순하고 공손하여 다른 사람과 크게 다르지 않았지만, 자연스러운 가운데 절로 완성된 법도가 있었다. 움직이고 쉬고 일어나고 잠자리에 드는 것은 아침저녁으로 정해진 시간이 있었고, 궤석·책상·기물·용구는 정돈하고 두는 데에 정해진 장소가 있었다. 평상시에는 새벽에 일어나 사당에 인사하신 뒤, 방에서 정좌하여 경전을 외우시거나 연구하셨다. 몸은 느긋하고 얼굴은 엄숙했으며, 기운이 따뜻하고 말씀이 온화했다. 손님이나 벗들과 함께 있을 적에는 기쁜 표정으로 담소하셨는데, 자기를 뽐내거나 남을 구박하는 태도가 없었다. 이익과 의리를 분별할 때는 의연하여 회유할 수 없었다. 일찍이 말씀하시기를,

6. 『屛谷集』 권9, 權繡 撰 〈詳記謹書〉.

"사람의 도리는 단지 남과 접할 때 있는 것이니, 남과 접할 적에 소홀하거나 거짓으로 대하는 마음이 있으면 그 나머지는 볼 것도 없다"라고 하셨다. 그 때문에 종족들과 함께 있거나 노복을 부리거나 이웃 사람들을 대접할 적에는 한결같이 마음을 성실하게 하고 생각을 진실하게 하셨다. 혹 그들에게 잘못이 있으면 차근차근 가르치고 훈계하시면서 목소리를 크게 하거나 안색을 붉히지 않으셨는데, 사람들은 모두 위엄을 두려워하고 은덕에 감동했다. 종족이 이간하는 말을 할 수 없었고, 노복들이 차마 속이거나 저버릴 수 없었다. 이웃 고을 사람들까지 모두 나쁜 습관을 고치고 감화되었다.[7]

제5절
이광정의 수양과 삶

이광정(李光庭: 1674~1756)의 자는 천상(天祥)이고, 호는 눌은(訥隱)이다. 안동에서 태어났다. 어려서부터 총명하고 책 읽기를 좋아했는데, 정통 유학서 뿐만 아니라, 『장자(莊子)』, 『초사(楚辭)』, 『사기(史記)』, 『좌씨춘추(左氏春秋)』와 같은 책을 탐독하여 고문에 능했으며 훌륭한 문장을 많이 지었다. 1699(숙종 25)년에 진사가 되었으나, 생부모와 양부모 상(喪)을 연이어 당하자, 과거시험을 포기하고 태백산 자락 소천산(小川山)으로 들어가 젊은이를 가르치면서

---

7. 『屛谷集』 권9, 李象靖 撰 〈行狀〉.

문장가로서의 일생을 보냈다. 만년에 조현명(趙顯命)이 경상도 관찰사로 있을 때, 지방의 학문과 교화를 일으키고자 많은 선비를 뽑았는데, 이때 눌은을 스승으로 모셔 안동부도훈장(安東府都訓長)으로 삼았다. 조정에서 효렴(孝廉)을 천거하라 했을 때도 문학과 행의(行誼)가 산남(山南)의 제일이라고 하여 천거되었다. 그후 김재로(金在魯)가 영백(嶺伯)으로 조정에 들어갔을 때도 천거하여 후릉참봉(厚陵參奉)을 제수(除授)받았는데, 서경덕(徐敬德)과 성수침(成守琛)이 그 자리를 사양했음을 알고 병을 핑계로 물러났다. 그 뒤에도 장릉참봉(莊陵參奉)을 제수 받았지만 끝내 사양했다. 당시 재상이던 조영국(趙榮國)은 눌은이 문장과 학술이 훌륭했음에도 여러 차례의 관직 제수를 사양하고 산림에 묻혀 후학을 교수한 점을 높이 평가하여, 6품직 하사를 건의하여 왕의 허락을 얻었다. 이처럼 이광정은 영남 문원(文苑)의 모범이며, 세교(世敎)를 떨쳤던 인물로 알려졌다. 문집으로는 『눌은집』이 있다. 그 가운데 「노파의 다섯 가지 즐거움」을 비롯한 21편의 우언(寓言)이 담긴 『망양록(亡羊錄)』과 「강상여자가」, 「향랑요」 등 주목할 만한 작품이 많다. 눌은은 아래의 글에서 자신의 정좌에 관한 경험을 서술하고 있다.

> 저는 정력이 이미 다하고 근골이 날로 쇠하여 앞으로 나아갈 희망이 없습니다. 그런 데다 눈앞에 함께 이야기할 만한 벗도 적습니다. 혼자 있을 적에 고인의 글을 베껴 쓰며 그 속에 몰입하여 시간이 부족한 줄도 모르고 지냅니다. (…) 일상의 긴요한 공부가 참으로 이런 데 있지는 않지만, 보통 사람의 마음은 하루라도 책을 볼 수 없으면 마음을 붙일 데가 없고, 더욱 마음을

수렴하기도 어렵습니다. 그런데 저는 다행히 눈이 아주 어둡지는 않아 글씨를 쓰기도 하고, 서책을 보기도 하며 분수에 따라 점검하니, 일없이 하루를 보내는 것보다는 혹 낫습니다. 우리 유가의 사업은 벽을 마주하고 꼿꼿하게 머리를 들고 앉아 있는 불가와는 다른 점이 있습니다. 수렴 공부는 반드시 정좌하고 묵묵히 살피는 데에만 있는 것은 아닙니다. 벗께서 이 말을 들으면 어찌 생각하실지요?[8]

제6절
정종로의 수양과 삶

정종로(鄭宗魯: 1738~1816)의 자는 사앙(士仰)이고, 호는 입재(立齋)·무적옹(無適翁)이다. 경상북도 문경에서 태어났다. 대산 이상정의 문인으로 영남학파의 학통을 계승했다. 벼슬길에 나가지 않고 성리학 연구와 강학·저술에 전념했으나, 학문과 지조 있는 행실로 여러 번 관직에 천거되었고, 1789(정조 13)년에는 광릉참봉(光陵參奉)에 제수되었다. 정조가 재상 채제공(蔡濟恭)에게 정종로의 인품을 물었을 때 채제공은 정종로를 "경학과 문장이 융성하여 영남 제일의 인물이다"라고 칭송했다. 이에 의금부도사로 특진 되었고, 1796년 사포서별제(司圃署別提), 1797년 강령현감·함창현감에 제수되었다. 벼슬을 사직하고 고향에 돌아간 뒤에도 사헌부지평과

---

8. 『訥隱集』 권5, 〈答鄭永年〉.

장령 등의 직함이 내려오기도 했다. 입재는 「태극권자설(太極圈子說)」과 「태극동정설(太極動靜說)」을 통해 태극의 개념을 논의하면서 태극이나 이(理)가 동정(動靜)함을 주장했다.

입재는 이규진(李奎鎭)·이형진(李亨鎭)에게 보낸 편지에서 정좌에 대해 다음과 같이 설명한 바 있다.

> 정좌할 때 미발 시의 기상을 몸으로 터득하는 것은 하남 정자의 문하에서 서로 전해온 비법입니다. 학자가 미발의 중을 감지하여 대본을 확립하는 곳은 번다하지 않게 긴요한 말을 해야 하는데, 이 부분은 매우 정밀하고 미묘하여 조금이라도 어긋남이 있으면 미발의 기상을 터득할 길이 없어 혹 마음으로 마음을 보는 병폐에 빠지기 쉽습니다. 그러므로 저의 생각으로는 지경의 방법은 정제 엄숙하여 의관을 바르게 하고 사려를 하나로 집중하여 자만하지 않고 속이지 않아, 가장 절실해지고 매우 쪼여지는 것이 제일 좋습니다. 반드시 외면을 수렴한 뒤에야 내면에 또렷하게 깨어 있는 주인이 바야흐로 신명의 집에 자리 잡게 됩니다. 이를 가지고 치지·역행의 근본으로 삼아야 우리 학문의 처음과 끝을 비로소 말할 수 있을 것입니다. 만약 그렇지 아니한데 단지 정좌를 할 적에 이른바 '미발'이라는 것을 찾아서 알려고 한다면, 선가의 적멸로 빠져 그대가 우려하는 바와 같은 점이 있을 뿐만 아니라, 또한 본성이 싹트는 것을 살필 때 어지러이 동요됨을 더욱 걱정하게 되어, 다시는 텅 비고 한가하고 편안하고 고요한 기상이 없어질 것입니다. 그러면 경전의 본지를 사색하고 사무를 처리할 적에 각종의 방해가 있음을 면

치 못할 것이어서, 무익할 뿐만 아니라, 해로움이 또한 심할 것입니다. 그러므로 주자께서 깊이 이를 경계하여 후학들에게 지적해보이신 것이 시종 '경(敬)' 한 글자에서 벗어나지 않았습니다. 그리하여 고요함에 치우치는 것을 귀하게 여기신 적이 일찍이 없었습니다.[9]

정좌하여 마음을 가라앉히면, 미발의 기상을 터득할 수 있지만, 미발의 기상을 눈으로 물건을 보는 것처럼 알려고 하면 안 된다. 미발의 기상은 마음속에 있는 마음의 본원이므로 외물을 보는 것과 다르다. 오직 마음속으로 몰입하여 의식이 작동하지 않는 상태가 될 때 하나가 되는 것이다. 미발의 기상과 하나가 되는 것이 미발의 기상을 체득하는 것이다.

제7절
황덕일의 수양과 삶

황덕일(黃德壹: 1748~1800)의 자는 신수(莘叟)이고, 호는 공백당(拱白堂)이다. 어려서는 성품이 호걸스러워 역사서나 병서(兵書) 등을 즐겨 읽었으며, 제갈량(諸葛亮)을 사모했다. 그러다가 20세가 넘어서 『심경(心經)』을 읽고 깨달은 바가 있어 과거시험에 응시하지 않고, 순암 안정복(安鼎福)의 문하에 들어가 성리학에 전념했다. 공백당

---

9. 『立齋集』 권18, 〈答李而拱奎鎭德元亨鎭〉.

은 "경전을 말하면서 시무(時務)에 어두우면 부유(腐儒)이고, 사공 (事功)만 일삼고 천리(天理)에 어두우면 속사(俗土)이다. 오직 천리와 하나가 되고, 시무의 요점을 얻어야 왕도(王道)를 말할 수 있다"라 고 했다. 주자의 향약과 선현들의 법도를 따라 동약(洞約)을 만들 어 마을 풍속을 바로잡았다. 당시 서학(西學)이 들어와 세상을 풍 미하자 순암 안정복의 뜻을 계승하여 『삼가략(三家略)』을 지어 이 단을 배척했다. 저서로는 『역학심전(易學心傳)』, 『효경외전(孝經外 傳)』, 『사서일득록(四書一得錄)』, 『춘추부의(春秋附義)』, 『사례비요(四 禮備要)』, 『가례익(家禮翼)』 등이 있다.

공백당이 정좌에 관해 언급한 것은 그의 아우 황덕길(黃德吉)이 지은 행장에 나타난다.

> 공은 매일 청명한 아침과 깊은 밤에 단정히 손을 잡고 정좌를 하셨는데, 엄연히 무엇을 사색하는 듯했다. 일찍이 말씀하시기 를, "감응하여 모든 이치에 통하게 되는 것은 고요함을 주로 한 다. 만약 본질에서 확실하게 체인하지 않으면 정이 발하여 절도 에 맞게 되는 것이 거의 없을 것이다"라고 하셨다. 책상 위에 일 찍부터 선악기도(善惡幾圖)를 두었는데, 말씀하시기를 "주렴계 의 이 한 '기(幾)' 자는 생사 갈림길의 출발점이고, 성인과 광인 의 나누어짐이 시작되는 곳이다. 그러니 더욱 이에 대해 노력을 극진히 해야 한다. 매양 한 생각이 싹트면 문득 그 기미를 하나 하나 점검하여 스스로 그 생각을 붙잡을지 놓아버릴지를 선택 해야 한다. 이렇게 오랫동안 공부를 하면 나중에는 점검할 것 이 없게 될 것이다"라고 하셨다. 평소 의관은 반드시 단정하게

갖추어 입으시고, 용모와 행동거지는 반드시 단정하고 장중하게 하셨다. 기상은 엄숙하면서도 온화했고, 말씀은 핵심만 자세하게 하셨다. 종일 서적을 대하면서도 게으르고 나태한 기색을 드러내지 않으셨다. 밤중일지라도 혹 생각나는 것이 있으면 반드시 의관을 차려입고 일어나 앉으셨다. 처·자식을 대할 적에 큰 손님을 만난 듯이 공경하셨으며, 아무리 추워도 옷을 껴입지 않고 아무리 더워도 옷을 걷지 않으셨다. 조금도 해이한 모습을 보이지 않으셨다.[10]

선과 악으로 갈라짐이 시작되는 곳은 삶과 죽음으로 갈라지는 기점이고, 성인과 광인으로 갈라지는 기점이다. 성에서 흘러나온 마음이 선한 방향으로 흘러나와 마음속이 선으로 가득해진 사람이 성인이고, 악의 방향으로 흘러나와 마음속이 악으로 가득해진 사람이 미치광이다. 선한 마음으로 사는 사람은 참된 마음으로 참되게 사는 사람이고, 악한 마음으로 사는 사람은 악하고 거짓된 마음으로 헛된 삶을 사는 사람이다. 참된 마음으로 참되게 사는 사람이 제대로 사는 것이고, 거짓된 마음으로 헛되게 사는 사람은 살아 있어도 죽은 것과 차이가 없다. 그래서 선악의 갈림길을 생사의 갈림길이라 한 것이다.[11]

---

10. 『拱白堂集』 권8, 附錄 黃德吉 撰.
11. '순수 사람의 계열'의 내용은 『조선 선비의 마음공부, 정좌』(최석기 지음, 보고사, 2014)에서 많이 참조했고, 번역문을 그대로 옮긴 것도 일부 있음을 밝힌다.

제8절
최익현의 학문과 절의

최익현(崔益鉉: 1833~1906)의 자는 찬겸(贊謙)이고, 호는 면암(勉庵)이
며, 경기도 포천군 가범리에서 태어났다.

선생은 집안이 가난하여 4세 때 단양으로 옮긴 것을 비롯하여
여러 지방으로 옮겨 다니며 살았다. 14세 때 부친의 명에 따라 화
서 이항로의 문인이 되어, 위정척사 사상을 이어받았다.

23세 때 과거에 급제하여 관직 생활을 시작했다. 면암은 스승
화서의 사상을 이어받아 위정척사를 사명으로 삼았다. 1871년 대
원군의 서원 철폐령에 반대하여 고종의 신임을 얻고 호조참판이
되었으나, 적폐를 바로 잡으려다 기득권층의 반발로 제주도로 유
배되었다. 1876년에는 병자수호조약을 결사반대하며 지부상소를
올렸다가 흑산도로 유배되었고, 1895년 을미사변이 일어나고 단
발령이 공포되자, 청토역복의제소(請討逆復衣制疏)를 올려 항일운동
을 전개했다. 을미사변이 일어난 후 물리쳐야 할 척사(斥邪)의 주
대상이 서양에서 일본으로 압축되었다.

1905년 을사늑약이 체결되자 조약의 무효화와 박제순·이완용
·이근택·이지용·권중현 등, 을사5적(五賊)의 처단을 주장한 청토
오적소(晴討五賊疏)를 올렸다.

면암은 의병을 일으키기 직전에 일본 정부에 서한을 보내, 그간
일본이 신의를 저버리고 저지른 죄상 열여섯 가지를 지적하고, 준
엄하게 꾸짖었다.

최익현

① 갑신정변(1884) 때, 우리 황제를 위협, 경우궁으로 옮기게 하고, 재상들을 살육한 죄

② 갑오년(1894) 동학혁명 때 진압을 구실로 궁궐을 분탕질하고, 나라를 독립시킨다고 하면서 후일 나라를 강탈할 기틀을 마련한 죄

③ 을미사변(1895) 때 국모를 시해한 대역죄인을 치죄하지 않고 두둔한 죄

④ 하야시 곤스케, 하세가와 요시미치 등이 제멋대로 철도를 부설하고, 어장·삼포·광산·항구 등, 나라의 재원을 빼앗아 간 죄

⑤ 군사상으로 필요하다는 구실로 토지를 강제 점거하고, 정부에 패역한 무리들을 벼슬 주도록 강요하고, 뇌물과 추문이 낭자하게 한 죄

⑥ 러일전쟁을 구실로 부설한 철도와 수용한 토지를 전쟁이 끝나도 돌려주지 않는 죄

⑦ 의정서를 강제로 조인한 죄

⑧ 사림들을 붙잡아 구류하거나 죽여서 국론을 봉쇄한 죄

⑨ 친일단체인 일진회를 교사하여 유약소(儒約所)와 보안회(保安會)를 압박한 죄

⑩ 인부를 강제 모집하여 혹독하게 노역시키고, 백성을 꾀어 멕시코에 팔아넘긴 죄

⑪ 전신국과 우체국을 빼앗아 통신기관을 강제로 장악한 죄

⑫ 각부에 고문관을 배치하여 우리나라를 멸망케 하는 일을 전담시킨 죄

⑬ 차관을 들여오고 화폐를 남발하여 국가재정을 혼란에 빠

트린 죄

⑭ 을사년에 보호조약을 체결하여 자주독립의 권리를 빼앗은 죄

⑮ 외교상의 감독만 한다는 약속을 깨고 정법(政法)에 관여한 죄

⑯ 강제로 이민 조항을 만들어 이 땅에서 인종을 뒤바꾸려 한 죄[12]

1906년 2월 21일 면암은 제자 고석진의 소개로 임병찬을 만나, 의병을 일으키기 위해 호남으로 갔다. 4월 13일(양력 6월 4일), 태인의 무성서원에서 있은 선생의 강회(講會)는 항일의병의 역사적 분기점을 이룬 날이 되었다. 면암은 무성서원에서 "지금 왜적들이 국권을 농락하고 역신들은 죄악을 빚어내 오백 년 종묘사직과 삼천리 강토가 이미 멸망지경에 이르렀다. 나라를 위해 사생(死生)을 초월하면 성공하지 못할 염려는 없다. 나와 사생을 함께 하겠는가!"라고 한 선언문을 돌리면서 군사를 모집했다. 처음 정읍에서 군사를 모집한 뒤, 홍덕, 순창 구암사를 거쳐 순창 읍내로 행군했을 때는 의병 수가 5백여 명을 넘었다. 힘을 얻은 선생의 의병들은 남원으로 진군하려 했으나, 남원의 방비가 견고하여 순창으로 회군했다. 4월 20일(양력 6월 11)일, 의병을 해산하라는 황제의 칙지를 관찰사를 통해 받았으나, "이미 소장(疏狀)을 올려 의병을 일으키게 된 연유를 말씀드렸으니, 나의 진퇴는 관찰사의 직권으로 지휘

---

12. 『勉菴集』 권16, 〈기일본정부〉. 최영성, 『한국유학통사』(심산, 2006), 433~434쪽에서 전재함.

할 바가 아니다"라는 답장을 보내고, 다시 남원 진입을 꾀했다. 그러나 남원을 지키고 있는 군인이 조선의 진위대(鎭衛隊)임이 확인되었으므로, 면암은 의병을 해산시켰다.

4월 23(양력 6월 14)일, 면암은 남은 의병과 함께 서울로 압송되어, 일제에 의해 재판을 받고, 대마도로 끌려가 감금되었다. 면암은 1906년 11월 17일(양력 1907년 1월 1일), 대마도에서 사망했다.

사망하기 약 석 달 전에 면암은 단식으로 순국할 결심을 하고 「유소(遺疏)」를 남겼다.

죽음을 앞둔 신 최익현은 일본 대마도(對馬島) 경비대 안에서 서쪽을 향하여 두 번 절하고 황제 폐하께 말씀을 올립니다.

삼가 아룁니다. 신이 올해 윤사월에 의거(義擧)를 시작한 처음에 대략 상소로 아뢰었는데, 그 상소가 진달 되었는지 아닌지를 모르겠습니다. 신이 거사를 잘못하여 마침내 체포되는 욕을 당하여 7월 8일에 일본 대마도로 압송되어 현재 경비대 안에 갇혔습니다. 스스로 분간하면, 필경 살아서 돌아갈 희망은 없습니다. 지금 이놈들이 처음에 강제로 신의 머리를 깎으려 했고, 끝에서 다시 교활한 수단으로 달래며 말을 하니, 놈들의 심사를 측량할 수 없으나 반드시 죽이고야 말 것입니다.

삼가 생각건대, 신이 여기에 온 뒤로 한 술의 밥이나 한 모금의 물도 모두 적의 손에서 나왔으므로, 설령 적이 신을 죽이지 않아도 신이 차마 구복(口腹) 때문에 자신을 더럽힐 수는 없습니다. 드디어 식사를 거절하고 옛사람의 '자신을 깨끗이 하여 선왕(先王)에게 부끄러움이 없다'라는 의리를 따르려고 결심했습니다. 신의 나이 74세이니 지금 죽은들 무엇이 애석하겠습니까? 다만 역적을 치지 못하고 원수를 없애지 못했으며, 국권을 회복하지 못하고 강토를 도로 찾지 못했습니다. 그리하여 4천 년 화하(華夏)의 정도(正道)가 흙탕에 빠지는 것을 붙들지 못하고, 삼천리 강토에 있는 선왕의 백성이 어육이 되는 것을 구원하지 못했으니, 이것이 신이 죽어도 눈을 감지 못하는 까닭입니다.

그러나 신이 삼가 헤아리건대, 왜놈은 멀어도 4, 5년 사이에 반드시 망할 징조가 있는데, 우리가 대응할 방법을 다하지 못할까 걱정입니다. 이제 청국과 러시아 두 나라가 밤낮으로 이놈들에게 이를 갈고 있고, 영국과 미국 여러 나라도 이놈들과 반드시 잘 지내는 것만은 아니니, 조만간 틀림없이 서로 공격할 것입니다. 또한, 전쟁을 치르면 백성이 곤궁하고 재물이 바닥나서 민중이 그 윗사람을 원망할 것입니다. 밖으로 틈을 엿보는 적이 있고 안으로 위를 원망하는 백성이 있으면 그들이 망하는 것은, 발을 들고 기다릴 수 있습니다.

삼가 원하건대, 폐하께서는 국사(國事)를 다스릴 수 없다고 하지 마시고, 마음을 분발하여 거룩한 뜻을 넓게 세워서, 무너지고 쓰러지는 것을 일으켜 세우소서. 답습하는 습관을 떨치고 참을 수 없는 것은 참지 말며, 믿을 만하지 않은 것은 믿지 마소서. 헛된 위엄에 지나치게 겁내지 말고, 아첨하는 말에 솔깃하여 듣지 말며, 더욱 자주(自主) 하는 정신을 굳게 지키고 의뢰심을 영원히 끊고 와신상담하는 뜻을 새겨, 자수(自修)하는 방법을 다하소서. 그리하여 영재와 준걸을 불러들이고 군인과 백성을 어루만지고 양성하여, 사방 형편을 관찰하고 중용을 취하여 일을 하신다면, 이 나라 백성은 진실로 임금을 높이고 나라를 사랑하는 마음을 가질 것이며, 선왕의 5백 년 성덕(盛德)과 지선(至善)의 혜택이 마음에 젖어 들 것이니, 어찌 폐하를 위해 죽을 힘을 다해 원수를 갚고 치욕을 씻지 않겠습니까? 그 동기는 다만 폐하의 마음에 달려 있습니다. 삼가 원하건대, 폐하께서는 신이 죽음을 앞두고 하는 말이라 해서 조금이라도 소홀히 하지 않으신다면, 신은 지하에서 또한 두 손을 모아 기다릴 것입니다.

신은 죽음에 임해서 정신이 어지러우니, 하고 싶은 말을 일일이 다 말씀드릴 수 없어서 이것만 써서 신과 함께 갇힌 전 군수 임병찬(林炳瓚)에게 부탁하고 죽으면서, 그에게 때를 기다려 올리게 했습니다. 삼가 빌건대, 폐하께서는 어여삐 여기시어 살펴주소서.

신은 울면서 영결하는 심정으로 삼가 스스로 목숨을 끊으면서 아룁니다.

1906년 11월 20(양력 1월 4)일, 일본 대마도 수선사(修善寺)에서 임병찬이 제문을 읽은 후 이틀 후에 부산 초량에 닿았는데, 이 소식을 들은 많은 유림과 시민들이 눈물을 머금고 나와 맞이했으며, 영구(靈柩)를 붙들고 통곡했다. 상여가 마련되어 정산(定山) 본가로 운구하는 곳에 따라 노제로 전송하고 울부짖는 사람들 때문에, 하루에 10리밖에 운구하지 못했다. 영구는 구포, 김해, 성주, 공주를 거쳐 15일 만에 정산에 도착하여, 그 해 4(양력 5)월 노성 무동산에 안장되었다. 정부는 면암의 공훈을 기리어 1962년 건국훈장 대한민국장을 추서했다.

면암 사상의 핵심은 척사위정으로 압축된다. 척사위정을 위해, 존왕양이를 주창한 우암의 정신을 이어받았고, 리를 높인 노사의 이기설을 이어받았다. 이 두 가지 방식은 화서와 일치한다.

제9절
유인석의 의병운동

유인석(柳麟錫: 1842~1915)의 자는 여성(汝聖)이고, 호는 의암(毅菴)이다. 1842년 강원도 춘성군 남면 가정리에서 태어났다.

14살 되던 해에 의암은 화서 문하에 들어갔고, 화서 문하에 있던 임규직, 이인구, 이준, 김평묵, 유중교 등과 교유할 수 있었다. 김평묵, 유중교로부터는 수업을 받았다.

1876년 의암을 비롯한 47명의 화서학파 인물들이 복합유생척양소(伏閤儒生斥洋疏)를 올려 강화도조약의 체결을 저지하려 했으나 실패했다.

1893년 의암은 재당숙인 유중교가 제자를 양성하던 서당을 이어가기 위해 제천 장담으로 이사했다.

1895년 12월 24일(음력) 제천에서 이필희(李弼熙)·서상렬(徐相烈)·이춘영(李春永)·안승우(安承禹) 등의 문인사우들과 함께 의병항전을 개시했는데, 의병의 수가 한때 3,000명을 넘었다. 의암의 의병은 제천·충주·단양·원주 등지를 무대로 친일적인 관찰사나 군수 등을 처단하여 기세를 떨쳤으나, 관군의 공격을 받아 제천성이 함락되자, 황해도·평안도로 이동했다가, 다시 압록강을 건너 서간도로 갔으나, 그곳에서 회인현재(懷仁縣宰) 서본우(徐本愚)에게 무장해제되어, 7월 28일 혼강(渾江)에서 의병을 해산시켰다. 의병해산 후에는 한인(韓人)이 많이 살고 있던 통화현 오도구에 정착했다.

1900년 7월 의화단의 난을 피하여 귀국한 뒤로는 양서 지역 각지를 돌며 항일의식을 고취하여, 이진룡(李鎭龍)·백삼규(白三圭) 등의 의병장을 배출했다.

1907년 고종의 퇴위와 정미칠조약체결을 계기로 국내활동을 더 이상 지속할 수 없다고 판단, 연해주 망명을 결심했다.

1908년 7월, 망명길에 올라 블라디보스토크로 갔다. 그곳에서 이상설(李相卨)·이범윤(李範允) 등과 함께 분산된 항일세력을 하나로 통합하고자 꾸준히 노력했다.

1910년 6월 연해주 의병세력의 통합체인 13도의군(十三道義軍)의 결성을 보게 되었으며, 이상설·이범윤·이남기(李南基) 등에 의하여 도총재(都總裁)로 추대되었다.

유인석은 이때 「통고13도대소동포(通告十三道大小同胞)」라는 포고문을 반포하여, 전 국민이 일치단결하여 최후의 항일구국전을 벌일 것을 독촉했으나, 13도의군이 본격적인 무력항쟁을 개시하기 전인, 1910년 8월에 '경술국치'로 조국이 멸망하고 말았다. 더욱이 일본이 러시아에 대한 외교적 교섭을 통해 이곳의 항일운동에 일대 탄압을 가하자 13도의군은 와해했다.

1914년 3월 의암은 서간도의 봉천성 서풍현(奉天省西豊縣)에 정착하는 제3차 망명을 단행했으나, 얼마 뒤 관전현 방취구(寬甸縣芳翠溝)로 옮겨, 그곳에서 사망했다. 저술로 시문집인 『의암집(毅庵

集)』이 있다. 1962년 정부에서는 의암의 공훈을 기려 건국훈장 대통령장을 추서했다.

의암은 서구문화의 큰 틀을 정확하게 이해하고 있었다. 의암에 따르면, 많은 사람이 서구인들이 문명하다고 말하지만, 서구의 문명은 정신문화가 아니라 물질문명이므로, 의식주가 풍부하고, 병력이 강력한 것이다. 그것은 진시황 때와 한나라 때의 물질주의와 같은 것이므로, 진정한 문명이라 할 수 없다. 서구인의 삶의 방식은 경쟁을 기본으로 삼는데, 중국에서 경쟁이 가장 치열했던 시대는 춘추전국시대이다. 경쟁하는 삶이 문명사회라고 한다면, 춘추전국시대가 문명한 시대가 된다. 진정한 문명은 정신문화로 평화롭게 사는 것이어야 한다.

그러나 서양의 물질문명을 얕보다가 우리가 망하면 안 된다. 이 문제에 대해 의암은 다음과 같은 대책을 제시한다.

> 지금의 상황에서는 무력을 숭상하고 병력을 강화할 수밖에 없다. 서양의 전쟁기술과 전쟁 무기, 그리고 그 밖의 장점을 취해야 하는 것은, 부득이한 상황 때문이다. 이는 겨울에 가죽옷을 입고 여름에 갈옷을 입는 것과 같다.[13]

아무리 우리나라가 좋은 사상과 아름다운 풍속을 가지고 있어도 서구나 일본의 무력침략으로 멸망하면 안 된다. 우리가 나라

---

13. 當今時勢 不得不尙武崇兵 取西之兵技兵器及他所長 又或推此類爲取 固有不得已者 是所謂冬裘夏葛也(『毅菴集』권51, 〈宇宙問答〉).

를 보존하는 방법은 먼저 서구와 같은 무력을 갖추고 방어할 수 있어야 한다. 그러나 서구의 물질문명까지 받아들이고 우리의 정신문화를 망각하면 안 된다.

의암은 일본이 조선을 합병하는 방법과 과정을 정확하게 꿰뚫어봤다.

> 일본이 조선을 빼앗을 때는 한결같이 서양법으로 했다. 먼저 서양법을 좋아하는 사람들에게 환심을 사서 개화를 하게 하고, 개화하게 한 뒤에 독립하도록 부추기고, 독립하면 보호해주겠다고 하고, 보호하면서 합병한다. 처음에는 이롭게 한다는 말로 회유하고, 마지막에는 위력으로 재갈을 물린다. 겉으로는 서양법의 탈을 쓰고, 속으로는 끝없는 욕심을 채운다.[14]

의암의 지적은 오늘날의 우리에게도 깨우침을 준다. 우리가 서양에게 배워야 할 것만 배워야 하지만, 우리는 우리의 마음까지도 서양의 정신으로 바꾸었다. 오늘날 우리들의 좌우 갈등, 진보 보수 갈등이 모두 서양의 정신에서 나온 것이다. 이제 우리에게는 우리 고유의 '하나사상'과 평화 사상의 회복이 절실하다. 우리는 일본과도 수시로 마찰을 빚고 있다. 서양도 제대로 알아야 하고, 일본도 제대로 알고 대응해야 한다. 의암의 깨우침을 진지하게 생각해야 할 것이다.

---

14. 日本之爲奪國也 以西法始終之 先得慕悅者之心而有爲開化 爲開化而曰爲使獨立 獨立而曰爲保護 保護而曰爲合邦 蓋其始也誘之以利 其終也勒之以威 外假西法之名 而內行罔極之欲(『毅菴集』권51,〈宇宙問答〉).

제10절
이상룡의 위국헌신

이상룡(李相龍: 1858~1932)의 자는 만초(萬初)이고, 호는 석주(石洲)이다. 지금의 안동시 법흥동 임청각에서 이승목(李承穆)의 장남으로 태어났다.

석주의 가문은 18대 조인 이증(李增)이 세조의 왕위찬탈을 보고 벼슬을 내려놓고 안동으로 내려와 뿌리를 내린 집안이었다. 석주의 조모는 학봉의 10세 종손인 김진화(金鎭華)의 딸이었다. 석주는 명문 집안에서 태어났고, 태어난 집은 99칸짜리 임청각이었다. 석주는 이마가 풍만하고 둥글며 음성이 크고 우렁찼으므로, 조부가 "이 아이의 골상이 범상한 사람과 다르니, 후일 반드시 우리 문호를 빛내고 성대하게 할 것이다"라고 칭찬했다.

명문가에서 태어나 99칸짜리 집에서 조부의 사랑을 독차지하면서 자란 석주의 성장환경이 어떠했을지는 짐작하고도 남는다.

석주는 어릴 때 집안의 어른인 평담(平潭) 이전(李銓)에게 유학을 배워 14~5세 때에 사서(四書)를 위시한 유교 경전을 두루 익혔다.

15세가 되던 해에 석주는 의성 김씨인 김진린(金鎭麟)의 맏딸과 혼인했다.

16세 때 석주는 부친상을 당했다. 세상에 부러운 것이 없고, 안되는 것이 없이 자란 석주에게는 청천벽력이었다. 석주는 위로는 증조부와 조부모를 모시고 아래로는 남동생 둘과 여동생 셋을 거느리고 3년 상을 치렀다. 상중에 석주는 과도하게 슬퍼했다고 전해진다.

19세 때인 1876년에 석주는 3년 상을 마치고, 조부의 명에 따라 서산(西山) 김흥락(金興洛)의 문하에 들어가 제자가 되었다. 서산(西山)은 퇴계→학봉→경당→갈암→밀암→대산→정재로 이어지는 퇴계의 적통을 이었으므로, 석주는 퇴계학의 본류를 이어받은 셈이다. 석주는 서산의 문하에서 스승으로부터 칭찬을 자주 받았다. 한날은 집에 돌아올 때 글로써 다음과 같이 권면한 적이 있다.

옛사람이 말하기를, '선비는 마음이 넓고 뜻이 굳세지 아니할 수 없으니, 짐이 무겁고 길이 멀기 때문이다'라고 했다. 그대는 넓게 하는 것은 더 힘쓸 것이 없으나, 뜻을 굳세게 갖기 위해 공부하도록 하라.

석주는 서산의 문하에서 학문에 정진했으나, 당시에 나라가 이미 병들고 있었다. 석주는 병들어가는 나라를 두고 볼 수만은 없었다.

왜놈들을 등에 업고 10대, 20대가 설쳐대는 세상으로 변하다니, 이것은 반만년 역사를 가진 나라의 모습이 아니다. 내 기어코 과거시험을 보아 깨끗하고 반듯한 나라를 만들겠노라.

석주는 29세가 되던 1886년 봄에 과거시험을 보기 위해 한양으로 향했다. 과거장에서 석주는 과거시험이 공정하게 치러지지 않는다는 것을 알았다. 석주는 과거시험에 대해 깊은 회의를 느꼈다. 과거시험에 합격해야 관리가 될 수 있고, 관리가 되어야 나라를 어떻게든 해 볼 수 있다. 그렇다고 뇌물을 바쳐서 합격할 수는 없었다. 과거에 합격할 수도 없으면서 망해가고 있는 나라를 바라 봐야 하는 석주는 억장이 무너졌다. 고향으로 갈 마음도 없었다. 석주는 방황할 수밖에 없었다.

> 병술년 봄에 경시(京試)에 응시하여 합격하지 못하고 그 길로 개성에 가서 유람하다가 1년이 지나서 돌아왔다. 조부모로부터 엄한 꾸중을 들었고, 서산 선생도 편지를 보내어 경계했다. 부 군은 뉘우치고 깨달아서 드디어 조부에게 여쭈어 과거시험 공 부를 그만두고 독서에만 열중했는데, 마음에 맞는 글을 보면 밤중이라도 반드시 촛불을 밝혀 급히 써 두었다. 이에 온축한 바가 더욱 풍부하여 깊이를 쉽게 헤아릴 수 없었다.[15]

사람은 이러지도 저러지도 못할 때 방황한다. 석주는 개성 일대 를 돌아다니며 방황했다. 방황하며 생각하고 또 생각한 끝에 결 론을 내었다. 병든 나라를 바로잡는 것은 조정에 들어가 관리가 되어야만 가능한 것이 아니다. 수신·제가·치국·평천하가 아니었 던가! 수신하여 집안을 잘 다스리면 마을이 달라지고 고을이 바 뀐다. 개인이 할 수 있는 일은 이것밖에 없다. 석주는 방황을 마치 고 고향으로 돌아왔다. 고향으로 돌아온 석주는 성리학의 강회를 개최하고, 향음주례를 시행하며, 향약을 제정하고 시행했다. 마을 과 고을을 바꾸는 일이었다.

---

15. 『石洲遺稿』〈先府君遺事〉.

그러나 마을과 고을을 바꾸는 노력이 의미가 없게 되었다. 1895년 11월에 단발령이 공표되고, 1896년 일제가 명성황후를 시해한 것은 나라가 기울었다는 것을 의미한다. 나라가 망하면 향음주례나 향약은 의미가 없다. 나라가 완전히 망하기 전에 나라를 붙잡아야 한다. 석주는 나라가 망하기 전에 의병이라도 일으켜 외부로부터 쳐들어오는 적을 막아야 했다. 석주는 의병에 가담하기 시작한다. 석주는 스승 김흥락, 외숙부 김세연, 왕고모부 김도화가 의병장으로 활약하자 조부상을 입고 있었음에도 불구하고, 군자금을 제공하며, 적극적으로 의병에 가담했다.

1899년 스승 서산의 명으로 대산 이상정 선생의 『퇴도서절요』의 복간에 참여했다. 그해 10월에 서산 김흥락 선생이 세상을 떠났다. 석주는 3개월간 스승의 상을 입었다. 석주의 슬픔은 스승의 만사에 드러나 있다.

하늘은 별빛을 거두어들였고 땅도 영기를 거두었나니
연세가 일흔 셋이었는데 갑자기 세상을 버리셨네
남방의 의관한 선비들이 일제히 눈물을 흘리나니
본심은 참으로 현자 좋아함을 비로소 체험해보네

내 다행히 살아서 대현의 문하에 들어가서
이십년 동안 공경하면서 학문을 전수받았네
문득 나의 재주와 지혜가 모자란 게 부끄럽나니
이 세상에서 스승의 은혜에 보답할 길이 없네

45세가 되던 1902년 석주는 모친상을 당했다. 「선부군유사」에는 이렇게 기록하고 있다.

부군은 7개월 동안 약을 달이고 밤에는 옷을 벗고 자지 않았다. 상을 당하게 되자, 몹시 슬퍼하여 본성을 잃는 지경에 이를 뻔했다. 겨울철 탕약 달일 때의 솜옷을 한 번 입은 뒤에 여름철을 지나 장사지내고 나서 갈아입었는데, 모두 썩고 문드러졌다.

1905년 외교권을 박탈하는 을사늑약이 체결되었다. 석주는 큰처남 김대락에게 자신의 심회를 편지로 보냈다.

왜놈들의 사변을 듣고부터 가슴속에 피가 끓어 왕왕 밤새도록 잠못 이루고 베개에 눈물 자국을 남기곤 합니다. 살아서 불운을 만남이 어찌 이토록 심합니까? 돌이켜 생각하면 우리 초야의 보잘것 없는 백성에게도 충심과 의분심이 있는데 저 지위 높은 점잖은 분은 이런 때에 의당 남다른 생각이 있어야 할 터인데 아무런 소문이 없으니 그게 장차 자신과 아무 상관이 없다 하려는 것입니까? 한탄스럽고 한탄스럽습니다.

나라가 바람 앞의 등불이 되었다. 등불이 꺼지기 전에 되살려야 한다. 나라를 붙잡는 길은 의병을 일으키는 것밖에 다른 방안이 없었다. 1905년 겨울 영해 출신인 매제 박경종(朴慶鍾)과 함께 거금 1만 5000냥을 모아 가야산에서 거병한 은표(隱豹) 차성충(車晟忠)을 지원하고, 신돌석(申乭石)·김상태(金相台) 등과도 연대하며,

가야산에 군사기지를 설립하고자 했다. 진지가 구축되면 무기를 장만하고, 의병을 모을 계획이었다.

> 가야산 아래에서 한 해를 보내나니
> 나그네 방 등불에 눈 내리며 휘날리네
> 고향으로부터는 소식이 멀고
> 안면 있는 고인들은 드무네
> 세상을 논하면서 큰 이를 잡고
> 몸을 근심하면서 큰 거북에게 물어보네
> 올해 나이 마흔하고도 아홉
> 이로부터 지난날의 잘못을 알겠네

　전진의 왕맹이 동진의 대장 환온에게 찾아가 담론할 때 태연하게 이를 잡으면서 했었는데, 석주는 중요한 담론을 하는 것을 이 고사를 응용하여 이 잡는 것으로 표현했다. 늙은 나이에 의병으로 왜군과 싸운다는 것이 걱정되기도 했다. 거북점이라도 쳐서 물어보고 싶은 심정이다. 지난날 섣불리 의병을 일으켰다가 실패한 적이 있다. 석주는 그 실패를 되풀이하지 않도록 만반의 치밀한 계획을 세웠다. 그러나 진지가 완성될 즈음에, 차성충이 의병을 훈련하는 과정에서 발각되어 일본군의 기습을 받아 대패했고, 신돌석과 김상태의 의병도 몰살되었다. 진지구축을 위해 2년이나 준비한 석주는 허탈하기도 했고, 의병들의 죽음이 마음 아프기도 했다.
　석주는 실패를 되풀이하는 이유가 국제정세에 어두워서 그렇다는 것과 오합지졸로는 훈련된 왜군을 대항할 수 없다는 걸 알았다. 석주는 우선 서양식 학교를 설립하여 신식 교육을 실시하고, 대한협회 안동지회를 결성했다. 그러나 1910년 8월 대한제국이 일본에 강제 병합되었다.

석주는 국내에서의 의병운동으로는 한계가 있음을 알았다. 이제는 외국에 가서 신식 무기로 전쟁하는 것밖에 다른 방안이 없었다.

1911년 2월 3일(음력 1월 5일) 석주는 일단 혼자서 서간도로 망명하기 위해 집을 나섰다. 그때의 심경이 「거국음(去國吟)」이라는 시에 남아 있다.

더없이 소중한 삼천리 우리 산하여
오백여 년 동안 문화를 꽃피웠네
문명이 어떤 것이기에 노회한 적과 매개시켰나
괜히 꿈속의 혼령이 온전한 나라 던져버렸네
이 땅에 그물이 쳐진 것을 보았으니
영웅 남아가 제 일신 아끼는 일 있으랴
잘 있거나 고향 동산이여 슬퍼하지 말게나
태평성세 되거든 다시 돌아오리라

석주는 2월 17일(음역 1월 19일) 밤에 평양에 도착했다. 석주는 그때의 감회를 시로 남겼다.

아시아의 동쪽 끝은 풍치가 아름답나니
하늘이 우리 조선 위해 여길 만들어주셨네

우리 단군 할아버지의 사당이 남아 있고
고구려 왕업이 서린 큰 강이 흘러가고 있네
무지개가 물가에 서니 음산함이 사라졌다가
싸리눈 날리니 혼란한 시국이 근심스럽네
조만간 분명히 태평성대의 날이 있을 지니
연광정 위에서 봄을 짝하여 한 번 놀아보리라

석주는 단군의 역사에 대해 해박하다. 며칠 뒤 압록강에서 읊은 시는 더욱 자세하다.

부여가 왕업을 일으킨 지 어언 사천년
그때는 국경이 저 만주까지 아울렀네
기자와 위만이 아무 까닭 없이 차지했고
한과 당이 이를 좇아서 멋대로 침략했네
판도 확장이 원래 쉬운 일이 아니었기에
수치 누르고 변방에 처함을 달갑게 여겨
결국에는 저 길고 긴 압록강으로 하여금
동서 경계선이 되어 흐르게 하고 말았네

석주는 단군의 조선이 나중에 부여로 국호를 바꾼 것까지 다 알고 있었다. 고려 말의 행촌 이암(李嵒)선생의 후손이기 때문에 『단군세기』, 『태백일사』 등의 서적을 비밀리에 읽었던 것으로 생각된다. 신의주에서 석주는 뒤따라온 가족들과 모두 만났다.

1911년 4월 유하현(柳河縣) 삼원포에서 경학사(耕學社)를 설립하고 사장으로 취임했다. 또 경학사 부속으로 군사교육기관인 신흥강습소(新興講習所)를 설치하여 서간도의 청년들을 훈련시켰다. 1913년에 경학사를 공리회로, 1916년에 부민단으로 바꾸었고, 1919년에는 한족회로 바꾸면서 한인 사회를 이끌었고, 신흥강습소를 신흥학교, 신흥무관학교로 개칭하며, 많은 독립군을 길렀다.

석주는 1919년 4월에 서로군정서(西路軍政署)의 최고 대표인 독판에 선임되어, 계속 일제에 항거하면서 국내의 의용단(義勇團)과 연결하여 독립운동 자금을 조달했다.

1921년 북경군사통일회의에 참석했고, 1922년 6월에 독립운동 단체를 통합하여 대한통의부(大韓統義府)를 성립시켰다.

1925년 9월 석주는 상해 대한민국 임시정부 초대 국무령으로 추대되어, 항일 투쟁에서 큰 성과를 올린 인물들을 중심으로 조각(組閣)을 시도했다.

석주는 김좌진, 김동삼, 오동진 등을 국무위원에 임명하여 활발한 항일무장투쟁을 추진했지만, 순조롭지 않았다. 선생은 국무령 직을 사임하고 간도로 돌아가 1928년 5월부터 민족유일당 결성을 위해 만주 지역의 대표적 독립운동 조직인 삼부 통합에 심혈을 기울였다.

석주는 국민부로의 부분적인 통합을 이룬 채 1932년 5월 12일 중국 서란(舒蘭) 소성자(小城子)에서 "외세 때문에 주저하지 말고 더욱 힘써 목적을 관철하라"라는 유언을 남기고 서거했다.

선생의 유해는 1990년 9월 중국 흑룡강성에서 봉환되어 대전 국립묘지에 안장되었으며 현재는 국립 서울 현충원 임시정부 요인 묘역에 안장되어 있다. 정부에서는 1962년에 건국훈장 독립장을 추서했다.

석주는 조국광복을 위해 가족과 재산 등 모든 것을 다 바쳤다. 일가족이 다 독립운동을 위해 희생했다. 아들 이준형은 건국훈장 애국장을 받았고, 조카 이형국은 건국 훈당 애족장, 이운형은 건국훈장 애족장, 이광민은 건국훈장 독립장을 받았고, 손자 이병화는 건국훈장 독립장을 받았고, 손부 김해 허씨는 건국훈장 애족장을 받았다. 일제는 석주의 집 임청각에 서려 있는 독립운동의 기운을 말살시키기 위해, 안동을 지나는 기찻길을 일부러 멀리 돌려 임청각의 가운데로 통과시켰다.

제11절
윤봉길의 사생취의

윤봉길(尹奉吉: 1908~1932)의 본명은 윤우의(尹禹儀)이고, 호는 매헌(梅軒)이다. 충청남도 예산에서 태어났다. 매헌이란 호는 서당의 스승 매곡(梅谷) 성주록 선생이 윤봉길의사가 서당을 마칠 때, 자신의 호에서 매(梅)자, 성삼문의 호인 매죽헌에서 헌(軒)자를 따서 지어 준 것이다.

매헌은 여섯살 때부터 백부에게 천자문을 배웠다. 매헌은 열한 살이 되던 1918년에 덕산보통학교(德山普通學校)에 입학했다. 다음 해 3·1운동이 일어났을 때, 매헌은 3·1운동 장면을 목격했다. 덕산 읍내에서 만세운동이 일어나자 일본인 교장 와타나베는 수업을 중단시키고 학생들을 귀가시켰는데, 매헌은 귀가하다가 덕산 읍내에서 어른들이 일본 헌병과 경찰들에게 무자비하게 쓰러지는 장면을 목격했다. 이에 충격을 받은 매헌은 부모님께 "저는 일본 사람 되라는 학교에는 가지 않겠습니다"라고 말씀드리고 자퇴했다.

이어 최병대(崔秉大)의 문하에서 동생 윤성의(尹聖儀)와 유학을 공부했으며, 1921년부터 오치서숙(烏峙書塾)에 들어가 성주록(成周錄) 선생에게 사서삼경 등 유교경전을 배우고 한시 작법을 익혔다. 그는 상해에서 작성한 '윤봉길 이력서'에 자신이 15세 때 지은 '학행'이란 제목의 시를 적어놓았다.

불후의 이름 선비의 기개를 밝히고	不朽聲名士氣明
선비의 기개 밝고 밝아 만고에 맑네	士氣明明萬古晴
만고의 맑은 마음 모두 학문에 있으니	萬苦晴心都在學
학행으로 빛이 나는 영원한 그 이름	都在學行不朽聲

매산은 오치서숙에서 숙식을 하며 사서와 삼경 공부에 전념했다. 사서는 『대학』, 『논어』, 『맹자』, 『중용』이고 삼경은 『시경』, 『서경』, 『주역』이다. 동문수학했던 이민덕의 말을 빌리면 매헌의 학업성취는 매우 뛰어난 것으로 보인다.

기억력이 뛰어난 점으로 평생을 두고 그런 사람 처음 보았지만, 한시에 능한 것도 그를 당할 사람이 없었고, 글씨 솜씨도 확실히 수준 이상이었다.

매헌은 유학의 내용을 잘 소화하고 있었던 것으로 보인다. 유학의 가르침은 욕심을 없애는 것으로 압축된다. 세상에는 유명한 사람이 많다. 나쁜 짓 해서 유명해진 사람도 있고, 훌륭한 것으로 가장하여 유명해진 사람도 있다. 그러나 참으로 훌륭한 이름은 욕심 없는 맑은 마음으로 살았던 사람이다. 맑은 마음은 학문을 해야 가질 수 있다. 맑은 마음을 가지면 '나'라는 것이 없고, 아집이 없다. '나'라는 것이 없으므로 남에게 베푼다. 아집이 없으므로 불의를 보면 목숨 바친다. 정몽주 선생이 그랬고, 성삼문 선생이 그랬다. 매헌의 호에 있는 헌이라는 글자가 성삼문 선생의 호에서 유래한 것이므로 매헌은 성삼문 선생의 삶에 관심을 가졌을 것이다. 『맹자』에는 '사생취의(捨生取義)'라는 말이 나온다. 목숨을 바쳐 의로운 일을 한다는 뜻이다. 사서와 삼경을 공부한 매헌은 욕심이 없어졌고, 아집이 없어졌다. 매헌의 삶은 남을 위한 삶으로 바뀌었고, 의로움을 위해 목숨을 바치는 삶으로 바뀌었다. 매헌에게 더 가르칠 것이 없다고 생각한 스승 성주록 선생은 매헌이란 호를 선물로 지어주고 하산하도록 권했다. 매헌은 스승의 뜻을 가슴에 새기고 오치서숙을 나왔다. 18~9세쯤 되었을 때였다.

1926년 매헌은 농민계몽·농촌부흥운동·독서회 운동 등으로 농촌 부흥에 전력했다. 남을 위한 삶이 시작된 것이다.

다음 해 『농민독본(農民讀本)』을 저술하고, 야학회를 조직해 향리의 불우한 청소년을 가르쳤다. 1929년 부흥원(復興院)을 설립해 농촌부흥운동을 했고, 그해 1월 초부터 1년간 기사일기(己巳日記)를 썼다.

1929년 2월 18일 부흥원에서 학예회를 열어 촌극 「토끼와 여

우」를 공연해 일제 당국의 감시 대상이 되었다. 매헌은 농민들을 규합해 농촌진흥을 위해 월진회(月進會)를 조직, 회장에 추대되었다. 또, 수암체육회(修巖體育會)를 설치, 운영하면서 신체를 단련하도록 도왔다.

1930년 3월 6일, 음력으로 2월 7일이다.

매헌은 아침에 일어나 세수도 하는 둥 마는 둥 사랑방으로 가서 물건을 정리했다. 그리고 벼루에 먹을 갈고 잠시 숨을 고른 다음, 붓을 들고 자신의 굳은 결심을 써 내려갔다. 일제를 몰아내어 독립의 날이 오기 전에는 돌아오지 않겠다는 결의를 담아, '장부(丈夫)가 집을 나가 살아서는 돌아오지 않겠다'라는 뜻으로 '丈夫出家生不還'이라고 썼다.

그는 아내가 차려 준 마지막 밥상을 받았다. 아내와 두 돌 지난 종(淙)이가 눈에 밟혀 밥이 잘 넘어가지 않았다. 밥상을 물리고 외출복인 낡은 양복을 입었다. 무명에 검은 염색을 한 학생복 비슷한 옷이었다. 그는 아기를 들어 안았다. 그리고 아기의 볼에다 자신의 얼굴을 대고 비비다가 문을 열고 들어온 여동생에게 그 장면을 들켰다. 동생이 "오빠 어디를 가시길래 그렇게 변덕을 피우세요?"라는 말에 속으로 뜨끔했다. 그는 마루를 나와 어머니가 거처하시는 안방으로 들어갔다. 비록 어머니는 친정에 가셔서 안 계시지만 방안을 둘러보고 싶었다. 장롱 위에 이불과 요가 가지런히 놓여 있었다. 횃대에는 어머니의 정결한 옷가지들이 걸려 있었다. 안방을 나온 그는 부엌으로 발걸음을 옮겼다. 마지막으로 아내의 얼굴이라도 한 번 더 눈에 담아 두고 싶었다. 아내를 물끄러미 바라보며 '여보, 물 좀 주오'라고 말했다. 아내는 말없이 물 한 대접을 내밀었다. 아내는 전날 밤에 "여동생이 시집을 간다니 신랑 될 사람을 좀 만나봐야겠소. 내일 새벽에 떠나 언제 돌아올지는 확실하지 않으니, 그동안 애들이나 잘 보살펴주오"라는 말을 하는 윤의사의 얼굴에 어떤 비장한 모습을 읽고 "아! 마침내 가시는구나"라고 생각했다 한다. 그러나 말릴 수는 없었다 한다.[16]

매헌은 고향을 떠나면서 시를 남겼다.

이향시(離鄕詩)

슬프다. 내 고향아.
자유의 백성 몰아 지옥 보내고
푸른 풀 붉은 흙엔 백골만 남네
고향아 네 운명이
내가 어렸을 때는
쾌락한 봄 동산이었고
자유의 노래 터였네

지금의 고향은

---

16. 김상기, 『자유의 불꽃을 목숨으로 피운 윤봉길』(역사공간, 2013), 58쪽에서 인용.

귀막힌 벙어리만 남아
답답하기 짝이 없구나
동포야 네 목엔 칼이 씌우고
입가엔 튼튼한 쇠가 잠겼네
고향아 옛날의 자유 쾌락이
이제는 어데 있는가

악마야 간다. 나는 간다.
인생의 길로 정의의 길로
어디를 가느냐고 물으면
유랑의 가는 길은
저 지평선 가리켜
오로지 사람다운 인류 세계의
분주한 일군 되려네

갈 곳이 생기거든 나를 부르오
도로가 울툭불툭 험하거든
자유의 불꽃이 피랴거든
생명의 근원이 흐르려거든
이곳이 나의 갈 곳이라네

떠나는 기구한 길
산 넘고 바다 건너
구렁을 넘어 뛰고

가시밭 밟아 가네

잘 있거라 정들인 고국 강산아[17]

매헌은 3월 6일 고향을 떠나 만주로 망명했다. 도중에 선천(宣川)에서 미행하던 일본 경찰에 발각되어 45일간 옥고를 치렀다. 그 뒤 만주로 탈출, 그곳에서 김태식(金泰植)·한일진(韓一眞) 등의 동지와 함께 독립운동을 준비했다.

그해 12월에 단신으로 다롄(大連)을 거쳐 중국 칭다오[青島]로 건너가 1931년 여름까지 현지를 살펴보면서 독립운동의 근거지를 모색했다. 그곳에서 세탁소의 직원으로 일하면서 모은 돈을 고향에 송금하기도 했다. 매헌은 1930년 칭다오에서 두 아들과 조국의 청년들에게 유서를 썼다.

　　강보에 싸인 두 병정에게

　　너의도 만일 피가 있고 뼈가 있다면 반드시

　　조선을 위하여 용감한 투사가 되어라

　　태극에 깃발을 높이 드날리고 나의

　　빈 무덤 앞에 찾아와 한 잔

　　술을 부으라

　　그리고 너의들은 아비 업슴을 슬퍼하지 마라

　　사랑하는 어머니가 있으니 어머니의 교양으로 성공자를

17. 위의 책, 63~64쪽에서 인용.

윤봉길

동서양 역사를 보건대

동양으로 문학가 맹가가 있고

서양으로 불란서 혁명가 나푸레옹이 있고

미국에 발명가 에듸슨이 있다.

바라건대 너의 어머니는 그의 어머니가 되고

너의들은 그 사람이 되어라

이어서 조국의 청년들에게 유서를 썼다.

피끓는 청년제군들은 아는가

무궁화 삼천리 우리 강산에

왜놈들이 왜 와서 왜 걸대나

피끓는 청년제군들은 모르는가

돼놈 되 와서 되가는데

왜놈은 와서 왜 아니 가나

피끓는 청년제군들은 잠 자는가

동천(東天)에 서색(曙色)은 점점 밝아오는데

종용한 아침이나 고아풍이 일어날 듯

피끓는 청년제군들아 준비하세

군복 입고 총 메이고 칼 들며

군악 나팔에 발맞추어 행진하세[18]

----

18. 두 유서는 위의 책, 105~106쪽에서 인용.

1931년 8월 매헌은 대한민국임시정부가 있는 상해로 갔고, 그 해 겨울에 임시정부의 김구(金九) 선행을 찾아가 독립운동에 신명을 바칠 각오임을 호소했다.

1932년 봄에 매헌은 야채상으로 가장해서 일본군의 정보를 탐지했다.

4월 29일 매헌은 천장절(天長節) 겸 전승축하기념식에 참석하여 폭탄을 투척했다. 이때 상해 파견군사령관 시라카와, 상해의 일본 거류민단장 가와바다(河端貞次) 등은 즉사하고, 제3함대 사령관 노무라(野村吉三郎) 중장, 제9사단장 우에다(植田謙吉) 중장, 주중 공사 시게미쓰(重光葵) 등이 중상을 입었다.

거사 직후 현장에서 잡혀 일본 군법회의에서 사형을 선고받았다. 그해 11월 18일 일본으로 호송되어 20일 오사카 위수 형무소에 수감되었고, 12월 19일 가나자와에서 총살형으로 순국했다.

제12절
김창숙의 애국과 유학 교육의 부활

김창숙(金昌淑: 1879~1962)의 자는 문좌(文佐)이고, 호는 직강(直岡), 심산(心山), 벽옹(躄翁) 등이다. 심산은 경상북도 성주 대가면 사월리에서 태어났다. 동학혁명이 발생했을 때 아버지 김호림은 서당에서 친구들과 학습 중이던 심산과 학동들을 불러내 농사일을 도울 것을 지시했다. 또 여자아이를 시켜 밥을 보냈는데, 늙은 종과 일꾼들에게 먼저 주고, 그와 학동들에게는 나중에 먹도록 했다.

이런 부친의 교육은 어린 심산에게 많은 영향을 주었을 것이다. 심산은 어려서 머리가 좋았으나, 자유분방하여 얽매이기 싫어하는 성격이었던 것으로 보인다.

옹은 어릴 때부터 성격이 거칠어서 남에게 지지 않으니, 함께 놀던 무리가 모두 꺼려서 피했다. 여섯 살에 글을 배우기 시작했고 종일토록 책을 펴보지 않아도 능히 오래도록 기억했다. 여덟 살 때 소학을 읽었으나 오로지 노닥거리기만을 일삼아서 쇄소응대하는 일은 달갑잖게 여겼다. 그런데 선군 하강공과 선비 장부인께서는 일마다 예의범절로 다스렸고 늦게 둔 아들이라 해서 더 귀여워하거나 너그럽게 대하시지 않았다. 열 살 적에 선군의 명으로 같은 마을 정은석에게 가르침을 받았으나 항상 방탕한 자를 따라 놀았다. 정공은 제법 엄해서 일찍이 깨우치기를 "네가 너의 아버님의 뜻을 이해하지 않으니 어떻게 사람이 되겠느냐?" 했다. 이로부터 능히 조금은 스스로 분발했으나 그 얽매이지 않음은 그대로 전과 같았다. 열서너 살 되던 때에 비로소 사서를 통독했다. 그러나 위기지학이 어떤 것인지는 오히려 알지 못했다. 선군께서는 매우 걱정하시고 평소부터 친하게 지내시던 이대계 선생에게 부탁하시기를 "우리 가문의 희망이 이 아이에게 있으니, 그대가 특별히 가르쳐서 성취시켜 주게" 하고 부탁하셨다. 그러나 옹은 성리설을 좋아하지 않아서 그 문하에서 공부하는 것은 실현되지 않았다. 학문을 힘껏 하기를 싫어했음이 이와 같았다. 심산은 학문에 관심이 없어 보였다. 그러나 18세가 되던 해에 아버지가 세상을 떠나고 어머니의

김창숙

훈계를 계기로 당시의 큰 학자인 이종기(李鍾杞), 곽종석(郭鍾錫), 이승희(李承熙), 장석영(張錫英) 등의 문하를 두루 찾아가 경서의 뜻을 질문하여 많은 가르침을 받았다. 심산은 특히 대계 선생에게는 충심에서 나온 기쁨으로 정성껏 복종했다.

위의 인용문에서 보면 심산은 어릴 때는 학문에 매진하지 않다가, 철이 든 뒤에 학문에 몰두했던 것으로 보인다. 심산이 학문에 몰두하면서 스승으로 모신 학자들이 모두 한주 이진상 선생의 문하였으므로, 심산은 그들을 통해 한주의 사상을 이어받았다. 심산은 나라의 정세가 날로 위급해지는 상황에서 세속의 학자들이 한갓 성리의 뜻만을 말할 뿐, 나라를 구하는 일을 먼저 추구하지 않음을 한탄하면서 다음과 같이 말했다.

성인의 글을 읽고도 세상을 구제하던 성인의 뜻에 깨우침이 없으면 이것은 거짓 선비이다.

심산은 한주학파의 영향을 받아서, 심(心)을 지식의 주체로부터 실천의 주체로 전환한 것이었다. 한주는 심을 강조하여 심이 곧 리라는 심즉리설을 주창하고, 심의 주체인 직심(直心)을 미루어 생활 속에서 곧바로 직도(直道)를 드러내도록 역설했다. 이러한 한주의 심즉리(心卽理) 사상이 심산의 실천적인 유학 정신의 원천이 되었다. 따라서 한주의 심즉리 사상은 심산의 행동에 절대적인 영향을 미쳤다고 볼 수 있다.

1905년 일본이 을사늑약을 체결하자, 심산은 대계 선생을 따라 대궐 앞에 나아가 이완용, 이지용, 박제순, 이근택, 권중현 등 다섯 역적을 참하기를 청하는 청참오적소(請斬五賊疏)라는 상소를 올렸고, 이 사건으로 체포되어 옥고를 치렀다.

1908년 대한협회가 설립되자 고향인 성주군에 대한협회 성주군 지부를 조직하고, 총무에 취임했다.

1909년에는 사립학교인 성명학교(星明學校) 설립에 참여했다. 친일단체인 일진회(一進會) 성토 건의서를 냈다가 다시 체포되었다.

1910년 대한제국의 내각총리대신 이완용과 제3대 한국 통감인 데라우치 마사타케가 형식적인 회의를 거쳐 한일합방조약을 맺었고, 8월 29일 조약이 공포되어 조선은 일본의 식민지가 되었다.

심산은 통곡하면서 "나라가 이미 망했는데 선비로서 이 세상에 사는 것이 큰 부끄러움이다"라고 하면서 날마다 술을 마셔서 취하지 않으면 그치지 않았고, 취하면 문득 울었다. 그런 짓을 그치기를 권하는 사람이 "흥하고 망함은 천도(天道)인데 취해서 울면 어찌하나?" 하자, 옹이 꾸짖기를 "너는 개와 양에게 절하느냐? 개와 양에게 절하는 자도 또한 개와 양이다" 했다. 견디다 못해서 도망하는 자가 있으면 반드시 쫓아가서 때리기도 했다. 이러한 상황에 심산은 현실을 도피하고 싶은 마음과 부정하는 마음이 나타나 있다. 그러면서 한편으로는 자유에 대한 열망이 마음속에 도사리고 있었다. 어떤 때는 술을 마시고는 남의 낚싯대를 빌려서 낚시터에 앉기도 했다. 비록 몹쓸 비바람이라도 종일토록 돌아갈 줄 몰랐다. 묻는 사람이 "고기를 얼마나 잡았나?" 물으면 "잡지 못했다." "잡지도 못하면서 무슨 즐거움인가?" 하자, "나는 물고기가 제대로 놀면서 제대로 즐거워함을 보고 나도 즐겁다" 했다.

1919년 3·1 운동이 일어나자 전국의 유림 대표들이 연명으로 서명, 한국 독립을 호소하는 유림단 진정서를 작성하여 중국상하이로 가 파리에서 열리는 만국 평화 회의에 참석한 김규식에게 우편으로 제출했으나 좌절되었다. 이 사건으로 수백 명의 유학자가 체포되었는데, 이 사건이 이른바 파리 장서 사건(또는 제1차 유림단 사건)이다.

1921년 4월 19일 심산은 이승만을 비판하는 성토문을 발표했다. 그가 지은 성토문에는 김원봉·이극로·신채호·오성륜·장건상 등 54명이 서명했다.

그후 대한민국 임시 정부 의정원 부의장(1925년), 서로군정서의 군사 선전 위원장 등을 지냈다.

1925년 8월 독립운동 기지의 개간, 자금 마련을 위해 김화식과 함께 국내로 잠입해 모금 활동을 펼쳤으나 계획한 성과는 거두지 못하고 다시 중국으로 돌아갔다. 이때의 모금 운동으로 600여 명의 유림이 투옥되는 제2차 유림단 사건이 발생했다.

1926년 사람들의 독립 의지가 약해지는 것을 우려하여 심산은 다음과 같이 말했다. "만약 비상수단을 써서 진작시키지 않으면 우리 해외에 있는 사람들 또한 장차 궁박하여 돌아갈 곳이 없게 될 것입니다. 지금 내가 가지고 온 돈으로는 대규모 사업을 착수하기는 실로 어렵겠지만, 장차 청년 결사대 여러분에게 주어 무기를 가지고 내지로 들어가 왜정기관을 파괴하고 친일부인을 박멸하여 국민의 의기를 고취한 연후에 다음으로 내지에 연락할 방법을 도모해야겠소."

심산은 나석주 이승춘 등을 보고 백범 김구의 소개 편지와 소

정 계획안을 보이며 국내에서의 결사 행동을 주도했다. 이에 나석주는 경성에 홀로 가서 식산은행 및 동양척식주식회사에 폭탄을 던져 파괴하고 또 권총으로 척식회사사원 및 왜경을 사살하고 남은 탄환으로 자살했다.

1927년 5월 병으로 상하이 공동조계(共同租界)의 영국인 병원에 입원했다가 일본인 밀정에 의해 체포되어 국내로 압송되었다. 그 뒤 14년형을 선고받고 대전 형무소에서 복역하며 옥중 투쟁을 벌였고, 일본 경찰의 고문으로 두 다리가 마비되자 형 집행 정지로 출옥했다.

1940년 일제의 창씨개명을 거부했으며, 이해 모친 인동 장씨가 사망하여 21년 만에 다시 고향인 성주로 돌아왔다. 심산은 어머님을 많이 그리워했고 꿈도 꾸었다.

어머님을 뵙고
새처럼 날뛰며 기뻐 절하고
앞서거니 뒤서거니 모시고 걸었는데
꾸불꾸불한 험한 길에 졸지에 사라지시고
문득 꿈을 깨니
두 눈에는 눈물이 샘물처럼 솟네

1943년 아들 김찬기를 대한민국 임시 정부에 파견했으나, 김찬기는 곧 병으로 죽었다.

1945년 여운형이 조직한 지하 비밀 결사인 건국 동맹(建國同盟)의 남한 책임자로 추대되었다가 광복 직전 발각되었다. 왜관 경찰서에 구속되어 수감 중, 일제 패망으로 광복을 맞이했다.

1945년 8월 광복 직후 여운형·박헌영에 의해 건국준비위원회와 조선인민공화국이 수립되자 비판을 가했다. 이후 중경 임시정부의 법통론을 지지하는 입장에 섰다. 자신을 당수로 추대하려는 군소 정당들의 손길을 모두 거절했다.

1945년 10월 이승만이 귀국했을 때, 주위에서 이승만을 찾아갈 것을 권고했으나, 이승만과는 거리를 두었다. 10월 28일 김성수 등과 함께 순국의열사봉영회 기금관리위원에 위촉되었다. 12월 23일 오후 2시 백범이 주관하는 순국선열추념대회에 참여하여 순국선열추념대회 부위원장으로 선출되었다.

1946년 2월 민주의원(民主議院) 의원에 선출되었고, 민주의원 회의에서 이승만과 정면으로 충돌하기도 했다. 이후 민주의원에서 활동하다가 다른 정치인들과 의견이 맞지 않아 정치에 관여하지 않고 교육과 유림의 재건에 힘을 기울였다.

1946년 6월 15일 오후 5시 40분 서울역에 도착한 삼의사 유골을 영접했다. 심산은 기존의 성균관을 정비하고, 9월에 성균관대학교를 설립하여 초대 학장에 취임했다.

1951년 한국 전쟁 때 이승만 대통령에게 하야 경고문을 보냈다가, 체포되어 부산형무소에 40일간 수감되었다.

1952년 부산 정치 파동 때는 이시영·조병옥·김성수 등과 반독재 구국선언문을 발표해 이승만 정권과 계속 투쟁했다.

1953년 2월에는 전국의 향교를 규합해 성균관대학교의 종합대학 승격을 인가받고 초대 총장에 취임했다.

1960년 '민족자주통일중앙협의회' 대표로 추대되었고, '백범 김구선생기념사업회' 초대회장, '안중근의사기념사업회' 회장에 선출되었다.

1961년 5·16 군사 정변이후, 병중에 박정희의 방문을 받았으나 외면했다.

1962년 3월 1일 건국훈장 1등급인 대한민국장을 받았다. 5월 10일에 노환으로 국립중앙의료원에서 사망했고, 장례는 사회장으로 치렀다.

심산은 독립과 교육으로 평생을 바쳤다. 심산 사상은 적심(赤心)과 의리로 압축된다. 신탁통치에 반대하며 읊은 심산의 시에 그의 사상이 잘 나타나 있다.

조선이란 나라에 선비 하나 있으니
앉은뱅이 늙은이 김창숙 그이로다
머리는 희었으되 마음은 한결같다
나라를 구하려는 일념으로
차라리 독립국의 귀신이 될지언정
신탁통치 노예는 기필코 안 되리라
인생이란 언젠가는 죽게 마련인 법
죽을 수는 있어도 욕되게는 못하리

위 시의 내용을 꿰뚫고 있는 정신은 한결같은 마음과 죽음을 초월하는 의리정신이다. 한결같은 마음을 심산은 적심(赤心)으로 표현했다. 적심은 맹자가 말한 적자지심(赤子之心)이니, 갓난아이 때의 마음을 말한다. 사람은 누구나 갓난아이 때는 순수한 마음을 가지고 있었지만, 자라면서 욕심이 생겨 갓난아이 때의 마음을 잃어버리므로, 사람이 해야 할 과제는 잃어버린 갓난아이 때의 마음을 되찾는 것이다. 심산은 경전 공부를 통해 갓난아이 때의 마음을 되찾았다. 갓난아이 때의 마음을 되찾으면 욕심이 없어지는 것은 물론이고 생사까지도 초월한다. 심산은 평생 이익을 얻기 위해 타협한 적이 없었고, 독재에 굽힌 적이 없었다.[19]

욕심 없이 살았던 선비들은 매우 많다. 우선 권상일(權相一)·박윤원(朴胤源)·심정진(沈定鎭)·신후담(愼後聃)·이재형(李載亨)·이우신(李友信)·강필효(姜必孝)·홍석주(洪奭周)·김매순(金邁淳)·홍직필(洪直弼)·유신환(兪莘煥)·서응순(徐應淳)·윤종의(尹宗儀)·박문일(朴文一)·주명상(朱明相)·김흥락(金興洛) 등을 거론할 수 있지만, 이 외에도 이루다 거론할 수 없을 정도로 많다. 임진왜란이나 구한말에 의병에 가담했다가 이름 한 자 남기지 않고 사라져간 선비들도 참으로 많다. 그들이 한국을 지켜온 원동력이었다.

---

19. 심산 김창숙에 관한 부분은 이공찬 박사의 학위논문 『心山 金昌淑의 赤心에 관한 硏究』(성균관대학교, 2014)에서 참조했으며, 원문을 그대로 인용한 부분도 있음을 밝힌다.

제 6 부

조선의 멸망과
유학의 쇠퇴

제1장

■

조선의 멸망

1910년 8월 대한제국의 내각총리대신 이완용과 제3대 통감인 데라우치 마사타케가 형식적인 회의를 거쳐 한일합방조약(韓日合邦条約)을 통과시키고, 8월 29일 조약이 공포됨으로써 조선이 망했다. 조선이 멸망하게 된 배경에는 여러 가지 요인이 있다. 외부적인 요인과 내부적인 요인으로 나누어 생각해보면 다음과 같이 정리할 수 있겠다.

제1절
조선 멸망의 외부적 요인

제1항 세계의 서구화

서구가 물질주의 철학을 바탕으로 과학을 발달시키고 무기를 개발하여 전 세계를 장악했다. 중국은 자체적으로 성립한 물질주의 철학을 바탕으로 서구의 과학을 받아들였고, 일본은 서구의 과학 문화를 순조롭게 받아들여 비약적인 발전을 이루었다.

서구인들의 삶을 지탱하는 철학의 판은 형하판이었다. 중국인들은 자체적으로 형하판을 깔아놓았기 때문에 서구의 과학을 쉽게 받아들일 수 있었고, 일본인들은 원래부터 형하판의 철학으로 살고 있었으므로 서구문화를 받아들여 일본적으로 소화하고 정착하기 위해 탁월한 능력을 발휘할 수 있었다.

그러나 한국인들은 달랐다. 한국인들은 한 번도 형하판의 철학으로 살아본 경험이 없었으므로, 서구문화를 순조롭게 받아들일 수 없었다. 이점이 조선이 멸망한 가장 큰 외부적 요인으로 볼 수 있다.

제2항 판 적응 실패

한 번도 형하판의 철학으로 살아본 경험이 없는 한국인은 형하판의 철학이 가진 내용을 잘 이해하지 못했다. 형하판의 철학으로 사는 사람들에게는 힘을 중시하고, 싸움을 좋아하며, 힘 약한 이웃을 침략하여 점령하는 문화가 있다. 줄곧 형상판의 철학으로 살아온 한국인들은 형하판의 철학을 무시하는 경향이 있다. 형하판의 철학으로 사는 사람들을 짐승으로 폄하하기도 한다. 구한말의 선비들은 서구인과 일본인을 오랑캐로 여겼고, 우리가 그들을 받아들이면 우리도 그들처럼 오랑캐가 될 것을 우려하여 그들의 접근을 막기에 급급했다. 이러한 경향은 구한말에만 국한하는 것이 아니다. 과거의 긴 역사에서 늘 그래왔다. 한국인들은 이웃이 형하판의 철학으로 바뀌면 이웃을 무시하다가 크게 당했다. 한국인들은 낙천적이고 겁이 없어서 형하판 철학에서 나오는 힘이 얼마나 무서운지를 모른다. 한국인들의 낙천성은 지금도 이어진다. 북한의 핵이 얼마나 무서운지, 일본이 얼마나 무서운 나라인지, 중국·러시아·미국 등이 얼마나 무서운 나라인지 아직도 잘 모르는 듯하다. 서구의 문화를 처음 접하는 구한말의 선비들은 그들의 문화가 오랑캐 문화임을 알았지만, 그들이 얼마나 무서운지를 알지 못했다.

외부로부터 공격을 받아 처참하게 무너지면 우리의 장점을 유지하지 못하고 우리의 단점만 노출된다. 길고 긴 역사를 자랑하는 한국은 이러한 외부적 요인들로 인해 멸망했다.

제3항 일본의 호전성

일본인들은 한국과 달리 줄곧 형하판의 철학으로 살았다. 일본의 역사는 전쟁이 연속되는 역사였다. 일본인들은 무력을 숭상했다. 일본의 역사는 무인들이 정치의 주체가 되었다.

힘을 중시하는 사람들은 싸움을 좋아하고 싸워서 이긴 자가 진 자를 지배한다. 형하판의 철학으로 사는 사람들에게는 싸움과 전쟁이 일상이다. 일본인들은 호전적이다. 과거의 역사에서 보면 중국에서는 문인과 무인이 정치를 담당했고, 한국에서는 줄곧 문인이 정치를 담당했지만, 일본에서는 줄곧 무인이 정치를 담당했다.

일본은 급격하게 서구의 문화를 받아들였고, 메이지유신을 거치면서 급속히 힘을 길렀다. 서구가 세계를 지배하면서 만들어낸 이론이 사회진화론이었다. 사회진화론은 약육강식을 자연법칙으로 전제하고서 성립한다. 중세기 때의 기독교에서 하늘이 돈다고 가르친 것에 비해 과학자들은 지구가 돈다는 것을 알아내었다. 그 뒤 사람들은 교회를 등지고 과학자들이 찾아낸 자연법칙을 따랐다. 과학자들이 찾아낸 자연법칙이 약육강식이었다. 사회진화론으로 무장한 서구인들은 전 세계를 손아귀에 넣었다. 서구화에 성공한 일본은 서구 열강에 뒤질세라 이웃 나라를 침략하는 대열에 합류했다. 일본이 받아들인 사회진화론은 한국에 대한 오랜 불만을 해소하기에 적절했다. 일본은 동아시아 삼국의 가장 동쪽에 위치하면서 한국과 중국 중심의 형상판 문화에 적응하지 못해 오랫동안 열등감을 가지고 있었다.

서구가 지구의 중심이 되자 성공적으로 서구문화를 수입한 일본은 일본이 한국과 중국보다 우수한 나라라고 자각하고, 그간 한국과 중국에 소외되었던 것에 대한 불만이 우월감으로 바뀌었다. 일본은 서구 열강이 했던 방식으로 무력을 길러 다른 나라를 침략했다. 이러한 일본의 변화를 조선이 멸망하게 된 하나의 원인으로 볼 수 있다.

제4항 지정학적인 요인

서구인의 학문 분야 중에 '지리정치학'이라는 분야가 있다. 줄여서 '지정학'이라 부르기도 한다. 지정학이란 지구상에서 일어나는 전쟁과 흥망성쇠의 내용을 전략적으로 연구하는 학문이다. 지정학에서는 전쟁의 승패를 좌우하는 여러 철칙을 찾아내었는데, 가장 중요한 철칙은 해양 세력이 대륙으로 진출하면 반드시 실패하고, 대륙 세력이 해양으로 진출하면 반드시 패한다는 이론이다. 해양 세력인 프랑스의 나폴레옹이 대륙 세력인 러시아의 깊숙한 곳으로 들어가서 망했고, 대륙 세력인 칭기즈칸의 몽골이 해양 세력인 일본으로 들어갔다가 패했다. 이는 과거에 일어난 전쟁을 분석한 뒤에 찾아낸 이론이었다. 메이지유신을 거쳐 급발전한 일본은 무력을 강화하여 강대국으로 발돋움했다. 해양 세력인 일본이 만약 이웃 해양국들을 점령하여 힘을 기르면 막강해질 수 있다. 이를 간파한 미국이 택할 수 있는 유리한 전략은 일본을 대륙으로 진출시키고 일본 주변의 해양국을 미국이 점령하는 것이었다. 이를 위해 1905년 7월 27일 미국 육군성 장관인 윌리엄 태프트와 전 일본 총리 가쓰라 타로가 도쿄에서 비밀리에 협상했다. 협상의 내용은 일본이 조선에 영향권을 행사하는 대신, 일본이 미국의 필리핀 점령을 인정하는 것이었다. 밀약에는 다음의 세 가지 내용을 담고 있다.

첫째, 미국이 점령하고 있던 필리핀에 대해 일본이 인정하는 것, 둘째, 일본이 제안한 일본 영국 미국의 비공식 동맹 제안에 태프트가 미국 의회의 승인이 필요하다고 한 것, 셋째, 한국에 대한 일본의 지배권을 미국이 인정한다는 점이다. 조약의 내용으로 보면, 일본이 11월 17일 을사늑약을 체결하기 위한 절차였음을 알 수 있다. 지정학적인 이해는 일본인이 조선 침략을 변명하기 위한 수단으로 내놓은 것일 수도 있지만, 진실은 알 수 없다.

제2절
조선 멸망의 내부적 요인

제1항 당파싸움으로 인한 내부 분열

한국이 멸망하는 원인 중에 제일 많은 것은 내부의 분열이다. 한국인들에게는 예로부터 자기를 하늘처럼 생각하는 인내천 사상이 있다. 인내천 사상에서 보면 자기 개인이 나라보다 더 중요하다. 그러므로 욕심 많은 사람이 욕심을 채우기 위해서는 나라를 팔아넘기는 경우도 생긴다. 막강한 고구려도 연개소문의 아들이 적의 편이 되어 적을 도왔기 때문에 멸망했고, 후백제도 견훤이 고려의 편이 되어 고려를 도왔기 때문에 멸망했다.

조선은 사림을 가장한 사이비 사림들이 욕심을 채우기 위해 당파싸움을 하느라 분열했다. 한국이 망하는 형국이 된 것이다. 욕심 많은 사람이 권력을 잡으면 권력을 잡은 수단을 신성시하여 남들이 못 건드리게 함으로써 독재가 시작된다. 조선 후기에 권력을 잡은 노론은 〈기발이승일도설〉을 신성시하여, 이발설(理發說)을 금기어로 만들었다. 욕심을 가진 사람들이 권력을 잡으면 권력을 장악한 사람들 내부에서 권력다툼을 한다. 그런 사람들은 나라가 망하기 전까지는 권력을 내놓지 않는다. 그들은 큰 욕심을 채울 수 있다면 나라도 팔아넘긴다. 과거의 역사에서 보면 나라를 망친 사람들은 거의 기득권자들이었다.

제2항 당파싸움이 치열했던 이유

1. 절대 권위의 소멸

한국은 법이나 제도로 유지해 온 나라가 아니다. 한국은 예로부터 하늘 같은 정신력을 갖춘 사람이 정신적 지주가 되고, 백성이 그를 중심으로 뭉쳐서 안정을 유지해 왔다. 세종대왕처럼 국왕이 정신적 지주가 되는 경우가 가장 이상적이지만, 일반인 중에서 정신적 지주 역할을 하는 어른이 있어도 안정은 유지된다.

신라시대 때는 원효대사와 최치원 선생이 그 역할을 했고, 고려 때는 보조국사와 목은 선생이 그 역할을 했다. 조선시대 때는 세종대왕이 그랬고, 퇴계 선생이 그랬다. 한국의 정신적 지주는 해외에서도 존경을 받았다. 원효대사와 최치원 선생, 목은 선생과 퇴계 선생은 중국에서도 존중받았다.

그러나 중국은 청나라 때 중국인들의 삶을 바탕이었던 형상판의 철학이 형하판의 철학으로 바뀌었다. 형하판의 철학으로 바뀐 중국인에게 한국의 선비는 제대로 평가받기 어렵다. 청나라 때의 학풍은 실학이었다. 청나라의 실학자들에게 한국의 선비들은 시대에 뒤떨어진 사람으로 보일 수밖에 없다. 밖에서 평가를 못 받으면 안에서 제대로 평가받기 어렵다. 한국에서는 국제적인 권위를 가진 정신적 지주가 등장하기 어렵다. 나라에 어른이 없어지면, 욕심 많은 사람이 무소불위의 권력을 휘두르게 되어, 정치가 소인들의 권력투쟁으로 얼룩지고 나라가 혼란해진다. 조선시대 후기의 한국 정치가 그랬다.

2. 독재 정당의 출현

한국인은 예로부터 하늘마음을 중시하며 살아왔다. 하늘마음을 가진 사람은 모든 사람을 부모가 자녀를 사랑하듯 아끼고 사랑하므로, 사람들은 그를 부모처럼 받들며 그를 중심으로 하나가 되어 뭉친다. 그러나 권력욕에 눈먼 사람이 정권을 잡으면, 정권을 창출하게 된 이론을 신성시하여, 그 이론을 중심으로 뭉친다. 그들은 그들이 신성시하는 이론이나 수단을 가지고 반대파를 억압하며, 정치를 전횡한다. 권력을 독점하는 소인들은 자기들의 이론을 하늘처럼 받들기 때문에, 그 이외의 이론을 제대로 분별하는 눈을 상실한다. 그들은 자기들의 이익을 무한대로 추구하다가 나라까지 팔아먹는다.

제2장

■

한국의 현재

한국은 일제 강점기 동안 독립을 위해 처절하게 싸웠지만, 자력으로 독립하지는 못했다. 제2차 세계대전에서 일본이 패망하므로 인해 가까스로 독립했지만, 국민의 의도와 무관하게 남북으로 분리되었다. 남한은 자유주의 정치체제를 택했고, 북한은 공산주의 정치체제를 택했다.

제1절
남한의 자유주의와 기독교

지구상 대부분의 나라가 유럽문화를 수입했다. 유럽문화에는 세 가지 요소가 있다. 자유주의·공산주의·기독교의 세 요소가 그것이다. 자유주의와 공산주의는 서구 근세에 생겨난 것이지만, 기독교는 중세 때의 것이었다. 중국과 북한은 공산주의를 수입했고, 일본은 자유주의를 수입했지만, 남한은 자유주의와 기독교를 수입했다.

제1항 한국에 기독교(천주교 포함)가 성행하는 이유

서구의 세 요소 중에서 형상판의 철학에 적합한 것은 기독교이므로, 한국인들은 서구문화 중에서 기독교를 선호할 수밖에 없다. 기독교는 하늘과 하나 되고 싶은 한국인의 정서에 들어맞았다. 한국의 기독교는 서구에서 온 선교사들에 의해 전파된 기독교가 아니라, 한국의 선비들이 성경책을 읽고 자발적으로 받아들인 기독교이다. 주자학에도 천인합일의 요소가 있으므로, 주자학을 통해서도 한국인은 종교적 욕구를 해소할 수 있지만, 조선 후기로 접어들면서 주자학이 정치에 이용되어 권력 유지용으로 변질했기 때문에, 주자학보다 기독교에 더 심취할 수 있었다. 한국의 기독교는 급속도로 성장하여 세계에서 으뜸가는 기독교 국가로 변모했다.

제2항 한국의 자유주의와 위기

한국이 서구의 제도를 도입했지만, 원만한 서구화를 이루지는 못했다. 서구의 문화는 형하판의 철학으로 이루어진 것이지만, 한국인들은 여전히 형상판의 철학으로 살고 있었으므로 서구문화에 적응하기 어려웠다. 풀을 먹고 살던 소가 어느 날 개에게 물려 고생하다가, 개를 보니, 개는 풀을 먹지 않고 개밥을 먹는다는 사실을 알았다. 소가 개밥을 조사하여 개밥이 풀보다 영양가가 훨씬 많다는 것을 알았으므로, 풀 먹기를 그만두고 개밥을 먹었다. 그랬더니 소의 건강이 좋아지는 듯하다가 광우병이라는 이상한 괴질에 걸렸다. 오늘날 한국이 혼란에 빠진 이유가 광우병에 걸린 소로 이해할 수 있다. 한국은 오랫동안 형상판의 철학을 바탕으로 정치해 왔고, 교육해 왔으며, 경영해 왔다. 그러다가 일시에 한국의 방식을 그만두고 서양의 방식으로 바꾸었다. 서양의 방식으로 정치하고, 서양의 방식으로 교육하며, 서양의 방식으로 경영한다. 그 결과 한국은 광우병에 걸린 소처럼 총체적인 문제에 부닥쳤다. 정치가 계속 혼미하고, 교육 문제 또한 심각하다. 한국의 경제는 비약적으로 발전했지만, 이제 미래가 불투명한 상태로 비틀거리기 시작했다.

그런데도 한국이 망하지 않고 유지하는 이유는 무엇일까?

제3항 한국이 망하지 않는 이유

한국이 망하지 않은 몇 가지 이유가 있다. 한국인들은 하나가 되면 위력을 발휘한다. 한국인들에게 하나가 되는 기회를 주기만 하면, 한국인들은 기적을 일으킬 수 있다. 한국인들은 한때 새마을 운동으로 하나가 되었고, 한강의 기적을 일구었다. 한국인은 하나가 되면 희생정신을 발휘한다. 형이나 누나들이 고생하여 동생의 학비를 부담했다. 회사의 사원들은 희생정신을 발휘하여 회사를 위해 헌신했다. 이런 희생정신으로 한국은 경제를 건설했다.

한국이 정신적으로 안정을 유지한 또 하나의 이유는 양심을 지키는 선비의 후손들과 일부 기독교인들의 노력이 있었기 때문일 것이다.

유엔군이 한국에 주둔한 것 또한 한국을 안정시키는 데 역할을 한 것으로 생각된다.

그러나 지금 한국인들은 서구화로 말미암아 이기주의가 팽배하기 시작했고, 그에 따라 희생정신이 급속도로 사라져간다. 이제 한국인의 정서에 맞는 정치제도, 경제방식, 교육제도 등을 만들어내지 못하면 다시 위기에 처할 것이다. 소는 풀을 먹어야 힘을 쓰듯이, 한국인은 한국인에 맞는 방식으로 살 때 위력을 발휘할 수 있다.

제4항 한국 좌파의 성공 요인과 실패 요인

한국은 서구의 자유주의 정치제도를 수입했지만, 좌파운동이 매우 치열하다. 그 이유는 한국인의 정서에 기인한다.

1. 한국에서 좌파가 성행하는 이유

한국인의 하나사상은 '너=나'라는 등식을 성립시킨다. 한국인은 기본적으로 너와 나를 남남으로 보지 않는다. 한국인은 너와 나를 하나로 보기 때문에 '너'라는 말과 '나'라는 말을 잘 쓰지 않고 '우리'라는 말을 잘 쓴다.

'너=나'라는 등식에서 무게중심이 '너'에게 실리면 너를 위해 내가 희생하는 훌륭한 한국인이 되지만, 반대로 무게중심이 '나'에게 실리면 나를 위해 남을 희생시키는 추한 한국인이 된다. '너=나'의 등식에서 '나'에게 무게중심이 실리면, '너의 것'은 '나의 것'이고, '나의 것'은 '나의 것'이 되고 만다. '너의 돈'은 '나의 돈'이 되므로, 돈을 많이 가진 사람들을 보면, 내가 가져야 할 돈을 그들이 가지고 있는 것이므로, 샘이 난다. 한국에는 남이 잘되면 배가 아프다는 말이 있다.

'배가 아프다'라는 말은 '샘이 난다'라는 뜻으로 쓰는 말이다. 나보다 잘된 사람을 봐도 배가 아프고, 나보다 돈을 많이 가진 사람을 봐도 배가 아프다. 한국인의 이런 정서를 부채질하는 사람들이 있다. 첫째는 마르크스이다. 마르크스가 가난한 사람에게 말한다. "저 사람 돈을 많이 가지고 있지?" "네" "저 사람 돈은 너의 돈이야. 그러니 저 사람 돈을 빼앗아서 나누어 가져야겠지?" 배가 아파 견디기 어려운 사람이 이 말을 들으면 불이 붙는다. 둘째는 정치인들이다. 정치인들은 나라의 장래를 걱정하기보다 표 얻을 생각을 먼저 하는 듯하다. 국민의 표는 가난한 사람들이 더 많이 가지고 있으므로, 정치인들은 표를 얻기 위해 부자들을 나쁜 사람으로 몰면서 공격한다. 셋째는 언론인과 방송인들이다. 언론인은 신문의 부수 늘리기에 여념이 없고, 방송인은 시청률 올리기에 급급하다. 신문의 부수나 방송의 시청률을 좌우하는 사람은 주로 배 아픈 사람들이므로, 드라마의 내용을 보면 재벌급 사람들을 악마로 묘사한다. 한국인들은 이 세 부류의 선동으로 인해 배 아픈 심리에 불이 붙는다. 이것이 한국에 좌파가 성행하는 이유인 듯하다.

2. 한국에서 좌파가 실패하는 이유

한국인의 삶의 바탕에 깔린 형상판의 철학에서는 하늘을 부정하는 이론이 뿌리내리기 어렵다. 자본주의도 뿌리내리기 어렵지만, 공산주의도 뿌리내리기 어렵다.

옛날 주자학을 이용하여 정권을 잡은 집권자들이 주자학에서 모범답안을 만들어 놓고, 거기에 갇혀 나라를 망친 것처럼, 만약 한국의 좌파가 좌파의 이론을 가지고 권력을 잡은 뒤에 좌파의 이론에 갇혀버리면 역시 나라를 망칠 수 있다.

　그렇다고 한국의 우파가 원만하게 발전시킬 수 있는 것도 아니다. 우파의 이론 또한 개인주의를 바탕으로 하는 욕심 추구에 바탕을 두고 있으므로, 한국인의 삶의 바탕인 형상판의 철학에 알맞지 않다. 따라서 이대로 만약 좌우 갈등을 계속하면 조선이 멸망한 것처럼 한국은 위험에 빠질 수 있다.

제2절
북한의 공산주의

제1항 북한 공산주의의 성공 요인

북한은 서구의 공산주의 철학을 수입했다. 북한 공산주의가 추구한 것은 공산주의 지상낙원을 건설하는 것이었다. 이 목표는 한국의 오랜 숙원사업과 맞아떨어졌다. 한국에는 예로부터 이 땅에 지상천국을 건설하는 꿈을 갖고 있었다. 한국인들에게는 자신들이 하늘에서 내려온 천손(天孫)이란 사상이 있다. 하늘의 신들이 내려와 사는 이 땅을 신들의 땅이라는 의미에서 신시(神市)라고 일컬었다. 한국 땅은 원래 신들이 사는 지상낙원이었으므로, 지옥처럼 되어 있는 세상을 보면 한이 맺힌다. 한국인들에게는 이 세상을 원래의 모습인 지상낙원으로 바꾸려는 열정을 가지고 있다. 북한 김일성의 정치 목표가 공산주의 지상낙원이었으므로, 김일성 초기에 사람들은 열광했다. 북한의 많은 사람이 지상낙원의 건설에 열정적으로 참여했다. 남한에 사는 일부 사람들과 일본에 사는 교포 중에도 지상낙원 건설에 동참하기 위해 자발적으로 북한으로 간 사람들이 있었다. 지상낙원의 건설, 그것이 북한 공산주의의 성공 요인이었다.

제2항 북한의 실패 요인

한때 북한의 공산주의가 성공했지만, 그 성공이 오래갈 수는 없다. 그 근본적인 원인은 공산주의의 철학적 바탕이 형하판의 철학이라는 점 때문이다. 한국인들은 형하판의 철학으로 살아본 경험이 없으므로, 형하판의 철학을 바탕으로 하여 성립한 이론은 한국 땅에 뿌리 내리기 어렵다. 북한에서는 이런 점을 극복하기 위해 인민들을 열심히 가르쳤지만, 결국 실패하고 말았다.

지상낙원의 건설은 한마음을 바탕으로 하지 않으면 불가능하다. 물질주의를 바탕으로 공평한 사회를 건설하는 것은 불가능하다. 공산주의 이론은 욕심을 채우기 위해 만들어진 이론이다. 욕심은 채우고 나면 커지므로, 영원히 채울 수 없다. 공산주의 이론은 이 점을 간파하지 못했기 때문에 성공하기 어렵다.

낙원을 건설하기 위해서는 건설에 장애가 되는 사람들을 숙청해야 하는데, 장애가 되는 사람은 계속 나오기 때문에 도저히 다 숙청할 수 없다. 공산주의의 경제제도는 자유주의의 시장경제를 이길 수 없다. 이런 등등의 이유로 인해 공산주의는 성공하기 어렵다.

그렇다면 남한과 북한이 다 같이 고난에 처할 수밖에 없는 것인가? 유학에서 해답을 찾을 수는 없을까?

제3장

■

유학의 쇠퇴

지금 한국의 유학은 매우 미약해졌다. 유학은 이제 한국인에게 영향이 거의 없을 지경이 되었다. 그 원인을 몇 가지 생각해볼 수 있다.

제1절
망국의 원인으로 인식된 유교

많은 사람이 조선이 일본에 패망한 원인을 유학의 탓으로 돌렸고, 그런 인식이 지금도 계속되고 있다. 이런 지적은 완전히 빗나간 것은 아니다. 조선 후기의 집권 세력이 주자학을 정치에 이용하여 주자학의 이론으로 당파싸움을 일삼았기 때문이다. 주자학적 소양으로 나라를 지킨 사람들도 많았지만, 나라가 망했으므로 그들의 주자학은 빛이 바랬다.

일본이 한국을 지배하기 위한 명분으로 내세운 것 중에 유학으로부터의 해방이 들어 있는 것도 유학이 침체하게 된 원인이기도 하다.

제2절
서구적 교육의 영향

현재 한국에서 시행하는 교육 내용은 서구의 것이고, 교육 방법
또한 서구의 방법이다. 한국이 멸망하고 서구식 교육을 받아들이
면서 유학 교육이 학교에서 사라졌다. 일부 대학에서 유학을 전공
하는 학생이 있지만, 그들 역시 서구적 방식으로 유학을 연구하기
때문에 유학의 본래면목을 되살리지 못하고 있다.

유학의 첫째 목적은 참된 인간이 되는 것이었고, 교육의 주된
내용은 수양이었다. 말하자면 유학 교육의 목적은 수양을 통해
참된 인간이 되는 것이었다. 참된 인간이란 악한 마음을 제거하고
본래의 착한 마음을 회복하여, 착한 마음으로 사는 사람을 말한
다. 착한 마음을 회복하는 데는 여러 방법이 있지만, 중요한 방법
의 하나가 명상이고, 명상의 효과는 밤에 극대화된다. 따라서 유
학 교육은 합숙이 필수였다. 그러나 오늘날의 서구식 교육에서는
참된 인간이 되는 것을 목표로 삼지 않는다. 교육의 주 내용은 사
회생활을 할 수 있는 방법과 남과의 경쟁에서 이기는 지식을 습
득하는 것이다. 지식은 머리로 습득하는 것이므로, 밤에 명상할
필요가 없다. 교육이란 낮에 교실에 모여 선생의 가르침을 전달받
으면 되는 것이다.

따라서 유학은 오늘날의 교육 내용에 들어갈 수 없다. 오늘날
에도 일부 대학에서 유학을 전공하는 학생이 있지만, 참된 인간이
되는 것을 배움의 목표로 삼지는 않는다. 유교 경전의 내용을 머
리로 이해하고 논문으로 발표하는 것으로 일관하므로, 유학의 본

래 면목이 사라졌다. 이러한 것이 유학이 쇠퇴할 수밖에 없는 이유이다. 이제 유학이 연구할 가치가 없는 학문이 되었다면 유학은 사라져야 마땅하다. 그러나 그렇지 않다면, 유학을 연구해야 할 가치는 어디에 있는 것일까?

제4장

■

한국 유학의 역할

제1절
한국 발전의 원동력

한국의 유학은 단군조선의 사상에서 출발하는 원형을 가지고 있으므로, 한국 고유의 정서와 사상을 내포하고 있다. 한국인의 유전자 속에는 원초적으로 유학사상이 흐르고 있다. 한국인은 유학에서 벗어날 수 없다. 한국인은 교회를 다녀도 유학적으로 다니고 있고, 절에 다녀도 유학적으로 다닌다. 북한의 공산주의 정치도 유학적으로 끌고 간다. 유학적인 것이 한국적이고 한국적인 것이 유학적인 셈이다. 현재 한국인이 다양한 분야에서 능력을 발휘하고 있는 것도 유학의 힘이다. 구체적으로 말하면, 유학사상의 핵심인 인의 마음과 한국의 하나사상이 오늘날 능력을 발휘하는 원동력이 되고 있다. 인의 마음과 하나사상은 오늘날 붐을 일으키고 있는 한류문화의 바탕에도 깔려 있고, 스포츠에서 능력을 발휘하는 운동선수의 마음에도 깔려 있으며, 한국에서 성공하는 기업가 정신에도 깔려 있다. 유학을 알면 능력을 지속해서 발휘할 수 있고, 더 발휘하는 방안도 찾을 수 있다. 이러한 의미에서 유학

연구는 매우 중요하다.

제2절
남북대화의 바탕

오늘날 한국인의 초미의 관심사가 남북문제이다. 한국은 지구상에 남아 있는 유일한 분단국이다. 한국의 통일은 한국인이 풀어야 할 시급한 과제이다. 통일하기 위해서는 통일을 위한 철학이 뒷받침되어야 한다. 우리는 남북통일을 위한 철학을 유학에서 찾을 수 있다.

형제 사이에 엉킨 문제는 부모의 마음으로 접근하면 풀 수 있는 해답을 찾을 수 있다. 사촌 사이에 엉킨 문제는 조부모의 마음으로 접근하면 풀 수 있는 해답을 찾을 수 있다. 이러한 해결 방법을 거슬러 올라가면 남북 간에 엉킨 문제는 단군 할아버지의 마음으로 접근하면 해결책을 찾을 수 있다. 단군 할아버지의 사상이 유학의 원형이므로, 유학을 바탕으로 접근하면 남북문제를 풀어낼 수 있는 해답을 찾을 수 있다.

제3절
한국에 맞는 제도를 유학에서 찾다

현재 한국이 총체적 위기를 맞이하게 된 원인은 정치·교육·경영을 위시한 여러 분야에서 우리의 실정에 맞는 방법을 놓아두고 서구의 방법을 비판 없이 답습하기 때문이다. 정치제도 하나만 보더라도 우리는 서구에서 수입한 민주주의 제도를 채택하고 있다. 민주주의의 꽃은 선거제도라고 한다. 이는 아무도 부인하기 어렵다. 사람들은 민주주의가 지상에서 지금까지 발전해 온 정치제도 중에서 가장 우수한 제도라고 생각한다. 우리는 어릴 때부터 그렇게 배웠고, 들었으며, 세뇌되었다. 그러나 곰곰이 생각해보면, 선거를 통해서 대통령을 선출하는 방식은 좋지 않은 방식임을 금방 알 수 있다. 가정에서 자녀들이 아버지와 어머니 중에서 경제 담당자를 선출한다고 가정해보자. 어머니는 자녀들에게 절약하라고 가르치고, 아버지는 은행의 돈을 융자받아 자녀들에게 넉넉한 용돈을 준다면, 아마도 아버지가 경제 담당자로 선출될 것이다. 그러면 그 가정이 어떻게 될지는 설명할 필요가 없다.

사람은 참된 삶을 살아야 행복하다. 사람들에게 주는 선물에는 여러 가지가 있다. 과일이나 과자를 주기도 하고, 돈을 봉투에 넣어서 주기도 하지만, 가장 좋은 선물은 행복한 사람으로 만들어주는 것이다. 참된 행복은 돈·권력·명예를 얻는 데 있지 않다. 참된 행복은 욕심을 제거하고 하늘마음을 회복하여 하늘처럼 사는 것이다. 그러므로 사람들에게 주는 좋은 선물은 욕심을 없애도록 도와주는 것이다. 그러나 오늘날 사람들은 욕심을 채우기 위해 혈안이 되어 있다. 그런 사람들에게는 돈을 주겠다고 약속하면 표가 쏟아진다. 그런 사람들에게 욕심 없애는 방법을 가르쳐주겠다고 하면 지지해 줄 사람이 거의 없을 것이다. 그러므로 선거제도가 계속되면 사람들의 욕심이 점점 커지고, 그럴수록 마음이 점점 더 피폐해져 불행의 늪에서 헤어나기 어려울 것이다. 그런데도 사람들은 선거제도가 제일 좋은 제도라고 세뇌되어 있다. 『환단고기』에는 우리에게 가장 좋은 정치제도가 화백제도라고 나와 있다. 아마도 미래에 나타날 최고의 정치는 화백제도를 참고하여 찾아보면 찾아질 수 있을 것이다. 한국 고대의 사상이 유학의 핵심이므로, 유학 연구는 한국 고유의 사상을 이해하기 위해서도 많은 도움이 될 것이다.

제5장

■

한국 유학의 미래 전망

제1절
세계의 판이 바뀐다

제1항 판 갈이의 시작

지금 세계인의 삶의 바탕에 깔린 철학의 판이 형하판의 철학에서 형상판의 철학으로 바뀌고 있다. 지속하는 모든 것은 흐름을 가지고 있다. 하루하루로 이어지는 진행도 밤낮의 흐름으로 진행하고, 사계절도 봄·여름·가을·겨울의 흐름으로 진행하듯이, 인류의 역사도 흐름을 가지고 진행한다. 흐름의 법칙은 음양이다. 밤은 음이고 낮은 양이며, 봄·여름은 양이고, 가을·겨울은 음이다. 사람도 흐름에 따라서 산다. 흐름에 순행하면 제대로 살 수 있지만, 흐름에 역행하면 살기 어렵다. 오늘날 지구상의 역사는 서구 역사의 흐름에 통합되어서 흐른다. 역사는 주로 마음을 중시하는 시대와 몸을 중시하는 시대로 교차하면서 흐른다. 몸을 중시하는 시대는 음의 시대이고 마음을 중시하는 시대는 양의 시대이다. 역사의 흐름은 사이클이 길어서 500년 정도의 길이로 흐른다. 지금의 역사 흐름은 몸을 중시하는 음의 시대이고, 형하판의 철학 시대이다. 몸을 중시하는 시대는 물질적 가치를 중시하고, 물질적 가치를 서로 차지하기 위한 경쟁이 치열해진다. 경쟁이 치열할수록, 무기가 개발되고 과학이 발달하며, 의학이 발달하고, 산업 생산이 활발해진다. 그러나 몸을 중시하는 시대 말기에 이르면, 허무주의와 쾌락주의가 만연하고, 전쟁이 빈발하며, 사람들의 마음이 피폐해지고 사람들이 고독해진다. 이런 현상들이 일어나면 역사의 흐름이 몸을 중시하는 흐름에서 마음을 중시하는 흐름으로 바뀐다. 말하자면 형하판의 철학에서 형상판의 철학으로 판 갈이가 시작되는 것이다. 판 갈이가 시작되면 상당 기간 혼란이 지속되다가 마음을 중시하는 철학이 보편화되면서 안정기를 맞이한다. 지금은 몸을 중시하는 형하판의 철학에서 마음을 중시하는 형상판의 철학으로 판 갈이를 하는 와중에 있다. 가을에는 국화가 향기를 뿜고 아름답지만, 진달래는 꽃이 아니다. 그러나 봄이 오면 진달래가 향기를 뿜으며 아름답게 핀다. 한국인은 줄곧 형상판의 철학으로 살고 있다. 말하자면 봄에 피는 진달래인 셈이다. 한국인은 경쟁이 치열한 형하판의 철학 시대에는 향기도 없고 아름답지도 않지만, 마음을 중시하는 형상판의 철학 시대가 오면 향기를 뿜으며 아름다워진다. 오늘날 한국의 문화가 세계를 움직이고 있다. 이는 세계 역사의 흐름이 마음을 중시하는 형상판의 철학으로 판 갈이가 많이 진행되었다는 신호이다. 마음을 중시하는 시대가 되면 마음 챙기는 노력을 해야 제대로 살아갈 수 있다. 마음 챙기는 데 탁월한 효과를 발휘하는 철학 중에 유학사상이 있다.

제2항 한류문화의 등장

오늘날 한국 문화가 세계적으로 많은 주목을 받고 있다. 이러한 현상을 한류라 부르기도 한다. 이는 세계 역사의 흐름이 형하판의 철학에서 형상판의 철학으로 바뀌고 있다는 신호이다. 몸을 중시하는 형하판의 철학이 한창 진행할 때는 사람들이 물질적 가치를 서로 차지하기 위해 경쟁에 몰입하지만, 몸을 챙기는 시대가 오래 지속되면, 사람들이 외로워진다. 친구를 사귀어도 마음이 하나 되는 친구를 사귀기 어렵다. 사귄 친구도 겉으로만 친구일 뿐 실제는 경쟁자이다. 친구를 사귀더라도 경쟁력 있는 친구를 골라서 사귄다. 경쟁력 있는 친구를 찾기 위해서는 개인 정보가 중요하다. 아는 사람의 삼촌이 정계나 재계에서 영향력 있는 사람이라는 정보를 얻었다면, 그 사람에게 접근하여 사귀려고 노력한다. 그 사람과 사귀는 도중에 그의 삼촌이 돌아가셨다는 사실을 알면 그 사람과 헤어진다. 연애를 하는 것도 마찬가지다. 연애를 시도할 때도 개인 정보가 중요하다. 어떤 사람에게 10억짜리 정도의 통장이 있다는 정보를 얻었다면 그와 사귀려고 노력할 것이다. 그와 사귀는 도중에 50억짜리 통장을 가진 사람의 정보를 얻었다면 냉철하게 헤어지고 50억 가진 사람과 사귄다. 이런 방식이 현대인의 사람 사귀는 방식이 되고 있다. 현대인은 이제 친구를 사귀어도 외롭고 연애를 해도 외롭다. 결혼해도 외로움은 해소되지 않는다. 사람의 마음이 이렇게 얼어붙었을 때 한국인에게 향기가 나기 시작한다. 한국인은 줄곧 마음을 중시하는 형상판의 철학으로 살아왔으므로, 지금도 한마음을 중시하고 의리를 지키는 문화가 남아 있다. 한국인은 사랑할 때, 다른 나라 사람처럼 '내가 너를 사랑한다[I love you]'고 말하지 않고, 그냥 '사랑합니다'라고 말한다. '내가 너를 사랑한다'는 말에는 '나'와 '너'가 남남이라는 것이 전제되어 있다. 내가 너를 사랑하더라도 나와 네가 하나 되는 것이 아니다. 애초에 나와 네가 하나라면, '내가 너를 사랑한다'는 말은 성립되지 않는다. 한국인이 사랑하는 것은 나와 네가 하나 되고 싶어 하는 것이므로, '나'와 '너'를 빼고 '사랑합니다'라고만 한다. 사랑하는 순간 하나가 되고, 하나가 되면 희생한다. 한국인이 제작한 영화나 드라마에 등장하는 사랑의 주인공들은 늘 희생하는 사랑을 한다. 경쟁을 미덕으로 생각하던 시대에 한국인의 사랑 이야기는 주목을 받지 못했다. 희생하는 사람은 경쟁력이 없다. 서부극에 총잡이로 등장하는 주인공이나 일본 역사극에 주인공으로 등장하는 사무라이들은 뛰어난 실력으로 냉철하게 사람을 죽인다. 그들에게 패배는 치욕이었다. 그러나 사람의 마음이 얼어붙어서 외로워진 뒤에는 달라진다. 사랑하는 사람을 위해 목숨을 바치는 장면을 보면, 나도 저런 사랑을 한번 받아봤으면 죽어도 소원이 없을 것처럼 감명 받는다. 오늘날 한류문화가 붐을 일으키는 이유는 이 때문이다.

한류문화가 붐을 일으킨다는 것은 이제 역사가 마음을 중시하는 시대로 접어들고 있다는 신호가 켜진 것이다. 봄이 오면 봄을 맞을 준비를 해야 하듯이, 마음을 중시하는 시대가 오면 마음을 챙겨야 한다. 한류문화가 붐을 일으킨 뒤에는 한류철학이 등장해야 한다. 그래야 마음을 중시하는 시대를 본격적으로 맞이할 수 있다. 오늘날에 필요한 한류철학을 만들기 위해서는 한국 고유사상과 유학이 필요하다. 한국 고유사상과 유학을 재료로 하여 오늘날의 상황에 맞는 새로운 철학을 만들어내야 한다. 그래야 철학의 판 갈이를 진행하는 과정에서 오는 혼란을 줄일 수 있다.

제2절
한국 유학의 미래

한국 유학은 이제 미래를 지향해야 한다. 미래를 지향하기 위해서는 원초적인 데서 다시 출발해야 한다. 유학의 핵심은 한국 고대의 '하나사상'이고 '한마음사상'이다. 한국인의 한마음이 공자 사상의 핵심인 인(仁)이다. 오늘날에 필요한 것은 인을 아는 것이 아니라, 인을 얻는 것이다. 인을 얻어 몸에서 사랑이 번져 나와야 피폐해진 마음을 달랠 수 있다. 인을 얻기 위해서는 학문하는 방법부터 바꾸어야 한다. 새로운 방법을 개발하여 오늘날의 실정에 맞는 철저한 수양철학을 다시 만들어야 한다. 과거의 것을 연구하는 것이 유학의 본모습은 아니다. 공자가 말했듯이 유학을 이끌어가야 하는 스승은, 과거의 것을 잘 알아서 미래에 필요한 것을 찾아내어야 한다. 유학의 특징은 과거에 있는 것을 종합하여 새로운 체계로 재구성하는 데 있다.

요순 이래 전해온 다양한 사상을 공자와 맹자가 집대성하여 당시의 상황에 맞게 하나의 체계로 펼쳐 낸 것이 유학이었고, 공자와 맹자 이래 등장한 다양한 사상들을 송나라 때의 상황에 맞게 하나의 체계로 구성한 것이 주자학이었다. 유학의 특징은 그 이전에 있었던 다양한 사상들을 집대성하여 하나의 체계로 재구성하는 데 있다. 이러한 유학의 특징에서 본다면, 미래의 유학은 지금까지 전해져 오는 철학·종교·교육학·정치학·경영학·심리학·사회학·예술·과학 등등을 하나로 관통하는 새로운 체계를 가지고 집대성하여 오늘날 사람들의 삶을 해결하는 새로운 체계로 부활할 것이다. 새로운 유학의 핵심은 한마음 회복이어야 한다. 한마음은 나무의 뿌리에 비유할 수 있다. 사람이 살기 위해 만들어낸 이론들은 지상에 있는 나무의 줄기와 가지와 잎에 해당한다. 지상에 있는 모든 부분을 하나로 관통하기 위해서는 뿌리와 하나가 되어야 한다.

이제 유학이 큰 역할을 해야 할 때가 되었다. 유학의 핵심이 한국 고대의 하나사상이므로 한국 유학이 더욱 큰 역할을 할 수 있을 것이다.

유학이 큰 역할을 하려면 먼저 오늘날의 실정에 맞는 수양 방법을 개발하여 대중화할 수 있어야 한다. 한국 유학의 미래는 한국인이 만들어가야 할 과제이다. 오늘날의 실정에 맞는 수양 방법을 개발하여 대중화하면, 수신·제가·치국·평천하의 길이 열린다.

지금까지 전해져 오는 철학·종교·교육학·정치학·경영학·심리학·사회학·예술·과학 등등을 두루 섭렵하여 새로운 체계로 집대성한 철학에 굳이 유학이라는 이름을 붙일 필요는 없어 보인다. 유학이라고 하면 과거에 있었던 하나의 철학이라는 고정관념을 갖게 되므로, 집대성한 미래의 철학의 이름으로 적합하지 않을 수도 있다. 집대성한 미래의 철학을 만들어낸 정신이 유학 정신임에는 틀림이 없다.

유학의 미래

유학의 특징은 집대성에 있다. 집대성이란 각기 다른 악기들의 소리를 하나로 융합하여 조화를 이루는 오케스트라와 같다. 맹자는 공자를 집대성이라고 평했다. 공자의 철학은 그 이전에 있었던 철학을 받아들여 하나의 체계로 융합하여 조화를 이룬 중용철학이다. 공자 이후 중용철학을 추구한 철학자가 주자였지만, 주자는 자신의 편협성과 노장철학과 불교철학을 배척하는 시대적 요구에 편승했으므로, 원만한 중용철학을 만들어내지 못했다.

지금은 지구상의 모든 나라가 옛날의 한 나라처럼 가까워졌으나, 철학이 하나의 체계로 융합하지 못해 사람들이 정신적으로 분열하고 있다. 새로운 중용철학이 나오지 않으면 정신적 분열이 심화하여 사람들이 고통 받게 될 것이다. 이러한 의미에서 기존의 철학들을 하나의 체계로 융합하여 집대성하는 유학의 정신이 이제 큰 역할을 해야 할 때가 되었다. 나무의 가지와 잎들을 하나로 연결하기 위해서는 뿌리에서 출발해야 하는 것처럼, 지금까지의 철학을 하나의 체계로 융합하기 위해서는 각 철학사상의 원초적인 형태를 찾아보는 것이 좋을 것이다.

우리는 이미 유학의 원형을 찾는 과정에서 『천부경』과 『삼일신고』의 존재를 알았다. 『천부경』과 『삼일신고』에는 유학·불교·노장철학·기독교 등을 포괄할 수 있는 '하나사상'과 '한마음사상'이 들어 있다. '하나사상'과 '한마음사상'은 오늘날 다양하게 분류되는 여러 철학을 하나의 체계로 융합하는 바탕이 될 수 있을 것이다.

기존의 철학을 융합하기 위해서는 기존의 철학을 정리해야 한다. 기존의 철학은 긴 역사 속에서 각각 다양한 모습으로 발전해왔으므로, 매우 복잡하다. 이를 다 정리한다는 것은 불가능하다. 또한 기존의 철학은 발전 과정에서 변질된 것이 많으므로, 무엇보다 그 가운데서 핵심을 찾아내는 것이 중요하다. 예를 들면, 복잡하고 방대한 불교 전체를 이해할 것이 아니라 석가모니의 사상만 정확하게 이해하는 것이 중요하고, 기독교사상 역시 기독교 전체를 이해할 것이 아니라, 예수의 사상만 정확하게 이해하는 것이 중요하다. 각각의 사상과 철학의 핵심을 이해하면, 하나로 통하는 진리를 찾아내어 하나의 체계로 융합할 수 있다.

오늘날 학문의 가장 큰 문제점은 진리의 내용을 머리로 이해하는 것으로 일관한다는 것이다. 이런 방법으로는 진리를 얻을 수 없다. 진리란 머리로 이해한 내용을 몸으로 체득해야 도달할 수 있다.

진리는 참된 삶의 원리이다. 참된 삶은 자기의 본질을 얻어 본질에 따라서 사는 것이다. 사람은 몸과 마음의 두 요소가 있다. 마음의 본질은 한마음이고, 몸의 본질은 우주에 퍼져 있는 기(氣)이므로, 한마음을 가지고 우주의 기운으로 사는 것이 참된 삶이다. 사람에게 참된 삶을 회복하는 것보다 더 중요한 것은 없다. 먼저 참된 삶을 회복한 뒤에 정치를 해야 하고, 교육을 해야 하며, 경영을 해야 한다. 정치는 사람들에게 참된 삶을 살도록 인도하는 것이고, 교육은 사람들에게 참된 삶을 깨우치는 것이며, 경영은 참된 삶을 살도록 운영하는 것이다. 그 외 문화예술이나 과학도 예외가 아니다.

기존의 철학을 집대성한 새로운 유학은 유학이란 이름이어야 할 이유가 없다. 유학 또한 기존의 철학 가운데 하나로 이해되기 때문이다. 새로운 유학은 종교·철학·윤리·정치·교육·경제·과학·문화예술 전반을 하나의 체계로 포괄하는 학문일 것이다.

집필을 시작하고 나서부터 많은 시간이 흘렀다. 힘들어 스러질 정도가 되기도 했고, 보람을 느끼기도 했다. 그러나 탈고하고 나니, 미비한 점이 많아 아쉬움이 남는다. 수많은 원전을 직접 다 읽어내지 못하고 2차 자료를 다수 활용했다는 점이 그것이다. 『조선왕조실록』과 『한국문집총간』을 인용할 때는 번역본을 참고하기도 했다. 아마도 하나하나 다 밝히지 못하고 빠트린 부분이 더러 있으리라 생각한다. 일본의 유학에서도 더 다루어야 할 학자들이 많은데도 다 다루지 못한 아쉬움이 남는다. 특히 베트남의 유학에 관한 내용은 너무 소략하다. 베트남 학자들의 문집을 구해 원문을 하나하나 읽은 뒤에 정리했어야 했지만, 그렇지 못했다. 오늘날 유럽과 미국, 동남아 등지에서 연구되고 있는 연구현황에 대해서도 다루지 못했다. 아쉬움이 많지만, 연구 여건이 허락하지 않았다. 다만 전체적인 조망을 할 수 있었다는 것만으로 아쉬움을 달랜다. 부족한 부분은 미래의 학자들에게 기대해본다.

참고문헌

1. 경전

『노자(老子)』, 『논어(論語)』, 『대학(大學)』, 『맹자(孟子)』, 『묵자(墨子)』, 『서경(書經)』, 『순자(荀子)』, 『시경(詩經)』, 『여씨춘추(呂氏春秋)』, 『예기(禮記)』, 『장자(莊子)』, 『주역(周易)』, 『중용(中庸)』, 『춘추(春秋)』, 『한비자(韓非子)』, 『한위총서(漢魏叢書)』, 『환단고기(桓檀古記)』

2. 국내 자료

국사편찬위원회, 『조선왕조실록』

김길락, 『상산학과 양명학』, 예문서원, 1995.

김상기, 『자유의 불꽃을 목숨으로 피운 윤봉길』, 역사공간, 2013.

김성범, 『베트남 사상으로의 초대』, 푸른사상, 2019.

김세진, 『요시다 쇼인(吉田松陰)』, 호밀밭, 2020.

김충렬, 『고려유학사』, 고려대학교출판부, 1984.

다지리 유이치로, 엄석인 옮김, 『야마자키 안사이(山崎闇齋)』, 성균관대학교출판부, 2005.

라오스꽝, 정인재 옮김, 『중국철학사』, 탐구당, 1994.

라이기이치, 『일본의 근세』, 중앙공론사, 1993.

류승국, 『한국유학사』, 성균관대학교출판부, 2009.

모리타 겐지, 한원 옮김, 『정의로운 시장의 조건』, 매일경제신문사, 2020.

박상수 옮김, 『연평답문(延平答問)』, 수류화개, 2019.

송영배, 『중국사회사상사』, 한길사, 1986.

양계초, 이기동·최일범 옮김, 『청대학술개론』, 여강출판사, 1987.

윤사순, 『한국유학사』(상하), 지식산업사, 2013.

응웬 따이 트, 김성범 옮김, 『베트남 사상사』, 소명출판, 2018.

이덕일, 『조선선비당쟁사』, 인문서원, 2018.

이상익, 『한국성리학사론』(Ⅰ,Ⅱ), 심산, 2020.

이시다 바이간 저, 류영진 옮김, 『도비문답(都鄙問答)』, 호밀밭, 2020.

이시다 이치로, 『이토 진사이(伊藤仁齋)』, 길천홍문관, 1960.

이태룡, 『민족지도자 석주 이상룡』, 푸른솔나무, 2018.

이희복, 『요시다 쇼인』, 살림, 2019.

정일성, 『후쿠자와 유키치』, 지식산업사, 2001.

정혜선, 『한국인의 일본사』, 현암사, 2008.

조남욱, 『세종대왕의 정치철학』, 부산대학교출판부, 2001.

진래, 안재호 옮김, 『송명성리학』, 예문서원, 2011.

천인석, 『한국사상의 이해』, 대구한의대학교출판부, 2016.

최석기, 『조선선비의 마음공부-정좌』, 보고사, 2014.

최영성, 『한국유학통사』(상중하) 심산, 2006.

판원란, 박종일 옮김, 『중국통사』(상하), 인간사랑, 2009.

평유란, 박성규 옮김, 『중국철학사』, 까치, 1999.

한국고전번역원,『한국문집총간』

한국학중앙연구원『한국민족대백과사전』

현상윤,『조선유학사』, 민중서관, 1977.

호이트 틸만, 김병환 옮김,『주희의 사유체계』, 교육과학사, 2010.

3. 중국 자료

『근사록(近思錄)』,『맹자자의소증(孟子字義疎證)』,『명이대방록(明夷待方錄)』,
『방언(方言)』,『상산집(象山全集)』,『서명(西銘)』,『성리대전(性理大全)』,『양명
집(陽明集)』,『이문공집(李文公集)』,『이정전서(二程全書)』,『전습록(傳習錄)』,
『정몽(正蒙)』,『주자대전(朱子大全)』,『주자어류(朱子語類)』,『즙산문집(蕺山
文集)』,『태극도설(太極圖說)』,『태현경(太玄經)』,『통서(通書)』,『한퇴지문집
(韓退之文集)』

4. 일본 자료

『日本思想大系』(28, 29, 30, 31, 33, 36, 42), 岩波書店, 1973.

『日本倫理彙編』

平田雅彦,『企業倫理とは何か』, PHP硏究所, 2005.

5. 베트남 자료

『견문소록(見聞小錄)』

『黎貴惇的學術與思想』, 대만중앙연구원, 2012.

『黎貴惇的學術與思想』(中國文哲硏究所),『芸臺類語』,『見聞小錄』,『聖模賢
範錄』(이상 黎貴惇 著, 필사본)

지은이

이기동

경북 청도 출생으로, 성균관대학교 유학과와 동대학원 동양철학과를 졸업하고, 일본 쓰쿠바대학에서 박사학위를 받았다. 성균관대학교 유학대학장과 대학원장을 역임했으며, 2017년 여름 정년을 맞아 명예교수가 되었다.

동양 철학 속에 담긴 삶의 지혜를 '강설'이라는 알기 쉬운 오늘날의 언어로 옮긴 끝에 '사서삼경강설' 시리즈(전6권)를 상재했으며,『동양 삼국의 주자학』,『이색-한국 성리학의 원천』,『이또오 진사이』,『공자』,『노자』,『장자』 등의 동양 사상서와 『하늘의 뜻을 묻다-이기동 교수의 쉽게 풀어 쓴 주역』,『한마음의 나라 한국』,『장자, 진리를 찾아 가는 길』 등의 교양서를 비롯해 다수의 저·역서가 있다.

유학 오천 년(제4권)

한국의 유학(하)

1판 1쇄 발행 2022년 6월 30일
1판 2쇄 발행 2023년 12월 10일

지 은 이 이기동
펴 낸 이 유지범
펴 낸 곳 성균관대학교출판부
등   록 1975년 5월 21일 제1975-9호
주   소 03063 서울특별시 종로구 성균관로 25-2
전   화 02)760-1252~4 팩스 02)762-7452
홈페이지 http://press.skku.edu

ISBN 979-11-5550-544-1 03150
　　　979-11-5550-540-3 세트

ⓒ 2022, 이기동

값 22,000원
*잘못된 책은 구입한 곳에서 교환해 드립니다.